GOLDMANN

Buch

Kamal Salibis provokatives Buch soll eines der größten ungelösten Rätsel der Geschichte lösen: Wer war Jesus wirklich?

Die Evangelien bieten keine direkte Antwort; alle Angaben über das Leben von Jesus, wie auch die Berichte über Lehren und Aktivitäten der Apostel, verwirren durch Widersprüche und Ungereimtheiten. Doch woher kam Jesus nun wirklich? Warum gehen die Evangelien auf den größten Teil seines Lebens überhaupt nicht ein? Und welche Rolle spielen dabei Petrus und Paulus?

Man weiß, daß Paulus nach seiner Bekehrung direkt nach Arabien reiste, und nicht etwa ins Zentrum der christlichen Bewegung, nach Jerusalem. Doch warum? Was entdeckte Paulus in Arabien? Und woher rührten die Spannungen, die zwischen Paulus und Petrus herrschten? Was wußte Paulus über die wahre Geschichte Jesu, was Petrus um jeden Preis geheim halten wollte?

Salibi findet auf all diese Fragen eine atemberaubende Antwort: Im Neuen Testament wurden drei verschiedene Menschen zu einer einzigen Person namens Jesus verwoben. Der erste war ein israelitischer Prophet namens Issa, der zweite ein arabischer Fruchtbarkeitsgott namens Al Issa, und der dritte war der historische Jeshu.

Autor

Kamal Salibi ist Historiker und Autor des Bestsellers »Die Bibel kam aus dem Lande Asir«, erschienen 1985.
Salibi ist praktizierender Christ.

KAMAL SALIBI

Die Verschwörung von Jerusalem

Wer war Jesus wirklich?

Aus dem Englischen
von Hans-Joachim Maass

GOLDMANN VERLAG

Deutsche Erstveröffentlichung

Die Originalausgabe erschien erstmals 1988 unter dem Titel
»Who Was Jesus?« bei I. B. Tauris & Co., London.

Umwelthinweis:
Alle bedruckten Materialien dieses Taschenbuches
sind chlorfrei und umweltschonend.

Der Goldmann Verlag
ist ein Unternehmen der Verlagsgruppe Bertelsmann

Deutsche Erstveröffentlichung 1994
© der Originalausgabe 1988 by Kamal Salibi
© der deutschsprachigen Ausgabe 1994
by Wilhelm Goldmann Verlag, München
Umschlaggestaltung: Design Team München
Satz: Uhl + Massopust, Aalen
Druck: Graphischer Großbetrieb Pößneck GmbH
Verlagsnummer: 12495
SK · Herstellung: Stefan Hansen
ISBN 3-442-12495-6

10 9 8 7 6 5 4 3 2 1

Der Geist hat tausend Augen,
das Herz nur eines.

F. W. Bourdillon

Inhaltsangabe

Danksagung

Mein besonderer Dank gilt dem Direktor und den Mitarbeitern des *Centre for Lebanese Studies* in Oxford, die mir den Aufenthalt dort für die Zeit der letztmaligen Überarbeitung des Textes ermöglicht und mir auf jede erdenkliche Weise geholfen haben. Bedanken möchte ich mich auch bei Lawrence Conrad vom *Welcome Institute* für seine kritische Durchsicht der endgültigen Fassung, bei Anne Enayat für die redaktionelle Unterstützung sowie bei Jonathan Livingstone, der das Werk druckreif gemacht hat.

Einführung

Erlauben Sie mir, Sie einzuladen, sich an einem Versuch zur Lösung eines der schwierigsten historischen Rätsel zu beteiligen: der Jesus-Frage.

Bei dieser Frage geht es um die historische Realität von Jesus. Daß er gelebt hat, wird von seiten der Wissenschaft nicht angezweifelt: Dafür gibt es auch ohne die christlichen Schriften Belege genug. Die Evangelien jedoch, die erst viele Jahre nach Jesu Tod geschrieben worden sind, liefern uns Berichte von seinem Leben, die einander widersprechen. Die Gestalt Christi, die sie schildern, ist voll innerer Widersprüche. Überdies fällt auf, wie unvollständig ihre Darstellung von Jesu Leben ist. Die Evangelisten wollten jedoch keine Biographie schreiben, sondern vielmehr zeigen, daß Jesus der erwartete Messias Israels war. Wir müssen davon ausgehen, daß es Gründe für diese Inkonsequenz, diese Widersprüche und diesen Mangel an logischem Zusammenhang gibt und daß sich die vielen »Ungereimtheiten« in der Lebensgeschichte Jesu erklären lassen.

Doch zunächst muß ich Ihnen meinen Hintergrund vorstellen. Ich bin kein Spezialist der neutestamentlichen Forschung, sondern Lehrer und Historiker mit einiger Erfahrung in der Forschungsarbeit. In unserer Disziplin werden wir dazu ausgebildet, Texte Satz für Satz und Wort für Wort zu lesen, um genau feststellen zu können, was sie sagen und implizieren. Wenn wir ein bestimmtes Thema erforschen

11

wollen, müssen wir zunächst die grundlegenden Texte auf diese Weise lesen. Dann beginnen wir mit vorläufigen Annahmen, setzen verschiedene Möglichkeiten voraus und versuchen, diese zueinander in Beziehung zu bringen, um herauszufinden, welche am besten zusammenpassen. Als nächstes stellen wir eine Hypothese auf: eine Behauptung oder eine Reihe von Behauptungen, die nur vorläufig sind und uns bei der Untersuchung ein Wegweiser sein können. Um zu ermitteln, ob unsere Hypothese schlüssig ist oder nicht, suchen wir anschließend nach Belegen, die sie eventuell stützen. Wenn wir keine solchen Belege finden, lassen wir die Hypothese fallen und versuchen es mit einer anderen.

Erweisen sich nun sämtliche Hypothesen, die wir entwikkeln, am Ende als irrig, geben wir die Suche auf und wenden uns einem anderen Thema zu. Haben wir andererseits genügend Belege gefunden, die eine gegebene Hypothese stützen, unterziehen wir diese Belege weiteren Prüfungen, bis wir überzeugt sind, daß unsere Annahmen zutreffen. Als nächsten Schritt entwickeln wir unsere Hypothese zu einer Theorie weiter, zu einer schlüssigen Erklärung unserer Erkenntnisse, die einleuchtend erscheint, aber immer noch auf Vermutungen beruht – das heißt, sie ist nicht mehr als eine auf Wissen und Logik beruhende Annahme.

Es liegt in der Natur der Sache, daß unsere Disziplin von Spekulationen nicht völlig frei sein kann, wenn sie Deutungen längst vergangener Situationen und Ereignisse liefert.

Bevor wir mit unserer Untersuchung beginnen, müssen wir uns folglich darüber im klaren sein, daß die Suche uns eventuell zu Schlußfolgerungen mit einem unterschiedlichen Wahrscheinlichkeitsgrad führt. Möglicherweise wird auch das Endprodukt nicht mehr als eine Theorie sein, die zwar einige, beileibe jedoch nicht alle überzeugt. Mehr noch: Wir dürfen keine Theorie vorlegen, bevor wir nicht selbst der Überzeugung sind, daß sie genug Wahrheit und Logik enthält, um sie glaubhaft zu machen. Wenn in diesem Punkt Übereinstimmung herrscht, können wir anschließend bestimmen, welches Material wir bei der beabsichtigten Suche verwenden wollen.

Ich habe bei der Arbeit an dem vorliegenden Buch drei englische Versionen der christlichen Bibel mit dem Alten und dem Neuen Testament verwendet. Da ist zunächst die sogenannte autorisierte Version (Authorized Version, AV), die aus der Zeit Jakobs I. von England stammt (1603–1625), die manchmal auch als Jakobs-Ausgabe bezeichnet wird; eine weitere ist die revidierte Standardversion (RSV), eine dritte die *Good-News*-Bibel (GNB), deren Neues Testament 1966 erstmals von der *American Bible Society* veröffentlicht wurde, dem 1976 das Alte Testament folgte. Während AV und RSV den biblischen Urtexten am nächsten kommen, nimmt sich das GNB ebenso wie andere moderne englische Übertragungen viele Freiheiten gegenüber dem Original, läßt sich dafür aber leichter lesen. Die von mir ausgewählten Zitate stammen meist aus der GNB, falls nicht anders angegeben.* Um jedoch sicherzugehen, habe ich auch den hebräischen Urtext des Alten Testaments sowie den griechischen Urtext des Neuen Testaments verwendet.

Zunächst benötigt man jedoch einige Grundinformationen über die Texte. Das Neue Testament, ursprünglich in griechischer Sprache geschrieben, bildet zusammen mit dem auf hebräisch abgefaßten Alten Testament als Heilige Schrift des Christentums die Bibel. Das Neue Testament

---

* Der deutschen Übersetzung liegt die Bibel nach der Übersetzung Martin Luthers in der überarbeiteten und revidierten Fassung von 1984 zugrunde (A. d. Ü.).

besteht zunächst aus vier Schilderungen über Leben und Lehre Jesu, die Evangelien (Matthäus, Markus, Lukas, Johannes) sowie einem Bericht über Leben und Lehre der frühen Anhänger Jesu, der sogenannten Apostelgeschichte des Lukas (meist nur kurz Apostelgeschichte genannt). In den folgenden Kapiteln wird noch mehr über diese fünf Bücher gesagt werden. Daneben sind dann noch die Briefe zu nennen – eine Auswahl der uns verbliebenen Korrespondenz verschiedener Apostel –, in denen es hauptsächlich um religiöse Unterweisung geht. Das Neue Testament enthält einundzwanzig Briefe, von denen dreizehn Paulus zugeschrieben werden, dem Mann, der allgemein als Begründer des Christentums gilt. Schließlich gibt es noch ein prophetisches Buch, die Offenbarung des Johannes. Von diesen Texten werden wir unser Hauptaugenmerk auf die vier Evangelien, die Apostelgeschichte und die Briefe des Paulus richten.

Das Alte Testament – die hebräische Bibel – besteht aus drei Arten von Büchern. Da sind zunächst die fünf Bücher der Lehre, die sogenannte Thora, die traditionell Moses zugeschrieben werden (Genesis, Exodus, Leviticus, Numeri und Deuteronomium). Es folgen die Geschichtsbücher (darunter das Buch Josua, das Buch der Richter, das erste Buch Samuel, das zweite Buch Samuel, das erste Buch der Könige, das zweite Buch der Könige). Es folgen die Lehrbücher und Psalmen (das Buch Hiob, der Psalter, die Sprüche Salomos, der Prediger Salomo, das Hohelied Salomos). Die »Prophetenbücher« bestehen aus den überlieferten Prophezeiungen der drei »großen« Propheten (Jesaja, Jeremia und Hesekiel) sowie der dreizehn »weniger bedeutenden« Propheten (Daniel, Hosea, Joel, Amos, Obadja, Jona, Micha, Nahum, Habakuk, Zefanja, Haggai, Sacharja und Maleachi). Unter den Geschichts- und Prophetenbüchern ragen in der hebräischen Bibel zwei Bücher heraus, weil sie lange Passagen in aramäischer Sprache enthalten (Daniel, Kap. 2, Vers 4, bis Kap. 7, Vers 28; Esra, Kap. 4, Vers 8, bis Kap. 6, Vers 18). Während die fünf Bücher der Thora als Darstellung des ursprünglichen Monotheismus der biblischen Israeliten gelten und die einzigen Schriften sind, die von den überlebenden israelitischen Gemeinden wie etwa den Samaritern akzeptiert wurden, bilden die Thora, die Lehrbücher und Psalmen sowie die Prophetenbücher insgesamt den Schrifttumskorpus der entwickelten Form des ursprünglichen israelitischen Monotheismus, den wir als Judaismus bezeichnen.

Mein Interesse an einer Untersuchung des Neuen Testaments entwickelte sich aus einem historischen Interesse an der hebräischen Bibel. Das sorgfältige Studium dieser Texte überzeugte mich, daß die Geschichte der Israeliten, die in der hebräischen Bibel erzählt wird, nichts mit Palästina zu tun hatte, wie traditionell angenommen wurde, sondern vielmehr den westarabischen Provinzen Hijaz und Asir am Roten Meer zuzuordnen ist. Die Belege, die mich zu dieser Schlußfolgerung führten, habe ich in zwei Büchern dargestellt: *The Bible Came from Arabia* (dt. *Die Bibel kam aus dem Lande Asir;* Jonathan Cape, London 1985) und *Secrets of the Bible People* (Saqi Books, London 1988). Meine Behauptung löste zornige Reaktionen und entrüstete Ablehnung bei wissenschaftlichen Kennern des Alten Testaments aus. Allerdings hat keiner dieser Wissenschaftler bis heute auch nur einen einzigen direkten oder auch nur nebensächlichen Beleg vorgebracht, um mich zu widerlegen. Folglich bleibe ich bei der Überzeugung, daß die historischen Israeliten der Bibel kein palästinensisches, sondern ein westarabisches Volk waren, was auch die arabische Überlieferung und die frühe arabische Literatur des Islams nahelegen. Wenn man nicht bereit ist, sich wenigstens die Möglichkeit vorzustellen, daß die biblischen Israeliten kein palästinensisches, sondern vielmehr ein arabisches Volk waren, wobei gleichzeitig nicht vergessen werden darf, daß diese Behauptung möglicherweise falsch ist, wäre es sinnlos, mir bei der folgenden Untersuchung zu folgen. Bei jeder seriösen historischen Forschungsarbeit muß man genau das tun, was ein guter Untersuchungsrichter tut: Man muß sich alles anhören, was die Leute sagen, aber das Kreuzverhör sozusagen vom Nullpunkt an beginnen.

Was wir zunächst zur Verfügung haben, ist ein Mysterium: Wer war der Jesus des Paulus und der Evangelien? Man könnte sogar fragen: *Was* war er? Als erstes werden wir die Natur des Problems definieren müssen, um das es geht. Dann werden wir uns der Suche nach einem Schlüssel zur Lösung des Rätsels zuwenden müssen; dies bedeutet, daß wir Matthäus, Markus, Lukas, Johannes und Paulus in den Zeugenstand holen und sie einem unerbittlichen Kreuzverhör aussetzen werden.

Sollten Sie mir gegenüber den Vorteil besitzen, ein Spezialist in der neutestamentlichen Kritik zu sein, werden Sie die Methode dieser Untersuchung möglicherweise in bestimmter Hinsicht banal finden, in anderer Hinsicht unkonventionell bis bizarr. Es ist tatsächlich durchaus möglich, daß Sie versucht sein werden, den Autor als einen anmaßenden Spinner abzutun, der diese Arbeit hauptsächlich um der Effekthascherei willen vorlegt. Wenn das so ist, sollten Sie sich aber bitte zunächst selbst fragen, wie sehr Sie sowie andere Wissenschaftler auf ihrem speziellen Gebiet von der Schlüssigkeit all der historischen Erklärungen überzeugt sind, die man in der Jesus-Frage bislang vorgelegt hat. Seit den frühesten Tagen der Kritik am Neuen Testament ist eine Vielfalt an Theorien zum Thema vorgelegt worden, von denen bis heute jedoch keine als wahrhaft überzeugend allgemeine Anerkennung gefunden hat. Selbst die Theorien, welche die größte Übereinstimmung der wissenschaftlichen Meinungsbildung geschaffen haben, bleiben nicht mehr als zaghafte Spekulationen. Sie werden mir darin zustimmen müssen, daß die wissenschaftliche Literatur auf ihrem Spezialgebiet diese Ansicht stützt.

Es gibt jedoch noch etwas, was nicht vergessen werden sollte. Obwohl der Geist tausend Augen hat, erweist sich das Sehvermögen des einzigen Auges des Herzens am Ende als genauer und sinnvoller. Gleichwohl sollte man sich die tausend Augen des Geistes zunutze machen. Um ihnen die uneingeschränkte Möglichkeit zu geben, die Dinge auf ihre Weise zu sehen, werden wir das Auge des Herzens bitten, vorübergehend wegzusehen, ohne daß wir deswegen die Schlüssigkeit seiner besonderen Sichtweise leugnen oder irgendwie herausfordern wollen. Mehr noch: Bei der schlußendlichen Analyse müssen wir bereit sein, zuzugeben, daß unsere intellektuelle Untersuchung Beschränkungen unterliegt, die sie nicht überwinden kann, da sie rein historisch ist.

1 | Das Problem

Irgendwann zwischen den Jahren 27 und 36 n. Chr., als ein gewisser Pontius Pilatus Statthalter Judäas im römischen Palästina war, traf ein Mann namens Jesus mit einer kleinen Anhängerschar in Jerusalem, der Heiligen Stadt der Juden, ein. Wir lesen, daß eine Gruppe von Stadtbewohnern sich bei seinem Einzug in die Stadt um ihn scharte, um ihn als »Sohn Davids« zu begrüßen – als Abkömmling des uralten israelitischen Königsgeschlechts Juda mit einem Anspruch auf die historische Krone Israels. Unmittelbar darauf kam es im Jerusalemer Tempel zu Unruhen, in die Jesus irgendwie verwickelt war. Kurze Zeit darauf wurde er festgenommen und verhört, zunächst vom Hohen Rat der Juden, dann von Pilatus. Unter dem Druck einer feindseligen jüdischen Menge, die sein Blut verlangte, wurde er dazu verurteilt, am Kreuz zu sterben.

Seine Anhänger jedoch, die sogenannten Apostel (was »Boten« bedeutet), behaupteten, er sei drei Tage nach seiner Hinrichtung aus dem Grab auferstanden, worauf er gen Himmel gefahren sei. Angeführt von einem Bruder Jesu namens Jakobus und zwei anderen Männern namens Simon Kephas (oder Petrus) und Johannes, widerstanden diese Apostel den Verfolgungen und blieben in Jerusalem, wo sie die Gründer einer neuen religiösen Sekte wurden. Sie predigten, Jesus sei der prophezeite Messias Israels oder Christus.

Einige Jahre später, vielleicht im Jahr 40 n. Chr., betrat ein Mann namens Paulus die Bühne. Er war ein Jude, der anscheinend in Damaskus lebte, der Hauptstadt des heutigen Syrien (siehe Seite 33). Als überzeugter Pharisäer, das heißt als Befürworter einer strikten Observanz der religiösen jüdischen Traditionen, war Paulus ursprünglich ein glühender Verfolger der Anhänger von Jesus. Dann hatte er eine Vision, die ihn überzeugte, daß dieser Mann, dem er persönlich vermutlich nie begegnet war, der eine und einzige Christus und Sohn Gottes sei, dessen irdische Mission unermeßlich viel wichtiger war als der Werdegang des Moses und des israelitischen Gesetzes. Die gleiche Vision überzeugte Paulus zudem davon, daß er selbst ein Apostel von »Jesus Christus« werden müsse (wie er ihn von da an nannte).

Die Botschaft, die Paulus in der gesamten römischen Welt predigte, war eine Deutung des Jesus-Kults, die sich wesentlich von dem in Jerusalem von den ursprünglichen Aposteln verbreiteten Denkgebäude unterschied. Während Jakobus, Petrus, Johannes und deren Gruppe es beispielsweise für entscheidend hielten, daß Nichtjuden (im biblischen Hebräisch *gojim,* »Heiden«, was Nichtisraeliten bezeichnete und damit auch Nichtjuden einschloß), die zu ihrem Glauben überzutreten wünschten, sich in Übereinstimmung mit dem Gesetz des Moses erst beschneiden lassen und dazu gebracht werden mußten, dessen Gesetz zu halten, hielt Paulus daran fest, daß Nichtjuden zum Glauben konvertieren konnten, ohne der Beschneidung unterworfen und ohne dazu gebracht zu werden, dem israelitischen Gesetz zu folgen. Nach seiner Ansicht kam es ausschließlich auf den Glauben an den auferstandenen Christus an.

Paulus' Lehre stand lebenslang im Widerspruch zu derjenigen der Jerusalemer Apostel, und der religiöse Streit zwischen den beiden Seiten wurde niemals beigelegt, trotz einiger Versuche zu einer Übereinkunft. Es waren anscheinend die Anhänger des Paulus, die sich als erste »Christen« nannten – wie es heißt, in Antiochia (Apostelgeschichte, Kap. 11, Vers 26). Die ersten Anhänger von Jesus in Jerusalem wurden »Nazarener« genannt, ein Hinweis auf ihre besondere Glaubensrichtung oder den Kult, der unter dem Namen »Der Weg« bekannt war (*hodos* – ho odós – in der griechischen Ursprache des Neuen Testaments).

Im Jahre 62 n. Chr. wurde Jakobus, der Bruder Jesu, in Jerusalem auf Befehl des jüdischen Hohenpriesters zu Tode gesteinigt, wie es der – fast – zeitgenössische jüdische Historiker Flavius Josephus berichtet hat (der von etwa 37 bis etwa 100 n. Chr. gelebt hat). Paulus dürfte kurze Zeit darauf gestorben sein, vermutlich in Rom. Im Jahre 70 n. Chr. wurde Jerusalem dann von den Römern eingenommen und zerstört. Im Jahre 135 wurde die dort noch verbliebene jüdische Gemeinde zusammen mit israelitischen und nichtjüdischen Anhängern des Nazarenischen Wegs aus der Stadt gejagt und in alle Winde zerstreut. In den übrigen Teilen der römischen Welt jedoch überlebte das Christentum, wie es von Paulus und seinen Anhängern gepredigt wurde.

Vielleicht stammen die frühesten bekannten schriftlichen Äußerungen über den irdischen Lebensweg von Jesus aus diesem Grund nicht von den ursprünglichen Jerusalemer Aposteln, sondern finden sich in den »Briefen« des Paulus, die er im *koine dialektos* (dem kosmopolitischen Griechisch der hellenischen Zeit) an die neuen Glaubensbrüder oder an die, an verschiedenen Orten entstehenden, christlichen Gemeinden schrieb. Von den Briefen des Paulus werden die an die Kirche in Galatien (in der heutigen Türkei) und der in Korinth (im heutigen Griechenland) von der Wissenschaft allgemein als authentisch angesehen. Ebenso wird weithin anerkannt, daß der Brief an die israelitischen und nichtjüdischen Christen von Rom von Paulus stammt. Allerdings ist zweifelhaft, ob Paulus die anderen Briefe, die seinen Namen tragen, tatsächlich geschrieben hat. Die gravierendsten Zweifel gelten den beiden Briefen an Timotheus und dem an Titus, die von den meisten zeitgenössischen Wissenschaftlern als unecht angesehen werden. Allerdings wird meist zugestanden, daß diese unechten Briefe wahrscheinlich Fragmente von Paulus' Schriften enthalten. Wie auch immer: Man darf mit einiger Sicherheit davon ausgehen, daß ihr Inhalt – vor allem in den autobiographischen Passagen – tatsächlich widerspiegelt, was Paulus wußte und predigte, obwohl er diese Briefe nicht selbst verfaßt hat.

Die erhalten gebliebenen Briefe des Paulus scheinen aus dem vierzehnten Jahr seiner Predigerlaufbahn zu stammen, und einige wurden aus dem Gefängnis geschrieben. Er wandte sich als Gefangener an die Kirche von Philippi (im heutigen Griechenland), was auch aus dem Hinweis hervorgeht, daß er auf seine mögliche Hinrichtung warte (Brief an die Philipper, Kap. 2, Vers 17). Der diesbezügliche Hinweis ist in dem zweiten Brief an Timotheus noch nachdrücklicher formuliert (Kap. 4, Verse 6–8). Unabhängig davon, ob Paulus nun tatsächlich hingerichtet wurde oder nicht, wissen wir nach dem Jahr 62 n. Chr. nichts mehr über ihn. Es wird allgemein angenommen, daß er im Verlauf der Christenverfolgungen in Rom umkam, für die die Herrschaft des römischen Kaisers Nero berühmt ist (in den Jahren 54–68 n. Chr.).

Schätzungen zufolge, die heute allgemein anerkannt werden, wurden die ersten erhalten gebliebenen Berichte über die irdische Mission von Jesus – die vier Evangelien, die zu einem Bestandteil der Heiligen Schrift der Christen wurden, dem Neuen Testament – in den späteren Jahrzehnten des ersten Jahrhunderts zusammengestellt und redigiert, beginnend etwa mit der Zeit, in der Paulus sich dem Ende seiner Laufbahn näherte, oder kurz danach. Diese »kanonischen« Evangelien, die ebenfalls in dem *koine*-Griechisch der Zeit geschrieben worden sind, geben wahrscheinlich eine Reihe von Überlieferungen über Jesus wieder, die den Predigten der Jerusalemer Apostel entnommen sind, die seine Zeitgenossen und persönlichen Gefährten waren. Zwei von ihnen (Matthäus und Johannes) tragen die Namen von Aposteln, die Gefährten von Jesus waren; die beiden anderen (Markus und Lukas) sind nach späteren Aposteln benannt, Gefährten des Paulus. Lukas war überdies dessen Arzt (Brief an die Kolosser, Kap. 4, Vers 14). Außer den vier »kanonischen« Evangelien, deren Inhalt von der christlichen Kirchentradition als authentisch angesehen wird, gibt es noch eine Reihe weiterer Evangelien – sämtlich später entstanden –, die lange Zeit als »apokryph« oder als von zweifelhafter Echtheit angesehen wurden.

Daß es christliche Schriften gab, die älter sind als die kanonischen Evangelien, gilt als so gut wie sicher, obwohl viele neutestamentliche Forscher es heutzutage vorziehen, bei den Evangelien-Quellen vorsichtiger und doppeldeutiger als von »Überlieferungen« zu sprechen. Die meisten dieser christlichen Schriften aus der Zeit vor den Evangelien müssen auf aramäisch geschrieben worden sein, der Muttersprache von Jesus und seinen Jüngern, und nicht auf griechisch. Paulus erwähnt gelegentlich solche Schriften und zitiert sie manchmal in seinen Briefen, genau wie er aus den regulären israelitischen Schriften zitiert. Tatsächlich sagt er in einem Brief sogar: »... bringe ... die Bücher mit ..., besonders die Pergamente« (zweiter Brief an Timotheus, Kap. 4, Vers 13). Einige dieser Bücher waren vielleicht die Quellen seiner Zitate aus christlichen Schriften – Quellen,

die nicht mehr existieren. Bis jetzt ist die Suche nach ver-
lorenem Evangelien-Material nur bei der Wiederauffindung
christlicher Schriften erfolgreich gewesen, die später entstanden sind als die kanonischen Evangelien. Diese Werke
enthalten viel Erhellendes über die zahlreichen Häresien,
die mit Beginn des ersten Jahrhunderts nach Christus in der
christlichen Welt auftauchten, tragen aber sehr wenig zum
Verständnis des Werdegangs von Jesus als historischer Gestalt bei.

Folglich ist man bei der Suche nach dem historischen
Jesus bislang fast vollständig auf die kanonischen Evangelien angewiesen gewesen, von denen keines ein Augenzeugenbericht ist, sowie auf gelegentliche Hinweise von Paulus,
wenn wir einmal von einigem Material aus nichtchristlichen
Quellen absehen.

Im zweiten Brief an die Korinther gibt Paulus unmißver-
ständlich über sich Auskunft. »Sie sind Hebräer – ich auch!
Sie sind Israeliten – ich auch! Sie sind Abrahams Kinder –
ich auch!« (Kap. 11, Vers 22). Im Brief an die Philipper
wiederholt er: ». . . der ich am achten Tag beschnitten bin,
aus dem Volk Israel, vom Stamm Benjamin, ein Hebräer
von Hebräern, nach dem Gesetz ein Pharisäer« (Kap. 3,
Vers 5). Ebenso eindeutig bezeichnet Paulus den historischen Jesus als Mit-Israeliten (Brief an die Römer, Kap. 9,
Vers 5; Brief an die Galater, Kap. 4, Vers 4) vom Stamm
Juda – sogar als Abkömmling des königlichen Hauses Juda:
». . . von seinem Sohn Jesus Christus, unserem Herrn, der
geboren aus dem Geschlecht Davids nach dem Fleisch«
(Brief an die Römer, Kap. 1, Vers 3; vgl. zweiter Brief an
Timotheus, Kap. 2, Vers 8). »Ihr habt doch von ihm gehört
und seid in ihm unterwiesen«, heißt es im Brief an die
Epheser (Kap. 4, Vers 21). Aus diesem Grund finden wir bei
Paulus nur wenige Anspielungen auf das Leben von Jesus als

Mensch. In den erhalten gebliebenen Briefen wird Jesu Vater an keiner Stelle erwähnt, und an der einen Stelle, an der seine Mutter genannt wird (Brief an die Galater, Kap. 4, Vers 4), hat sie keinen Namen.

Andererseits scheint Paulus bei zwei Gelegenheiten anzudeuten, daß Jesus ursprünglich ein Mann war, dessen Reichtum seiner königlichen Abkunft und damit auch seinem besonderen gesellschaftlichen Ansehen entsprach. »Denn ihr kennt die Gnade unseres Herrn Jesus Christus«, schreibt er, »obwohl er reich ist (griechisch *plousios*), wurde er doch arm um euretwillen, damit ihr durch seine Armut reich würdet« (zweiter Korinther-Brief, Kap. 8, Vers 9). Ferner: ».. . sondern entäußerte sich selbst und nahm Knechtsgestalt an, ward den Menschen gleich und der Erscheinung nach als Mensch erkannt« (Brief an die Philipper, Kap. 2, Vers 7). Der ursprüngliche Reichtum von Jesus, von dem Paulus spricht, ist traditionsgemäß symbolisch als Hinweis auf sein besonderes geistliches Ansehen gedeutet worden. Anders als Paulus sprechen die Evangelien an keiner Stelle davon, daß Jesus einmal reich gewesen sei. Sie schreiben ihm jedoch Äußerungen über die »Armen« (griechisch *ptochos*) zu, ein deutlicher Hinweis darauf, daß er die Armen als eine Kaste ansah, für die er besonderes Mitgefühl und Sorge empfand, der er persönlich jedoch nicht angehörte. So lassen die Evangelien indirekt vermuten, daß Jesus ein Mensch von einigem gesellschaftlichen und finanziellen Ansehen war. Was seine Lehren angeht, erwähnt Paulus – andes als die Evangelien – nur die eine, die sich auf das Ereignis bezieht, das die Christen das Abendmahl nennen (erster Brief an die Korinther, Kap. 11, Verse 23–25):

»Denn ich habe von dem Herrn empfangen, was ich euch weitergegeben habe: Der Herr Jesus, in der

Nacht, da er verraten ward, nahm er das Brot, dankte und brach's und sprach: Das ist mein Leib, der für euch gegeben wird; das tut zu meinem Gedächtnis. Desgleichen nahm er auch den Kelch nach dem Mahl und sprach: Dieser Kelch ist der neue Bund in meinem Blut; das tut, sooft ihr daraus trinkt zu meinem Gedächtnis.«

An der Tatsache, daß der historische Jesus durch Kreuzigung getötet wurde, nachdem man ihn irgendwie »verraten« hatte (eigentlich »übergeben«, denn das verwendete griechische Verb heißt *paradidomi,* »aushändigen«), zweifelt Paulus nicht im mindesten: »O ihr unverständigen Galater! Wer hat euch bezaubert, denen doch Jesus Christus vor die Augen gemalt war als der Gekreuzigte?« (Galater-Brief, Kap. 3, Vers 1). Er bezieht sich in fast allen seinen Schriften auf dieses Ereignis und beschuldigt einmal die Juden, für den Tod des Mannes direkt verantwortlich zu sein (Brief an die Thessalonicher, Kap. 2, Vers 14), eine Tatsache, die der als zuverlässig geltende und fast zeitgenössische jüdische Historiker Flavius Josephus bestätigt. In einem der Briefe an Timotheus bezieht sich Paulus ferner auf das Verhör Jesu vor Pontius Pilatus: ».. .Christus Jesus, der unter Pontius Pilatus bezeugt hat das gute Bekenntnis« (erster Brief an Timotheus, Kap. 6, Vers 13). Überdies war Paulus nicht weniger überzeugt als die älteren Apostel, daß Gott Jesus von den Toten hatte auferstehen lassen (beispielsweise im ersten Brief an die Korinther, Kap. 15, Verse 3–8):

»Denn als erste habe ich euch weitergegeben, was ich auch empfangen habe: Daß Christus gestorben ist für unsere Sünden nach der Schrift; und daß er begraben worden ist; und daß er auferstanden ist am dritten

Tage nach der Schrift; und daß er gesehen worden ist von Kephas, danach von den Zwölfen. Danach ist er gesehen worden von mehr als fünfhundert Brüdern auf einmal, von denen die meisten noch heute leben, einige aber sind entschlafen. Danach ist er gesehen worden von Jakobus, danach von allen Aposteln. Zuletzt von allen ist er auch von mir als einer unzeitigen Geburt gesehen worden.«

Da er selbst Jesus nur als »Offenbarung« und »Erscheinung« erkannt hatte, muß Paulus davon ausgegangen sein, daß das Erscheinen des auferstandenen Jesus vor seinen älteren Aposteln und Anhängern ebenfalls in Erscheinungen erfolgt war. Über sein eigenes mystisches Erleben des auferstandenen Christus sagt er folgendes (zweiter Brief an die Korinther, Kap. 12, Verse 1–4):

»... So will ich doch kommen auf die Erscheinungen und Offenbarungen des Herrn. Ich kenne einen Menschen in Christus; vor vierzehn Jahren – ist er im Leib gewesen? ich weiß es nicht; oder ist er außer dem Leib gewesen? ich weiß es auch nicht; Gott weiß es –, da wurde derselbe entrückt bis in den dritten Himmel. Und ich kenne denselben Menschen – ob er im Leib oder außer dem Leib gewesen ist, weiß ich nicht; Gott weiß es –, der wurde entrückt in das Paradies und hörte unaussprechliche Worte, die kein Mensch sagen kann.«

Während Paulus den historischen Jesus anscheinend nicht gekannt hat (wäre dies der Fall gewesen, hätte er es wahrscheinlich nicht versäumt, darauf hinzuweisen), so kannte er doch »Jakobus, des Herrn Bruder« (Brief an die Galater,

Kap. 1, Vers 19), dem er in Jerusalem mindestens zweimal begegnete (der Hinweis auf die zweite Begegnung findet sich im Brief an die Galater, Kap. 2, Vers 9). Dies bedeutet, daß Paulus von der Historizität Jesu, seines Zeitgenossen, persönlich überzeugt war, obwohl sich ihre Wege, wie es scheint, nie gekreuzt haben. Andererseits scheint Paulus den Geschichten, die zu seiner Zeit über Jesus in Umlauf gebracht wurden, vermutlich von den Aposteln in Jerusalem, nicht viel Glauben geschenkt zu haben; und während er ihn zwar als Abkömmling des königlichen Hauses David anerkannte, akzeptierte er nicht die verschiedenen, ihm zugeschrieben Genealogien: ». . . auch nicht achthaben auf die Fabeln und Geschlechtsregister, die kein Ende haben und eher Fragen aufbringen . . .« (erster Brief an Timotheus, Kap. 1, Vers 4); »von törichten Fragen aber, von Geschlechtsregistern, von Zank und Streit über das Gesetz halte dich fern; denn sie sind unnütz und nichtig« (Brief an Titus, Kap. 3, Vers 9). Dies ist ein Hinweis darauf, daß Paulus den Jesus gegebenen Geschlechtsregistern gegenüber skeptisch war, die sich im Matthäus-Evangelium, Verse 1–17) und im Lukas-Evangelium (Kap. 3, Verse 23–38) erhalten haben. Es legt auch den Schluß nahe, daß er zumindest einige der in den verschiedenen Evangelien erhalten gebliebenen Jesus-Geschichten lediglich als Legenden ansah.

In den Schriften von Paulus selbst jedoch taucht der historische Jesus als eher schattenhafte Gestalt auf, die durch Paulus' Vision von Jesus als dem lebendigen Christus zu relativer Bedeutungslosigkeit reduziert wird. In der irdischen Existenz von Jesus scheint Paulus nur dessen Tod und Auferstehung als besonders bedeutsam angesehen zu haben. Über den Wesenskern von Jesus als dem Christus aller Zeiten – statt der historischen Gestalt, die einer bestimmten

Zeit angehört – sagt er (Brief an die Kolosser, Kap. 1, Verse 15–22):

> »Er ist das Ebenbild des unsichtbaren Gottes, der Erstgeborene vor aller Schöpfung. Denn in ihm ist alles geschaffen, was im Himmel und auf Erden ist, das Sichtbare und das Unsichtbare, es seien Throne oder Herrschaften oder Mächte oder Gewalten; es ist alles durch ihn und zu ihm geschaffen. Und er ist vor allem, und es besteht alles in ihm... Er ist der Anfang, der Erstgeborene von den Toten, damit er in allem der Erste sei... und er durch ihn alles mit sich versöhnte, es sei auf Erden oder im Himmel, indem er Frieden machte durch sein Blut am Kreuz..., auch euch... hat er nun versöhnt durch den Tod seines sterblichen Leibes...«

Es steht fest, daß der Christus des Paulus als Mensch Jesus tatsächlich gelebt hat und somit historisch ist. Was diese Tatsache über jeden Zweifel erhebt und auch beweist, ist die Tatsache, daß Paulus dem Bruder Jesu in Jerusalem wiederholt begegnet ist und mit ihm gestritten hat. Hier allerdings endet die Gewißheit, und was bleibt, ist das alles andere überragende Problem: Wer war der historische Jesus? Woher kam er? Wie hat er in der Öffentlichkeit gewirkt? Was brachte seine Anhänger dazu, ihn als den Messias oder Christus zu akzeptieren, dessen Kommen die israelitischen Schriften prophezeit hatten? Wenn wir uns vor Augen führen, daß der Hauptzeuge für Jesu Existenz Paulus war, können wir mit der Frage beginnen: Wieviel wissen wir wirklich über Paulus?

Während die Wissenschaft die Teile des Neuen Testaments, in denen Leben und Werdegang von Jesus abgehandelt werden, schon seit langem der sorgfältigsten Prüfung unterzogen hat*, ist sie mit jenen Textpassagen, in deren Mittelpunkt Paulus steht, nicht so kritisch umgegangen: Die in ihnen enthaltenen Informationen sind meist kritiklos hingenommen worden. Es gibt gewiß keinerlei Grund, die Schilderung seines Werdegangs anzuzweifeln, die uns Paulus in seinen Briefen selbst vermittelt; daß er Jude, Pharisäer und ein hebräischer Israelit sei, der von sich sagte, er gehöre zum Stamm Benjamin (siehe Seite 23); daß er eine ungewöhnliche Sprachbegabung hatte (erster Korinther-Brief, Kap. 14, Vers 18), was sich schon darin äußerte, daß er in griechisch schrieb; daß er vor seiner Bekehrung die Anhänger Jesu verfolgt habe; daß er seine religiöse Mission in Damaskus erfüllte oder zumindest begann (Galater-Brief, Kap. 1, Vers 17), von wo er schließlich flüchtete, um der Festnahme durch den Mann zu entgehen, den dort Aretas, der Nabatäerkönig von Petra (im heutigen Jordanien), eingesetzt hatte, um die Stadt zu regieren (zweiter Korinther-Brief, Kap. 11, Verse 32–33). In seinen Schriften hat Paulus uns noch weitere kurze Hinweise auf seinen apostolischen Werdegang hinterlassen. In der informativsten dieser Passagen sagt er (zweiter Korinther-Brief, Kap. 11, Verse 24–28):

»Von den Juden habe ich fünfmal erhalten vierzig Geißelhiebe weniger einen; ich bin dreimal mit Stökken geschlagen, einmal gesteinigt worden; dreimal habe ich Schiffbruch erlitten, einen Tag und eine Nacht trieb ich auf dem tiefen Meer. Ich bin oft gereist, ich bin in Gefahr gewesen durch Flüsse, in Gefahr unter Räubern, in Gefahr unter Juden, in

---

* Eine genaue und gut lesbare Zusammenfassung der Forschung zu diesem Thema findet sich bei Ian Wilson, *Jesus: The Evidence* (London 1985).

Gefahr unter Heiden, in Gefahr in Städten, in Gefahr in Wüsten, in Gefahr auf dem Meer, in Gefahr unter falschen Brüdern; in Mühe und Arbeit, in viel Wachen, in Hunger und Durst, in viel Fasten, in Frost und Blöße; und außer all dem noch das, was täglich auf mich einstürmt, und die Sorge für alle Gemeinden.«

Die ausführlicheren Angaben über Leben und Karriere des Paulus stammen jedoch aus dem Teil des Neuen Testaments, den wir unter der Bezeichnung »Apostelgeschichte des Lukas« kennen. Sie wird so genannt, weil sie offenkundig vom selben Mann geschrieben wurde wie das Lukas-Evangelium. Beide Bücher – wem auch immer wir sie zu verdanken haben – wenden sich an einen »hochgeehrten Theophilus«: vielleicht ein »hochgeehrter Gottesfreund« (das heißt Sucher nach der christlichen Wahrheit) oder vielleicht an einen wirklich existenten Mann dieses Namens, dessen historische Identität ungeklärt geblieben ist. Und das Lukas-Evangelium (Kap. 1, Verse 1–4) wird in einer Weise begonnen, die deutlich erkennen läßt, daß die darin geschilderten Ereignisse weder auf Informationen aus erster Hand beruhen (ebensowenig wie in der folgenden Apostelgeschichte) noch ein Augenzeugenbericht sind:

»Viele haben es schon unternommen, Bericht zu geben von den Geschichten, die unter uns geschehen sind, die uns das überliefert haben, die es von Anfang an selbst gesehen haben und Diener des Worts gewesen sind. So habe auch ich's für gut gehalten, nachdem ich alles von Anfang an sorgfältig erkundet habe, es für dich, hochgeehrter Theophilus, in guter Ordnung aufzuschreiben, damit du den sicheren

Grund der Lehre erfahrest, in der du unterrichtet bist.«

Worin auch immer die Problematik des Berichts über Leben und Werk Jesu, wie sie im Lukas-Evangelium dargestellt sind, liegen mag – es war schon lange kein Geheimnis mehr, daß die Apostelgeschichte trotz eines grundlegend einheitlichen Stils, der einen einzigen Urheber vermuten läßt, über Paulus in Wahrheit zwei verschiedene Informationskategorien zusammenfügt. Einmal handelt es sich um indirekte Information, die so wiedergegeben wird, wie sie von den Quellen, wie auch immer diese geartet sein mochten, empfangen wurde. Die zweite besteht aus direkter Information von seiten eines Autors, der in der ersten Person Plural von »wir« spricht und sich selbst und seine Gruppe als »uns« bezeichnet (Kap. 16, Verse 10–17 ff.; Kap. 20, Vers 6, bis Kap. 21, Vers 17 ff.; Kap. 27, Vers 2, bis Kap. 28, Vers 2 ff.). Diese sogenannten »Wir-Abschnitte« der Apostelgeschichte haben etwas Wichtiges gemeinsam: Sie sind sämtlich Berichte über die Reisen des Paulus und seiner Gefährten. Das bedeutet, daß die Schilderungen der Predigerreisen aus erster Hand stammen und folglich nicht angezweifelt zu werden brauchen. Es besteht kein Widerspruch zwischen dem Inhalt dieser Passagen und dem, was Paulus in seinen Briefen über sich sagt. Das gleiche läßt sich nicht immer von jenen Teilen der Apostelgeschichte behaupten, die Berichte aus zweiter Hand sind. Wie, wann und warum diese beiden verschiedenen Textkomponenten der Apostelgeschichte zu einem einheitlichen Ganzen vereinigt wurden, ist eine Frage, der wir hier nicht nachzugehen brauchen. Für den gegenwärtigen Zweck unserer Untersuchung ist nur wichtig, nicht zu vergessen, daß die Apostelgeschichte mindestens zwei verschiedene erzählerische Komponenten enthält: Die eine sollte so akzeptiert werden, wie sie uns vorliegt, während die andere mit etwas größerer Vorsicht behandelt werden oder in den Fällen, wo die gebotene Information aufgrund des persönlichen Zeugnisses von Paulus zu seinem Leben und seinem Werdegang im Widerspruch steht, vielleicht sogar völlig unberücksichtigt bleiben sollte.

In der Apostelgeschichte beispielsweise wird angedeutet, daß Paulus ursprünglich Saul hieß. Dabei ist es durchaus möglich, daß Paulus auch so genannt wurde, daß nämlich Paulus der griechische Name war, unter dem man ihn allgemein kannte, und Saul der hebräische Name, den seine Eltern ihm gegeben hatten. In Gemeinwesen, in denen der einheimischen Kultur eine Kolonialkultur aufgezwungen wird, wie es etwa beim hellenischen Syrien (das heißt dem Syrien der Seleukiden und Römer) der Fall war, tragen die Menschen häufig solche Doppelnamen: einen, welcher der einheimischen Tradition entspricht, und einen aus der fremden Kultur, der eine Übersetzung des heimischen Namens sein kann, aber nicht unbedingt sein muß. Zwei Jünger Jesu, Andreas und Philippus, sind uns aus den Evangelien nur durch ihre griechischen Namen bekannt. Vielleicht hatten sie daneben noch hebräische oder aramäische Namen (siehe siebtes Kapitel). Andreas' Bruder, dessen heimischer Name Simon Kephas war (aramäisch *Kifa,* was »der Fels« bedeutet), wurde auch Petrus genannt (*Petros,* griechisch für »Fels«). Gleichwohl ist durchaus nicht gewiß, daß Paulus ursprünglich Saulus hieß.

Die Apostelgeschichte fängt ihre Erzählung von Paulus in Kapitel 8 (Kap. 8, Vers 1) mit dem Namen Saul an, und zwar ohne jeden Hinweis darauf, daß er auch anders genannt wurde. Dann erfolgt der Namenswechsel in der Schilderung der ersten Predigerreise des Apostels ohne jede Erklärung: »Saulus aber, der auch Paulus heißt, voll heiligen Geistes, sah ihn an...« (im griechischen Original heißt es *o kai Paulos,* wörtlich »der nämliche Paulus«, Kap. 13, Vers 9). Ferner schreibt die Apostelgeschichte Paulus die folgende Erklärung über sich zu (Kap. 21, Vers 39, die dann in Kap. 22, Vers 3, fortgeführt wird):

> »Ich bin ein jüdischer Mann aus Tarsus in Zilizien, Bürger einer namhaften Stadt. ... aufgewachsen aber in dieser Stadt (Jerusalem) und mit aller Sorgfalt unterwiesen im väterlichen Gesetz zu Füßen Gamaliels, und war ein Eiferer für Gott, wie ihr es heute alle seid.«

In den von ihm selbst geschriebenen Briefen erwähnt Paulus Tarsus in Zilizien (oder Kilikien, im Süden der heutigen Türkei) als seinen Geburtsort und läßt mit keinem Wort anklingen, daß er früher in Jerusalem gewohnt hat. Ebensowenig findet sich eine Erwähnung Gamaliels als Lehrer im jüdischen Gesetz. Im Galater-Brief (Kap. 1, Vers 21) heißt es: »Danach kam ich in die Länder Syrien und Zilizien«, die er drei Jahre nach dem Beginn seiner apostolischen Tätigkeit besuchte, ohne mit einem Wort anzudeuten, daß er dort ein Zuhause oder Verwandte hatte. Paulus' persönlichen Auskünften über den Beginn seines apostolischen Wegs (Galater-Brief, Kap. 1, Verse 17–18) läßt sich entnehmen, daß er in Damaskus wohnte (vielleicht dort auch geboren worden war) und daß sein Aufenthalt in Jerusalem, drei Jahre nach seiner Bekehrung, sein erster war – was die Möglichkeit eines früheren Besuchs oder vormaliger Pilgerreisen dorthin ausschließt.

Möglicherweise verwechselt die Apostelgeschichte die Identität des Paulus mit der eines anderen Mannes namens Saul, der ein Schüler Gamaliels war und tatsächlich in Jerusalem lebte, wo er sich als jüdischer Verfolger der ersten Anhänger Jesu hervortat – unter anderem billigte er die »Ermordung« des Stephanus, des ersten Nazarener-Märtyrers in der Stadt (Kap. 8, Vers 1). Es ist allerdings auch denkbar, daß die Verwendung des Namens Saulus als der ursprünglichen Bezeichnung von Paulus auf reiner Erfindung beruht. Paulus selbst behauptete, dem israelitischen Stamm Benjamin anzugehören, und er erkannte Jesus als Nachkommen Davids an. Es hatte mal einen historischen Saul gegeben, den ersten König Israels, und dieser war wie Paulus ein Abkömmling des Stammes Benjamin; David, der ihm auf dem Thron Israels nachfolgte, ging aus dem Stamm Juda hervor. Vielleicht hat man aus diesem Grund angenommen, daß Paulus ursprünglich Saulus hieß. Dabei wäre es durchaus möglich gewesen, in der Apostelgeschichte eine subtile Parallele zwischen Paulus und dem historischen Saul einerseits und Jesus und David andererseits herzustellen. Statt dessen läßt sie Paulus in einer Rede kurz nach seiner Namensänderung sagen (Apostelgeschichte, Kap. 13, Verse 20–23):

> »Danach gab (Gott) ihnen (den Israeliten) Richter bis zur Zeit des Propheten Samuel. Und von da an baten sie um einen König; und Gott gab ihnen Saul, den Sohn des Kish, einen Mann aus dem Stamm Benjamin, für vierzig Jahre. Und als er diesen verstoßen hatte, erhob er David zu ihrem König, von dem er bezeugte: ›Ich habe David gefunden, den Sohn Isais, einen Mann nach meinem Herzen, der soll meinen ganzen Willen tun.‹ Aus dessen Geschlecht hat Gott, wie er verheißen hat, Jesus kommen lassen als Heiland für das Volk Israel...«

An dieser Stelle sollte vielleicht darauf hingewiesen werden, daß sich Paulus in den von ihm selbst verfaßten Briefen anders als in dieser ihm zugeschriebenen Rede nicht mit der Abstammung Jesu von David aufhält, sondern sie in zwei Fällen nur beiläufig und beide Male als eher nebensächlich erwähnt.

Von seiten der Wissenschaft hegte man allgemein die Ansicht, daß die Apostelgeschichte mit einer entschieden paulinischen Tendenz geschrieben worden ist. Dies muß nicht unbedingt wahr sein, denn das Buch verbindet (wie wir schon gesehen haben) Informationen aus verschiedenen Quellen: Meist handelt es sich um indirekte Schilderungen über die Tätigkeit der verschiedenen Apostel, darunter auch des Paulus, und einer davon ist ein direkter Bericht über die Predigerreisen von Paulus, wie sie von einem seiner getreuen Gefährten wiedergegeben werden.

Aus diesem Grund ist es durchaus denkbar, daß die tendenzielle Parteilichkeit der Apostel sich mit den Quellen ändert, wenn es um Paulus geht. Während die »Wir-Passagen« und das mit ihnen verwobene Material im Tenor klar propaulinisch sind, sind andere Teile, wie wir noch sehen werden, deutlich antipaulinisch und reflektieren vermutlich die Interessen der Partei der ursprünglichen Nazarener-Apostel von Jerusalem, deren Anführer Jakobus gewesen zu sein scheint.

Daß dieser Jakobus der Bruder von Jesus war, kann nicht bezweifelt werden. Der jüdische Historiker Flavius Josephus, ein Zeitgenosse, erwähnt die Hinrichtung Jakobus in Jerusalem im Jahre 62 n. Chr. und bezeichnet ihn als »den Bruder des Jesus, der Christus genannt wird, mit Namen Jakobus« (*Jüdische Altertümer,* 20. Buch, 9. Kapitel, Nr. 1). Wie schon angedeutet, sind Paulus und Jakobus in Jerusalem mindestens zweimal zusammengetroffen. Bei beiden

Gelegenheiten kam es zu Auseinandersetzungen über mindestens eine wichtige Lehrmeinung: Nämlich über die Frage, ob nichtjüdische Konvertiten zum neuen christlichen Glauben zunächst beschnitten werden sollten, um als Israeliten anerkannt werden zu können. Die Apostelgeschichte wiederum weist an mehreren Stellen auf Jakobus als den Jerusalemer Apostel hin, dessen Worten das meiste Gewicht innewohnte und dem sich die anderen anscheinend als dem Anführer der Gemeinde zu fügen hatten.

In den kanonischen christlichen Schriften hat sich überdies ein Jakobus zugeschriebener Brief erhalten, dessen Echtheit früher stark angezweifelt wurde, heute von manchen jedoch als authentisch erachtet wird. Da er Jesu Bruder war, galt Jakobus bei den Anhängern des nazarenischen Weges in Jerusalem vermutlich als dessen legitimer Nachfolger. Seine Autorität dürfte sich wie jene von Jesus aus der Tatsache hergeleitet haben, daß er anerkanntermaßen als Abkömmling Davids angesehen wurde. Jakobus selbst, so scheint es, war sich der Tatsache bewußt, daß er einen Anspruch auf den Thron Davids hatte. Der Brief im Neuen Testament, der ihn als Urheber angibt, ist »An die Zwölf Stämme in der Zerstreuung« gerichtet (*tais dodeka phulais en te diaspora,* Brief des Jakobus, Kap. 1, Vers 1): ein deutlicher Hinweis darauf, daß das Volk Israel als besondere Gemeinschaft aus dem Hause David gemeint war, obwohl einige moderne Übersetzungen (wie etwa die GNB) die griechische Urfassung frei und unkorrekt so übersetzen, als sei »das über die ganze Welt zerstreute Volk Gottes« gemeint. In einer ihm zugeschriebenen Rede in der Apostelgeschichte (Kap. 15, Vers 16) zitiert Jakobus ausdrücklich den Propheten Amos (Kap. 9, Vers 11), bei dem geschrieben steht:

»Zur selben Zeit will ich die zerfallene Hütte Davids wieder aufrichten und ihre Risse vermauern und, was abgebrochen ist, wieder aufrichten und will sie bauen wie sie vorzeiten gewesen ist, auf daß sie in Besitz nehmen, was übrig ist von Edom, und alle Heiden, über die mein Name genannt ist, spricht der Herr, der solches tut.«

Aus streng israelitischer Sicht bestand ein starkes Ungleichgewicht zwischen der legitimen Autorität des Jakobus als eines »Sohns Davids« und dem zweifelhaften Ruf des Emporkömmlings Paulus, der dem historisch diskreditierten Stamm Benjamin angehörte. Die Apostelgeschichte weist vermutlich auf die Diskrepanz hinsichtlich des Ansehens der beiden Männer hin, indem sie diese Paulus indirekt in einer der ihm zugeschriebenen Reden eingestehen läßt. In besagter Rede läßt die Apostelgeschichte Paulus über Davids Nachfolge des benjaminitischen Königs Saul auf dem israelitischen Thron sprechen und ebenso betonen, daß nicht Saul, sondern David der König Israels war, den Gott in Wahrheit bevorzugt habe, weil er nie darin schwankend geworden sei, nach dem Gebot des Herrn zu handeln. Diese Stelle versetzt den Leser in eine gewisse Ratlosigkeit. War der historische Jesus kein bloßer religiöser Prediger, sondern ein Mann mit politischem Ehrgeiz, der ein Erbrecht auf den verlorenen Thron Davids geltend machte? Sah sich sein Bruder Jakobus in Jerusalem irgendwie als sein dynastischer Nachfolger? Stand Paulus in Gegnerschaft zu Jakobus? Ist er über die Details des historischen Werdegangs Jesu einfach hinweggegangen, indem er die Frage betreffs dessen davidischer Abkunft herunterspielte und statt dessen sein transzendentales Christus-Sein betonte? Vielleicht wegen einer angeborenen benjaminitischen Abneigung gegen die dynastischen Ansprüche der beiden Männer als Abkömmlinge des königlichen Hauses Juda?

Paulus hat ganz gewiß anerkannt, daß Jesus (und deshalb auch sein Bruder Jakobus) Nachkommen König Davids waren. Ob sie auf diese Herkunft von David nun zu Recht oder zu Unrecht verwiesen, ist für den Zweck dieser Untersuchung unerheblich; hier kommt es nur auf die Feststellung an, daß es tatsächlich Israeliten gab, die sie als Sprosse Davids anerkannten.

Um die Bedeutung dieser Frage im Hinblick auf die israelitische Gesellschaft der damaligen Zeit richtig einschätzen zu können, ist es sinnvoll, einen Vergleich mit der historischen und der heutigen islamischen Gesellschaft herzustellen, in der viele Familien zu verschiedenen Zeiten als Abkömmlinge des Propheten Mohammed durch seine Tochter Fatima anerkannt worden sind, die Ali, seinen Vetter ersten Grades, heiratete. Solche Männer tragen bis auf den heutigen Tag den Ehrentitel *Sharif* (was »Edelmann« bedeutet) oder *Sayyid* (»Herr«). Bis in unser Jahrhundert hinein wurden besondere Staatsbeamte aus den Reihen solcher Männer ausgewählt, um sicherzustellen, daß Familien, die derartige Titel für sich beanspruchten, auch ein Recht darauf hatten. Natürlich hatte die Behauptung, von Mohammed abzustammen, in den meisten Fällen nur wenig mit der Wahrheit zu tun. Gleichwohl sind die Sharifs und Sayyids in der islamischen Gesellschaft von alters her als eine besondere Kaste anerkannt, der mitunter spezielle Privilegien zugestanden wurden. Bei den verschiedenen schiitischen islamischen Sekten, die sich alle darin einig sind, daß der islamische Staat nur dann legitim ist, wenn er von einem Abkömmling des Propheten geleitet wird, genießen die Sharifs und Sayyids besondere Verehrung, und man hält die Meinung der Gebildeten unter ihnen für außerordentlich maßgebend. Der heutige Aga Khan ist das Oberhaupt der ismailischen Schiiten, weil er als anerkannter Nachkömmling des Propheten gilt. Bis in die sechziger Jahre hinein führten die Schiiten-Imams der Saidi ihren politischen Machtanspruch im Jemen auf die gleiche Herkunft zurück. Ebenso traf das auf die Fatimiden-Kalifen zu, die zwischen den Jahren 909 und 1171 erst über Nordafrika und dann über Ägypten herrschten.

Zu der Zeit, als die Anhänger Jesu erstmals als israelitische Sekte unter Führung der Jerusalemer Apostel in Erscheinung traten, hatten sie allem Anschein nach ebenso Sharifs und Sayyids wie die Muslime bis zum heutigen Tag. Innerhalb der Israeliten machten sie als besondere Kaste die anerkannte Abstammung von König David geltend, dem wahren Gründer des Reiches Israel, ob dieser Anspruch nun berechtigt war oder nicht. In der hebräischen Bibel, nämlich in den Büchern Hesekiel und Esra, finden sich Belege dafür, daß man ihnen – jedenfalls zeitweilig – den Ehrentitel *Nasi'* zugestand, was »Fürst« oder »Häuptling« bedeutet. Wie die religiöse Botschaft Jesu tatsächlich gelautet haben mag, so soll er bei seiner Ankunft in Jerusalem jedenfalls als ein »Sohn Davids« begrüßt worden sein, und diese Abstammung nahm Paulus als Tatsache hin, obwohl er ihr nicht viel Bedeutung beimaß. Andere frühe Christen scheinen jedoch anders gedacht zu haben. Nach dem Tod von Jesus trugen sie die Führung seinem Bruder Jakobus, also einem weiteren »Sohn Davids«, an.

In der islamischen Gesellschaft leiden Sharifs und Sayyids nur selten unter Armut. In den Städten gehören sie normalerweise zur Mittel- oder Oberschicht; in ländlichen Gebieten sind sie häufig wohlhabender als andere. Traditionsgemäß oblag ihnen die Verwaltung besonderer öffentlicher Fonds für den Unterhalt der Armen. Das Geld hierfür kam entweder aus den Schatullen des Staates oder von speziellen religiösen Stiftungen; und in einigen islamischen Ländern ist diese Praxis in mancherlei Form noch heute üblich. Solche Funktionen dürften auch israelitische Einzelpersonen und Familien, die anerkannte »Nachkommen Davids« waren, höchstwahrscheinlich ausgeübt haben. Das könnte eine Erklärung dafür sein, weshalb Paulus Jesus als ursprünglich vermögenden oder zumindest wohlhabenden Mann beschrieb, der erst, als er mit seiner Mission begann, freiwillig seinem Reichtum entsagte.

Über die Identität des historischen Jesu und das Wesen seiner Mission ist offenkundig nur wenig bekannt. In den Evangelien wird der Mann als Wanderprediger beschrieben, der aramäisch sprach, mit seinen Anhängern von Ort zu Ort zog und eine liberale und höchst unkonventionelle Art des israelitischen Glaubens predigte. Einer Schätzung zufolge läßt sich sein Werdegang als Prediger, wie er in den Evangelien geschildert wird, auf einen Zeitraum von drei Wochen reduzieren*; darüber hinaus wird kaum etwas Nennenswertes von ihm berichtet. Obwohl nie bezweifelt worden ist, daß Jesus sein ganzes Leben in Palästina verbracht hat – nämlich auf Wanderschaft zwischen Galiläa, Judäa und dem Jordantal –, erweist sich die Identifizierung der meisten im Neuen Testament erwähnten Orte, die mit seiner Person in Verbindung stehen, in ebendiesen Regionen als ziemlich schwierig, wie im folgenden noch zu zeigen sein wird.

Daß Jesus existiert hat, steht außer Frage. Abgesehen von den Briefen des Paulus gibt es genügend historische Belege für diese Tatsache, auch außerhalb der christlichen Schrif-

---

* B. H. Streeter, *The Four Gospels: a Study of Origins* (London 1927).

ten. Darüber wird im Verlauf dieser Untersuchung noch mehr zu sagen sein. Für den Historiker jedoch bleibt das Problem: Wer war Jesus? Woher kam er? Was wollte er? Warum folgten ihm so viele Menschen, und wer waren diese? Warum hat man ihn getötet? Was hielt seine Anhänger nach seinem Tod zusammen? Das sind die Fragen, die wir im folgenden ansprechen werden.

Im jetzigen Stadium unserer Untersuchung haben wir festgestellt, daß die Aussagen der Apostelgeschichte über Paulus nicht immer korrekt sind. Wie wir im nächsten Stadium sehen werden, gibt es Dinge, die Paulus über sich selbst sagt – nämlich in seinen Briefen –, die in der Apostelgeschichte nicht erwähnt werden und die in einigen Fällen in flagrantem Widerspruch zu seinen Äußerungen stehen. Wir haben ebenfalls festgestellt, was lange Zeit als anerkannte Tatsache galt: daß die Apostelgeschichte eine Fortsetzung eines der Evangelien ist, und zwar des Lukas-Evangeliums. Wie die drei anderen kanonischen Evangelien hat auch Lukas einiges über das irdische Leben von Jesus zu berichten. Paulus bleibt in dieser Hinsicht merkwürdig schweigsam. Warum sagte Paulus jenes über sich, während in der Apostelgeschichte etwas anderes steht? Warum hat der Verfasser der Apostelgeschichte, der auch der Autor des Lukas-Evangeliums ist, so ausgiebig über Leben und Wirken von Jesus gesprochen wie auch die Autoren der anderen Evangelien, während Paulus sich zu diesem Thema kaum geäußert hat? Wenn sich diese Fragen beantworten lassen, erhalten wir vielleicht einige Hinweise, die uns dabei helfen, das Rätsel des historischen Jesus zu lösen.

2 | Was die Apostelgeschichte über Paulus verschweigt

Die Jerusalemer Apostel sahen Paulus lange Zeit – nämlich siebzehn Jahre – nicht als gleichberechtigt an und mißbilligten seine Lehre. Erst dann, und dies auch nur widerwillig, signalisierten sie Einverständnis, ihn als »Apostel für die Nichtjuden« zu akzeptieren, weil sie seine finanzielle Hilfe brauchten (Galater-Brief, Kap. 2, Verse 1–10). Paulus konnte ihnen Geld von den reichen Gemeinden zur Verfügung stellen, die er in den griechischen Provinzen Makedonien und Achaia gegründet hatte (Römer-Brief, Kap. 15, Verse 25–31), wo er eine Geldsammlung organisierte und die Gläubigen aufrief, ». . . Gottes Volk in Judäa . . . zu helfen« (vgl. auch zweiter Korinther-Brief, Kap. 9, Verse 1–15). Das Wohlwollen seiner Mitapostel, der alten Jünger Jesu, mußte also erkauft werden. Doch selbst dann hörte ihre Opposition gegen ihn noch nicht völlig auf.

Paulus wiederum hatte keinerlei Achtung vor der besonderen Autorität, welche die Jerusalemer Apostel für sich in Anspruch nahmen, und war der Meinung, mit mindestens genausoviel Autorität zu sprechen wie sie. Seiner Ansicht nach verdiente nur einer unter ihnen Respekt, nämlich Simon Kephas oder Petrus. Die anderen – gelegentlich sogar Petrus – erschienen ihm als Clique anmaßender Frömmler, die sich viel darauf einbildeten, reinblütige Hebräer und beschnittene Israeliten zu sein, die kleinlich auf die Einhaltung der Speisevorschriften und anderer Maßgaben des israelitischen Gesetzes achteten und »Legenden« um Jesus woben (vielleicht ein Hinweis auf die Wunder, die sie ihm zuschrieben), sonst aber nichts von besonderer Bedeutung zu sagen hatten. Er machte sich darüber lustig, daß sie ihre Anhänger dadurch zu beeindrucken versuchten, indem sie in »fremden Zungen« sprachen, ohne erklären zu können, was sie sagten (erster Korinther-Brief, Kap. 4, Vers 13). Als intelligenter, kultivierter Mann, der viele Sprachen beherrschte, vermochte Paulus ihre Anmaßung leicht zu durchschauen. Wann immer ihre negative Einstellung zu seiner unabhängigen Lehre den Punkt erreichte, an dem sein Zorn geweckt wurde, reagierte er, indem er sagte, was er von ihnen hielt (wie etwa im zweiten Korinther-Brief, Kap. 11, Vers 5, sowie Verse 12–23):

> »Ich meine doch, ich sei nicht weniger als die Überapostel (griechisch *huperlian*) . . . was ich aber tue, das will ich auch weiterhin tun und denen den Anlaß nehmen, die einen Anlaß suchen, sich zu rühmen, sie seien wie wir. Denn solche Apostel sind falsche Apostel, betrügerische Arbeiter und verstellen sich als Apostel Christi . . . darum ist es nichts Großes, wenn sich auch seine Diener verstellen als Diener der Gerechtigkeit; deren Ende wird sein nach ihren Werken . . . Sie sind Hebräer – ich auch! Sie sind Israeliten – ich auch! Sie sind Abrahams Kinder – ich auch! Sie sind Diener Christi – ich rede töricht: ich bin's weit mehr!«

Als er einmal von seiner zweiten Begegnung mit »Jakobus, Petrus und Johannes« spricht, nämlich im siebzehnten Jahr seines Missionsamts, stellt er ihren Anspruch auf religiöse Führung offen in Frage und betont, sie hätten nichts wirklich Bedeutsames zu sagen (Galater-Brief, Kap. 2, Vers 6):

»Von denen aber, die das Ansehen hatten (griechisch *dokeo*) – was sie früher gewesen sind, daran liegt mir nichts; denn Gott achtet das Ansehen der Menschen nicht –, mir haben die, die das Ansehen hatten, nichts weiter auferlegt.«

Er tat auch ihre religiösen Lehren, wenn sie von den seinen abwichen, mit der Bemerkung ab, sie seien nichts weiter als verdammenswert (Galater-Brief, Kap. 1, Verse 8–9):

»Aber auch wenn wir oder ein Engel vom Himmel euch ein Evangelium predigen würden, das anders ist, als wir es euch gepredigt haben, der sei verflucht. Wie wir eben gesagt haben, so sage ich abermals: Wenn jemand euch ein Evangelium predigt, anders als ihr es empfangen habt, der sei verflucht.«

Für Paulus war das in Jerusalem gepredigte Evangelium »Fabeln« (griechisch *muthos,* erster Brief an Timotheus, Kap. 1, Vers 4, Kap. 4, Vers 7); genauer: »jüdische« Fabeln (Titus-Brief, Kap. 1, Vers 14). Selbst wenn die Briefe an Timotheus und Titus nicht von Paulus stammen, kann man doch davon ausgehen, daß sie in manchen Fragen seine Ansichten wiedergeben. Das Evangelium, das er predige, so beharrte er, sei das wahrhaftige, denn es sei »nicht menschlichen Ursprungs«: »Denn ich habe es nicht von einem Menschen empfangen oder gelernt, sondern durch eine Offenbarung Jesu Christi« (Galater-Brief, Kap. 1, Verse 11–12).

Unabhängig vom Wahrheitsgehalt seiner Behauptung, Jesus Christus habe sich ihm offenbart, wußte Paulus selbst am besten, wie seine apostolische Mission begonnen hatte. Und da zu dem Zeitpunkt, als er davon schrieb, immer noch Menschen lebten, die sich an die fraglichen Ereignisse zu erinnern vermochten, konnte er seine Darstellung nicht einfach erfinden, ohne die Glaubwürdigkeit zu verlieren, die er als Apostel, der Jesus vermutlich nie persönlich begegnet war, dringend brauchte. Aus diesem Grund und weil sich ihm eine Gruppe entgegenstellte, die alles daransetzte, ihn zu diskreditieren, mußte er mit seinen Äußerungen besonders vorsichtig sein. In Paulus' eigenen Worten begann seine Predigertätigkeit wie folgt (Galater-Brief, Kap. 1, Verse 15–23):

»Als es aber Gott wohlgefiel, der mich von meiner Mutter Leib an ausgesondert und durch seine Gnade berufen hat, daß er seinen Sohn offenbarte in mir, damit ich ihn durchs Evangelium verkündigen sollte unter den Heiden, da besprach ich mich nicht erst mit Fleisch und Blut, ging auch nicht hinauf nach Jerusalem zu denen, die vor mir Apostel waren, sondern zog nach Arabien und kehrte wieder zurück nach Damaskus. Danach, drei Jahre später, kam ich hinauf nach Jerusalem, um Kephas kennenzulernen (griechisch *historeo*, wörtlich »wissen«), und blieb fünfzehn Tage bei ihm. Von den anderen Aposteln aber ich sah keinen außer Jakobus, des Herrn Bruder. Was ich euch aber schreibe – siehe, Gott weiß, ich lüge nicht! Danach kam ich in die Länder Syrien und Zilizien. Ich war aber unbekannt von Angesicht den christlichen Gemeinden in Judäa. Sie hatten nur gehört: Der uns früher verfolgte, der predigt jetzt den Glauben, den er früher zu zerstören suchte . . .«

Paulus hatte gute Gründe, die Wahrheit des oben Gesagten zu beschwören, denn die Jerusalemer Apostel verbreiteten eine andere Version über den Beginn seines apostolischen

Wirkens – eine Version, der zufolge sie fälschlicherweise sich oder zumindest einem Mann aus ihrer Mitte (siehe unten) das Hauptverdienst daran zuschrieben, Paulus im neuen Glauben unterwiesen zu haben. Es darf mit einiger Sicherheit angenommen werden, daß ihre Geschichte über Paulus sich von jener in der Apostelgeschichte nicht unterscheidet: Dort wird behauptet, sein Name sei ursprünglich Saulus gewesen (siehe Kapitel 1). Es folgt nun eine gekürzte Version der Darstellung, wie sie sich in der Apostelgeschichte an drei Stellen findet. Hier beginnen die Ereignisse nicht in Damaskus, sondern in Jerusalem (Apostelgeschichte, Kap. 9, Verse 1–28; mit kleineren Abweichungen wiederholt in Kap. 21, Vers 6ff., und Kap. 26, Vers 12ff., wo die Worte Paulus direkt zugeschrieben werden):

»Saulus aber schnaubte noch mit Drohen und Morden gegen die Jünger des Herrn und ging zum Hohenpriester und bat ihn um Briefe nach Damaskus an die Synagogen, damit er Anhänger des neuen Weges, Männer und Frauen, wenn er sie dort fände, gefesselt nach Jerusalem führe. Als er aber auf dem Wege war und in die Nähe von Damaskus kam, umleuchtete ihn plötzlich ein Licht vom Himmel; und er fiel auf die Erde und hörte eine Stimme, die sprach zu ihm: Saul, Saul, was verfolgst du mich? Er aber sprach: Herr, wer bist du? Der sprach: Ich bin Jesus, den du verfolgst. Steh auf und geh in die Stadt; da wird man dir sagen, was du tun sollst ... Saulus aber richtete sich auf von der Erde; und als er seine Augen aufschlug, sah er nichts. Sie nahmen ihn aber bei der Hand und führten ihn nach Damaskus; und er konnte drei Tage nicht sehen und aß nicht und trank nicht. Es war aber ein Jünger in Damaskus mit Namen Hananias ...

Und Hananias ging hin und kam in das Haus und legte die Hände auf ihn und sprach: Lieber Bruder Saul, der Herr hat mich gesandt, Jesus, der dir auf dem Wege hierher erschienen ist, daß du wieder sehend und mit dem Heiligen Geist erfüllt werdest. Und zugleich fiel es von seinen Augen wie Schuppen, und er wurde wieder sehend; und er stand auf, ließ sich taufen und nahm Speise zu sich und stärkte sich. . . . Und alsbald predigte er in den Synagogen von Jesus, daß dieser Gottes Sohn sei. Nach mehreren Tagen aber hielten die Juden Rat und beschlossen, ihn zu töten. Aber es wurde Saulus bekannt, daß sie ihm nachstellten. . . . Da nahmen ihn seine Jünger bei Nacht und ließen ihn in einem Korb die Mauer hinab. Als er aber nach Jerusalem kam, versuchte er, sich zu den Jüngern zu halten; doch sie fürchteten sich alle vor ihm und glaubten nicht, daß er ein Jünger wäre . . . Und er ging bei ihnen in Jerusalem ein und aus und predigte im Namen des Herrn frei und offen.«

Diese Ereignisse werden von Paulus in keinem seiner erhalten gebliebenen Briefe bestätigt. So bekundet Paulus beispielsweise nirgendwo eine Dankesschuld gegenüber dem obskuren Hananias, der ihn angeblich als erster dem christlichen Glauben zugeführt haben soll. In keinem anderen Teil der christlichen Schriften ist von einem Mann dieses Namens die Rede. Mehr noch: Während es in der Apostelgeschichte heißt, Paulus habe sich in Jerusalem den Aposteln angeschlossen, um dort »viele Tage« nach seiner Bekehrung zu predigen, bestreitet Paulus mit Vehemenz den Wahrheitsgehalt dieser Behauptung. Er beharrt vielmehr darauf, daß er sich »sofort« (griechisch *eutheos*) nach der Offenbarung nach Arabien und *nicht* nach Jerusalem begeben habe (siehe seine eigenen Worte, Seite 45). Überdies sei er laut eigenem Bekunden erst »drei Jahre« (und nicht nur »viele Tage«) später nach Jerusalem gegangen und dort lediglich Petrus und Jakobus begegnet. Er habe sich nicht mehr als zwei Wochen im Haus des Petrus aufgehalten. Paulus betont ferner, daß er danach erst *vierzehn Jahre später* Jerusalem besucht habe (Galater-Brief, Kap. 2, Vers 1). Dies war die Zeit, zu der er Petrus und den anderen Aposteln begegnete, die schließlich einwilligten, sein Apostelamt bei den Nichtjuden anzuerkennen, um ihn danach um Geld zu bitten.

Hier erheben sich drei Fragen. Erstens: Weshalb entschloß sich Paulus nach dem Erlebnis der Offenbarung von Jesus als Sohn Gottes, *sofort* nach Arabien statt nach Jerusalem zu gehen, obwohl ihm bewußt war, daß sich die Apostel, die Jesus gekannt hatten, in Jerusalem aufhielten? Zweitens: Warum findet sich in der Apostelgeschichte kein Hinweis auf Paulus' Besuch in Arabien, obwohl dieser selbst ihn für sehr bedeutsam hielt, da er beschlossen hatte, sich unmittelbar nach seiner Bekehrung dorthin zu begeben? Drittens: Warum erklärt Paulus an keiner Stelle genau, weshalb er nach Arabien ging – zumindest nirgends in den überlieferten Schriften?

Zu Lebzeiten von Paulus hatte Arabien als geographischer Terminus zwei Bedeutungen. Das römische Arabien begann in Damaskus – einer Stadt, die nach Paulus' eigener Aussage (der einzigen, die wir kennen) von dem Beauftragten eines König Aretas regiert wurde (arabisch *al-Harith*), bei dem es sich um Aretas IV. handelt (9 v. Chr. bis 40 n. Chr.), dem arabischen Nabatäerkönig von Petra, den die Römer als Anhänger anerkannten. Jenseits des Nabatäerreichs erstreckte sich die riesige arabische Halbinsel nach Süden und Südosten bis zum Indischen Ozean. Der griechi-

48

sche Geograph Strabo (nach dem Jahr 23 n. Chr. gestorben) schreibt, die westlichen Teile dieser Halbinsel, der heutige Hijaz, hätten ein arabisches Reich oder Fürstentum gebildet, das Petra tributpflichtig gewesen sei. Weiter südlich lag der Jemen, der seit 115 v. Chr. bis ins sechste Jahrhundert nach Christus von der Dynastie Himyar regiert wurde.

Die Wissenschaftler sind davon ausgegangen, daß das von Paulus besuchte Arabien das römische Arabien war – das Territorium südlich von Damaskus, das auch das heutige Jordanien einschloß. Es wurde vermutet, Paulus habe sich dorthin begeben, um zu meditieren oder sich mit christlichen Einsiedlern in der Wüste zu beraten; um der örtlichen Bevölkerung zu predigen oder möglicherweise erneut den Ort seiner Bekehrung vor Damaskus aufzusuchen und die Erfahrung seiner Bekehrung zu erneuern und über dessen Implikationen nachzudenken. Keiner dieser Vermutungen ist wirklich überzeugend, weil die Dringlichkeit nicht erklärt wird, mit der Paulus sich nach eigener Aussage geradezu gezwungen fühlte, sich *sofort* nach Arabien zu begeben. Den Gedanken, er habe erneut den Ort seiner Bekehrung aufsuchen wollen, können wir getrost außer Betracht lassen, denn wir haben bereits darauf hingewiesen, daß die erhalten gebliebenen Briefe des Paulus die Theorie, er sei auf einer Reise von Jerusalem nach Damaskus bekehrt worden, nicht stützen. In der Art, wie er selbst von seiner Konversion spricht, scheint diese in Damaskus und nicht außerhalb der Stadt stattgefunden zu haben. Mehr noch: Da Paulus bereits in Damaskus war, brauchte er nicht nach Arabien »zu gehen« – oder vielmehr »wegzugehen, abzureisen« (in der griechischen Urfassung *aperchomai*), wenn diese Region tatsächlich das römische Arabien bezeichnete. Damaskus gehörte nämlich zu diesem Gebiet. Wäre sein Reiseziel irgendein anderer Teil des römischen Arabien gewesen, hätte er Gegend oder Ort benannt, statt einfach zu sagen, er habe sich »nach Arabien *begeben«*.

Daraus folgt, daß die eilig unternommene Reise von Paulus nach seiner Bekehrung ein Ziel hatte, das jenseits des römischen Arabien auf der Halbinsel lag: vermutlich der Hijaz oder der Jemen. Dort gab es damals eine alteingesessene und bekannte Gemeinde von Juden, und es ist durchaus möglich, daß Paulus sie besuchte. Diese arabischen Juden waren wichtig genug, um von Josephus schon zu Beginn seines Buches *Der Jüdische Krieg* erwähnt zu werden, das er kurz nach der Erstürmung Jerusalems durch die Römer im Jahre 70 n. Chr. schrieb. Möglicherweise wußten sie etwas Bedeutsames über Jesus und dessen Mission, was Paulus von ihnen erfahren wollte, bevor er mit seinem apostolischen Wirken begann. In Jerusalem konnte er diese Informationen nur aus zweiter Hand – und vielleicht sogar in höchst verzerrter Form – von den Anhängern Jesu erhalten. Paulus muß vermutet haben, daß Jakobus, Petrus, Johannes und deren Anhänger irgendein Geheimnis für sich behielten und gewiß nicht bereit waren, die volle Wahrheit über die Ursprünge ihrer Mission zu enthüllen. Da Paulus in Folge der ihm zuteil gewordenen Offenbarung ein eigenständiges Apostolat erworben hatte, mag er sich berechtigt gefühlt haben, selbst herauszufinden, worin dieses Geheimnis bestand.

Falls es um Jesus ein Geheimnis gab, das nur in Arabien – nicht in Palästina – gelüftet werden konnte, müssen sich die Jerusalemer Apostel und folglich auch Jesus irgendwann in Arabien aufgehalten haben. Vielleicht waren sie arabische Israeliten, die von dort stammten. Ist dies der Grund dafür, daß die Evangelien – die mit Ausnahme der verschiedenen Kindheitsberichte bei Matthäus und Lukas nur von den letzten drei Jahren, möglicherweise aber auch nur von den letzten Monaten oder gar Wochen sprechen – nichts über sein früheres Leben und seine frühere Tätigkeit sagen? Als selbsternannte Hüter des Geheimnisses ihres Weges *(hodos)* außerhalb Arabiens müssen die ersten Jünger Jesu mit großer Besorgnis verfolgt haben, daß Paulus, der nicht zu ihnen gehörte, eine Reise nach Arabien unternahm, um herauszufinden, was sie wußten. Damit bestand die Gefahr, daß Paulus als ein Außenstehender von ihrem Geheimnis erfuhr. Sie hatten sicherlich nicht den Wunsch gehabt, daß Paulus' Wissen in Arabien bekannt wurde. Das dürfte der Grund dafür gewesen sein, daß sie jede Erwähnung dieses Besuchs in den von ihnen erfundenen und verbreiteten Geschichten über das frühe Wirken des Paulus vermieden. Statt dessen behaupteten sie in diesen Schilderungen, Paulus sei in Damaskus von Hananias getauft und in den Lehren des Weges unterrichtet worden. Erst danach, so behaupteten sie, sei Paulus nach Jerusalem gekommen, um sich weiter unterweisen zu lassen, und zwar von ihnen. Damit unterstellten sie, daß sich sein Apostolat von dem ihren herleite.

Nachdem Paulus in Arabien gewesen war und sich Wissen über die geheimen Ursprünge des nazarenischen Weges angeeignet hatte, war er in der Lage, die Jerusalemer Apostel herauszufordern und sich sogar gegen Jakobus zu stellen, »des Herrn Bruder«. Er konnte jetzt die religiöse Autorität untergraben, die diese Apostel als ihre Domäne ansahen und verteidigten. Aber es bleibt noch immer die Frage: Was hatte Paulus in Arabien gelernt und erfahren? War es etwas, was das Leben Jesu betraf und worüber die Jerusalemer Apostel nicht sprachen? War es eine besondere israelitische Theologie oder ein Kult, was dort gepredigt wurde und wovon sich die Mission Jesu und der Apostel herleitete?

Falls Paulus in Arabien etwas über das Leben Jesu erfahren hat, hat er darüber Stillschweigen bewahrt, denn in seinen

Briefen ist nichts Näheres über dieses Thema zu finden. Falls es ein theologisches Rätsel war, das er dort erfuhr, muß es etwas gewesen sein, was er nannte: »...Die Weisheit Gottes, die im Geheimnis verborgen ist« (wie im ersten Korinther-Brief, Kap. 2, Vers 7) – die Grundlage seiner Erlösungslehre durch den Glauben an den ewigen Christus, den Sohn Gottes. Diese »Weisheit, die im Geheimnis verborgen ist«, diese »geheime Weisheit« hätte mystische oder allegorische Deutungen der israelitischen Schriften enthalten können, wie wir sie in Paulus' verschiedenen Schriften finden, von denen in einer tatsächlich auf Arabien Bezug genommen wird. (Galater-Brief, Kap. 4, Vers 25: »...Denn Hagar bedeutet den Berg Sinai in Arabien und ist ein Gleichnis für das jetzige Jerusalem, das mit seinen Kindern in der Knechtschaft lebt.«)

Wie auch immer: Nach seinem Besuch in Arabien kehrte Paulus nach Damaskus zurück, um erst *drei Jahre* später nach Jerusalem zu gehen. Falls er sich während seiner Arabienreise die Informationen bereits beschafft hatte, die er für sein Apostolat brauchte, warum entschloß er sich, nach Jerusalem zu gehen? Paulus' eigner Darstellung zufolge war der Zweck seines Besuchs in Jerusalem damals, Petrus »kennenzulernen« (*historeo,* in GNB frei als »Wissen erhalten von« übersetzt, in AV korrekter als »sehen«) – um sich mehrmals mit ihm zu treffen und herauszufinden, was für ein Mensch er war. Hätte er von Petrus »Informationen« gebraucht, hätte er sich sofort nach seiner Bekehrung oder im Anschluß an seine Reise nach Arabien darum bemüht und nicht drei Jahre nach Beginn seines Wirkens als Prediger. Während der Zeit in Jerusalem lernte Paulus jedoch (*eidon,* »sehen, die Bekanntschaft machen von«) Jakobus kennen, »des Herrn Bruder«, jedoch keinen der anderen Apostel. Bei der Schilderung seiner Begegnung mit Jakobus verwendet Paulus nicht das Verb *historeo,* das eine nähere Bekanntschaft bezeichnet, sondern ein griechisches Verb, das eine oberflächlichere und flüchtigere Bekanntschaft beschreibt; vielleicht sind sie sich nur ein- oder zweimal begegnet. Obwohl Paulus wußte, daß sich noch weitere Apostel in Jerusalem aufhielten, bemühte er sich nicht darum, sie kennenzulernen.

An dieser Stelle möchte ich die folgende Rekonstruktion des geschilderten Ablaufs vorschlagen: Nach der Rückkehr aus Arabien begann Paulus in Damaskus unabhängig seine Lehre zu predigen; die Jerusalemer Apostel hatten jedoch Beauftragte in der Stadt und ließen diesen Anweisungen zukommen, wie sie der Mission des Paulus begegnen sollten. Paulus hatte anscheinend Grund zu der Annahme, daß Petrus unter den Jerusalemer Aposteln der vernünftigste und einsichtigste war, und so beschloß er, nach Jerusalem zu gehen und mit ihm eine Einigung herbeizuführen. Als einer der ältesten Gefährten Jesu konnte Petrus zwischen Paulus und Jakobus, der den nazarenischen Weg in Jerusalem als Bruder und legitimer Nachfolger Jesu leitete, als Mittler dienen. Petrus arrangierte ein Treffen der beiden Männer, aber sie gelangten zu keiner Einigung, da Jakobus sich weigerte, das unabhängige Apostolat Paulus' anzuerkennen. Folglich verließ Paulus Jerusalem nach zwei Wochen und kehrte erst *vierzehn Jahre später* in die Stadt zurück, um erneut zu versuchen, sich mit Jakobus und dessen Gruppe zu einigen. Diesmal hatte er mehr Erfolg, da die Apostel in Jerusalem finanzielle Unterstützung brauchten und Paulus in der Lage war, diese zu gewähren.

Während seines ersten Besuchs in Jerusalem hat Paulus Petrus vermutlich Einzelheiten über seinen Besuch in Arabien mitgeteilt sowie darüber, was er dort erfahren hatte. Das machte ihn zu einem unabhängigen Mitwisser, was auch immer das Geheimnis des Weges gewesen sein mag. Paulus hatte wahrscheinlich die Absicht verfolgt, den einflußreichen Apostel Petrus zum Schweigen zu bringen, um ihn aus den Reihen der offenen Opposition herauszubrechen und zu seiner Lehre herüberziehen zu können. Petrus hat vermutlich die Informationen von Paulus an Jakobus weitergegeben, jedoch nicht an die anderen, die daher auch weiterhin glaubten, Paulus wisse über den Weg nur das, was in Jerusalem gelehrt wurde.

So dauerte die Jerusalemer Opposition gegen Paulus vierzehn Jahre lang an. Als sich die Beteiligten schließlich einigten, führte das jedoch nicht zur Einigung ihrer unterschiedlichen Lehren, sondern nur zu einer formellen Trennung ihrer Wege. Alle Beteiligten versprachen, die beiderseitige Unabhängigkeit zu respektieren (Galater-Brief, Kap. 2, Verse 6–10):

»Von denen aber, die das Ansehen hatten – was sie früher gewesen sind, daran liegt mir nichts; denn Gott achtet das Ansehen der Menschen nicht –, mir haben die, die das Ansehen hatten, nichts weiter auferlegt. Im Gegenteil, da sie sahen, daß mir anvertraut war, das Evangelium an die Heiden, so wie Petrus das Evangelium an die Juden – denn der in Petrus wirksam gewesen ist zum Apostelamt unter den Juden, der ist auch in mir wirksam gewesen unter den Heiden –, und da sie die Gnade erkannten, die mir gegeben war, gaben Jakobus und Kephas und Johannes, die als Säulen angesehen werden, mir und Barnabas die rechte Hand und wurden mit uns eins, daß wir unter den Heiden, sie aber unter den Juden predigen sollten, nur daß wir an die Armen dächten, was ich mich auch eifrig bemüht habe zu tun.«

So kam es, daß sich die Jerusalemer Gruppe schließlich zu einer Übereinkunft mit Paulus bereitfand. Die Gegenleistung war die Zusage finanzieller Unterstützung, was Paulus die Freiheit gab, mit seiner Mission nach Belieben fortzufahren. Der Paulus bereits zugefügte Schaden ließ sich jedoch nicht ohne weiteres ungeschehen machen. In Jerusalem ersonnene Gerüchte, die Paulus' Mission schaden sollten, waren unter Christen in verschiedenen Teilen der römischen Welt bereits weit verbreitet. Wie sehr sich Paulus auch bemühte, diesen Gerüchten entgegenzutreten – etwa in seinem Brief an die Galater –, gab es viele Menschen, die diesen, selbst in den von Paulus gegründeten Kirchen, weiterhin Glauben schenkten. Schließlich fanden diese Gerüchte sogar Eingang in die Apostelgeschichte, wo sie als Teil des christlichen Kanons Unsterblichkeit erlangten. Paulus' Besuch in Arabien wurde weggelassen oder vielleicht absichtlich verschwiegen.

Gleichwohl hatte sich Paulus unmittelbar nach seiner Bekehrung nach Arabien und nicht nach Jerusalem begeben. Dies wissen wir von Paulus selbst. Um die historische Wahrheit über die Anfänge des Christentums zu entdecken – eine Wahrheit, die neutestamentliche Forscher im allgemeinen für nicht eindeutig halten, was sie meistens auch zugeben –, könnte sich Paulus' Besuch in Arabien als der dazu benötigte Schlüssel erweisen, denn die bloße Erwähnung dieser Reise war für die ersten Gefährten Jesu beunruhigend gewesen. Dieser einzelne Hinweis hilft uns vielleicht dabei, das Rätsel zu lösen.

3 | Was die Evangelien sagen

Die heutigen Wissenschaftler sind sich weitgehend darin einig, daß man die Evangelien im strengen Wortsinn nicht als Geschichtsbücher ansehen darf; nur wenige sind bereit, zuzugeben, wie wenig Geschichte sie tatsächlich enthalten. Die vier kanonischen Evangelien, vermutlich zwischen den Jahren 70 und 100 n. Chr. geschrieben, sind von der christlichen Überlieferung vier Aposteln zugeschrieben worden: Zwei von ihnen (Matthäus und Johannes) waren Gefährten Jesu, die beiden anderen (Markus und Lukas) Gefährten von Paulus. Alle vier enthaltenen Darstellungen des Lebens und der Arbeit Jesu. Der Einfachheit halber sollten wir der Überlieferung folgen und diese vier Evangelien nach Matthäus, Markus, Lukas und Johannes benennen, obwohl ihre wahren Autoren unbekannt sind. Außer den vier kanonischen Evangelien gibt es noch eine Reihe weiterer, die aus dem Kanon des Neuen Testaments ausgeschlossen worden sind, weil sie schon in früher Zeit als apokryph galten oder von anzweifelbarer Authentizität waren. Diese sind, worauf bereits im ersten Kapitel hingewiesen wurde, nach allgemeiner Ansicht erst später entstanden. Sie mögen zwar einiges an Information über den historischen Jesus enthalten, aber es ist ratsam, die apokryphen Evangelien nicht als authentische Quellen anzusehen und sich statt dessen auf die älteren, kanonischen Evangelien zu konzentrieren.

Paulus, dessen Schriften älter sind als die ältesten bekannten Evangelien, glaubte all die Geschichten über Jesus nicht, die zu seiner Zeit von den Aposteln in Jerusalem verbreitet wurden. Für ihn waren einige dieser Darstellungen bloße »Fabeln« ohne historischen Wahrheitsgehalt. Wenn man sich überlegt, daß die Evangelien zumindest teilweise vermutlich nur das wiedergeben, was die Jerusalemer Apostel über Person und Mission Jesu lehrten, dürfte es höchst unwahrscheinlich sein, daß Paulus ihren Wahrheitsgehalt bestätigt hat. Ein Beispiel: Er stimmt zwar mit allen vier Evangelien darin überein, daß Jesus ein Nachkomme Davids war, während er die Exaktheit der verschiedenen Genealogien angezweifelt haben dürfte. Dabei findet sich bei Paulus in seinen eigenen Schriften nur sehr wenig über Jesus als Mensch. Wenn wir in den christlichen Schriften etwas über diesen Mann erfahren wollen, sind wir fast ausschließlich auf die Evangelien angewiesen.

Weil sie häufig von allgemeinen politischen Ereignissen in Verbindung mit Leben und Werdegang Jesu sprechen (was man technisch »Synchronismen« nennt), vermitteln die kanonischen Evangelien den Eindruck historischer Exaktheit. Bei näherem Hinsehen erweist sich dies jedoch als weitgehend falsch. Die Wissenschaftler sind sich heute überwiegend darin einig, daß die Evangelien geschrieben wurden, um zu beweisen, daß der historische Jesus tatsächlich der erwartete israelitische Messias oder Christus war, statt eine tatsachengetreue Biographie zu liefern. Aus diesem Grund finden sich in den Evangelien zahlreiche Hinweise auf Prophezeiungen aus den israelitischen Schriften – die die Christen das Alte Testament nennen.

Viele Wissenschaftler unterschätzen jedoch das Ausmaß, in dem die Evangelien ihre Berichte über Leben und Werdegang des historischen Jesu auf der Grundlage alttestamentarischer Prophezeiungen aufbauen. Unter diesem Aspekt betrachtet, stellt sich heraus, daß Teile der scheinbar historisch exakten Evangelien kaum mehr sind als eine esoterische Exegese von Texten aus dem Alten Testament, die sich auf den erwarteten Messias beziehen. In vielen Fällen zitieren die Autoren der verschiedenen Evangelien sogar die fraglichen Texte des Alten Testaments; in anderen Abschnitten, in denen nicht zitiert wird, läßt sich jedoch leicht nachweisen, wie intensiv das Alte Testament für das Evangelien-Material herangezogen worden ist.

Um eine Vorstellung davon zu gewinnen, in welchem Umfang das Evangelien-Material in Wahrheit Exegese und Weiterentwicklung alttestamentarischen Materials ist, sollten wir uns das Beispiel der Weihnachtsgeschichte ansehen, wie sie bei Matthäus erzählt wird. In diesem Evangelium heißt es, Maria, die Mutter von Jesus, sei mit Joseph verlobt, aber vor ihrer Heirat habe sie entdeckt, daß sie von dem Heiligen Geist ein Kind empfangen habe. Unmittelbar darauf fügt Matthäus hinzu: »Das ist aber alles geschehen, damit erfüllt würde, was der Herr durch den Propheten gesagt hat, der da spricht (Jesaja, Kap. 7, Vers 14): ›Siehe, eine Jungfrau wird schwanger sein und einen Sohn gebären...‹« (Matthäus-Evangelium, Kap. 1, Verse 22–23). Kurz darauf erklärt Matthäus, Jesus sei in Bethlehem in Judäa geboren: »...denn so steht geschrieben durch den Propheten (Micha, Kap. 5, Vers 1): ›Und du, Bethlehem, im jüdischen Lande, bist keineswegs die kleinste unter den Städten in Juda; denn aus dir wird kommen der Fürst, der mein Volk Israel weiden soll‹« (Matthäus-Evangelium, Kap. 2, Verse 5–6).* Matthäus berichtet auch, wie die Wei-

---

* Dem Johannes-Evangelium zufolge (Kap. 7, Verse 41–42) akzeptierten viele Menschen in Jerusalem Jesus nicht als den Messias, weil er aus Galiläa kam, da der Messias angeblich in Bethlehem geboren werden sollte.

sen aus dem Morgenland nach Jerusalem kamen, um den neugeborenen König der Juden anzubeten (Kap. 2, Verse 1–12), vergißt aber zu sagen, daß auch diese Darstellung auf eine alttestamentliche Prophezeiung zurückgeht, diesmal auf den Propheten Jesaja (Kap. 60, Vers 3): »Und die Heiden werden zu deinem Lichte ziehen und die Könige zum Glanz, der über dir aufgeht.« In der fraglichen Weihnachtsgeschichte wurden die Weisen aus dem Morgenland, die Vertreter der nichtjüdischen »Heiden«, zu Jesu Geburtsort durch das »Licht« seines Sterns geleitet (Kap. 2, Vers 2): »Und siehe, der Stern, den sie im Morgenland gesehen hatten, ging vor ihnen her, bis er über dem Ort stand, wo das Kindlein war« (Kap. 10, Vers 10).*

Als König Herodes von Judäa hörte, daß die Weisen sich danach erkundigten, wo das Kindlein geboren sei, das dazu bestimmt sei, »König der Juden« zu sein, befahl er, alle Kinder in Bethlehem und in der ganzen Gegend zu töten, die zweijährig und jünger waren (Matthäus-Evangelium, Kap. 2, Vers 16). König Herodes von Judäa (37 v. Chr. bis 4 n. Chr.) war eine wichtige historische Person in der Frühzeit des römischen Palästina, aber die überlieferten historischen Belege deuten nicht darauf hin, daß er je ein Massaker an den männlichen Kleinkindern aus der Gegend um Bethlehem angeordnet hat. Nachdem Matthäus diese Episode seiner Weihnachtsgeschichte erzählt hat, betont er jedoch: »Da wurde erfüllt, was gesagt ist durch den Propheten Jeremia, der da spricht (Jeremia, Kap. 31, Vers 15): ›In Rama

---

* Es ist vielleicht korrekt darauf hingewiesen worden, daß die von Matthäus genannten Details über den Stern von Bethlehem astronomisch erklärbar sind. Das würde bedeuten, daß die Quelle, der Matthäus seine Darstellung des Besuchs der Weisen aus dem Morgenland bei Jesu entnahm, sich auf ein bestimmtes Himmelsphänomen bezog. Für die gegenwärtige Argumentation spielt diese Frage jedoch keine Rolle.

hat man ein Geschrei gehört, viel Weinen und Wehklagen; Rahel beweinte ihre Kinder und wollte sich nicht trösten lassen, denn es war aus mit ihnen<« (Kap. 2, Verse 17–18). An dieser Stelle muß erklärt werden, daß Rahel im Alten Testament als eine Ehefrau Jakobs erwähnt wird, des gemeinsamen Vorfahren der Stämme Israels. Sie soll in der Nähe von Bethlehem gestorben und dort begraben sein (erstes Buch Mose, Kap. 35, Vers 19).

Als nächstes lesen wir bei Matthäus, daß Josef das Neugeborene und dessen Mutter nach Ägypten brachte, um Jesus vor dem von Herodes angeordneten Massaker zu retten. Anschließend, nach Herodes' Tod, brachte Josef die beiden wieder nach Hause – all das, »damit erfüllt würde, was der Herr durch den Propheten gesagt hat, der da spricht (Hosea, Kap. 11, Vers 1): ›Aus Ägypten habe ich meinen Sohn berufen‹« (Kap. 2, Vers 15). Aus Angst, nach Judäa zurückzugehen, wo »Archelaus König war . . . anstatt seines Vaters Herodes« (Kap. 2, Vers 22; der Hinweis auf die Nachfolge des Herodes ist historisch korrekt), brachte Josef seine Frau und seinen Sohn statt dessen nach Galiläa, wo sie sich in der Stadt Nazareth niederließen. An dieser Stelle betont Matthäus: ». . . damit erfüllt würde, was gesagt ist durch die Propheten: Er soll Nazoräer heißen« (Kap. 2, Vers 23; dieses Prophetenwort findet sich im Alten Testament nicht).*

Wenn man aus der Weihnachtsgeschichte des Matthäus-

---

* Mit hoher Wahrscheinlichkeit verwechselt Matthäus hier Nazarener (ein Mensch aus Nazareth) und Nazoräer (ein Junge, der dem lebenslangen Dienst an Gott geweiht ist). Wenn in den ursprünglichen Überlieferungen, denen Matthäus seine Darstellung entnommen hat, ein »Nazoräer« und kein »Nazarener« gemeint war, könnte mit dem falsch zitierten Hinweis auf die Propheten einer der im Alten Testament erwähnten Nazoräer gemeint sein – vielleicht der Prophet Samuel (erstes Buch Samuel, Kap. 1, Vers 28).

Evangeliums das exegetische Material herausnimmt, bleibt nichts mehr übrig. Das gleiche gilt zum Teil auch für die anderslautende Weihnachtsgeschichte im Lukas-Evangelium sowie ganz allgemein für einen großen Teil der scheinbar biographischen Daten der Evangelien. Dies bedeutet natürlich nicht, daß sämtliche Elemente in allen Evangelien-Darstellungen erfunden sind und auf alttestamentlichen Prophezeiungen beruhen. Es bedeutet lediglich, daß sich die historische Korrektheit nicht feststellen läßt. Hier einige weitere interessante Beispiele:

1. Die im Lukas-Evangelium (Kap. 2, Verse 41–52) erzählte Begebenheit, wie der Knabe Jesus im Jerusalemer Tempel die gelehrten Rabbiner mit seinen intellektuellen Fähigkeiten verblüfft, scheint bei oberflächlicher Betrachtung als biographische Information einigermaßen plausibel zu sein. In Wahrheit fordert diese Stelle jedoch zu einem Vergleich der Gestalten Jesus und Maria einerseits mit dem alttestamentlichen Propheten Samuel und dessen Mutter Hanna andererseits heraus. Das Geheimnis wird bei Lukas im letzten Vers preisgegeben: »Und Jesus nahm zu an Weisheit, Alter und Gnade bei Gott und den Menschen.« Im Alten Testament heißt es: »Aber der Knabe Samuel wuchs auf bei dem Herrn . . . (Samuel) nahm immer mehr zu an Alter und Gunst bei dem Herrn und bei den Menschen« (erstes Buch Samuel, Kap. 2, Verse 21 und 26).

2. Von der Taufe Jesu (Matthäus-Evangelium, Kap. 3, Verse 13–17; Markus-Evangelium, Kap. 1, Verse 9–11; Lukas-Evangelium, Kap. 3, Verse 21–22) wird anscheinend erzählt, um zwei Passagen aus dem Alten Testament eine besondere Deutung zu geben: »Du bist mein Sohn, heute habe ich dich gezeugt«

(zweiter Psalm, Vers 7); »Siehe, das ist mein Knecht – ich halte ihn – und mein Auserwählter, an dem meine Seele Wohlgefallen hat« (der Prophet Jesaja, Kap. 42, Vers 1). Im Matthäus-Evangelium heißt es, als Jesus getauft war: »Und siehe, eine Stimme vom Himmel herab sprach: Dies ist mein lieber Sohn, an dem ich Wohlgefallen habe.«

3. Die Versuchung Jesu, als er vierzig Tage und vierzig Nächte in der Wüste fastete (Matthäus-Evangelium, Kap. 4, Verse 1–11; Markus, Kap. 1, Verse 12–13; Lukas, Kap. 1, Verse 1–13) erweitert vier Passagen alttestamentlichen Textes (fünftes Buch Mose, Kap. 6, Verse 13 und 16 sowie Kap. 8, Vers 3; 91. Psalm, Verse 11–12), die Jesus beim Zwiegespräch mit seinem Versucher, dem Teufel, sogar zitiert. Diese Passagen erhalten in Begriffen von Leben und Werdegang des historischen Jesu eine besondere esoterische Erklärung. Hier sollte noch angemerkt werden, daß die Dauer der in den Evangelien genannten Fastenzeit von Jesus in der Wüste unter anderem an die Dauer der Flut in der biblischen Geschichte über Noah erinnert (erstes Buch Mose, Kap. 7, Vers 17); sie ist ebenfalls identisch mit der Fastenzeit von Moses auf dem Berg Sinai, bevor der Herr, Jahwe, mit ihm seinen Bund mit Israel erneuerte (zweites Buch Mose, Kap. 34, Vers 28). Die Zahl Vierzig ist in allen drei Fällen vielleicht nur so etwas wie ein Code, mit dem ein ritueller Zyklus bezeichnet wird.

4. Jesus, so erfahren wir in den Evangelien, habe in Galiläa zu predigen begonnen (Matthäus-Evangelium, Kap. 4, Verse 12–17; Markus-Evangelium, Kap. 1, Verse 14–15; Lukas, Kap. 4, Verse 14–15), womit eine Prophezeiung Jesajas bestätigt wird

(Kap. 8, Vers 23; Kap. 9, Vers 1). Matthäus verrät das Geheimnis, indem er diese Prophezeiung zitiert, was Markus und Lukas nicht tun. Das Original dieser Prophezeiung (das im Griechischen des Matthäus-Evangeliums etwas entstellt ist) lautet: »Hat er in früherer Zeit in Schmach gebracht das Land Sebulon und das Land Naftali, so wird er hernach zu Ehren bringen den Weg am Meer, das Land jenseits des Jordans, das Galiläa der Heiden. Das Volk, das im Finstern wandelt, sieht ein großes Licht, und über denen, die da wohnen im finstern Lande, scheint es hell.«

5. Die Heilungen, die Jesus vorgenommen hat und die in den Evangelien wiedergegeben werden, werden von Matthäus (Kap. 8, Verse 16–17) mit den Worten einer weiteren Prophezeiung Jesajas erklärt (Kap. 53, Vers 4): »Und er trieb die Geister aus durch sein Wort und machte alle Kranken gesund, damit erfüllt würde, was gesagt ist durch den Propheten Jesaja, der da spricht: ›Er hat unsere Schwachheit auf sich aufgenommen, und unsere Krankheit hat er getragen.‹«

Es wäre sinnlos, diese Details weiter vertiefen zu wollen. All dies ist den Wissenschaftlern seit langem bekannt. Die gesamte Geschichte von Leiden und Tod Jesu, wie sie in den Evangelien wiedergegeben wird, ist voller direkter oder indirekter Anspielungen auf alttestamentliche Prophezeiungen. Überdies sind die wiedergegebenen Lehren von Jesus weitgehend Neuinterpretationen alttestamentlichen Materials. In den Evangelien ist die Lebensgeschichte dieses Jesus von der historischen Wirklichkeit losgelöst und mit Material aus dem Alten Testament vermengt worden, um zu beweisen, daß der Mann niemand anderer war als der versprochene Messias Israels.

Im weiteren Verlauf unserer Untersuchung müssen wir herauszufinden versuchen, welche nicht aus dem Alten Testament stammenden Quellen benutzt wurden, um das transzendente Bild von Jesus zusammenzusetzen, das uns in den Evangelien vermittelt wird. Im Augenblick jedoch sollten wir uns darauf beschränken, das authentische Material in den Evangelien zu finden, das Jesus als historische Person erkennbar werden läßt. Um dieses Material zu entdecken, müssen wir die Historizität alles dessen in den Evangelien bestreiten, was sich direkt oder indirekt auf das Alte Testament bezieht. Danach bleiben nur wenige Bruchstücke zufälliger Informationen übrig (*obiter dicta* oder »beiläufige Bemerkungen«), die zu bezweifeln keinerlei Anlaß besteht.

1. Jesus wird im Markus-Evangelium (Kap. 6, Vers 3) als »der Zimmermann« bezeichnet (griechisch *tekton*) und bei Matthäus (Kap. 13, Vers 55) als »der Sohn des Zimmermanns«. Dies könnte bedeuten, daß Jesus tatsächlich aus einer Familie stammte, in der das Zimmermannshandwerk traditionell vom Vater auf den Sohn vererbt wurde. Andererseits kann dies ein einfacher Hinweis darauf sein, daß der Nachname von Jesus das aramäische *Bar Nagara* war, was »Sohn des Zimmermanns« bedeutet. Bei semitischen Nachnamen (auch bei modernen arabischen Familiennamen) kann der Teil, der die Herkunft oder die Sohnschaft bezeichnet (auf aramäisch *bar,* was »Sohn von« bedeutet), beibehalten oder weggelassen werden. Folglich könnte der Familienname von Jesus entweder als Bar Nagara (das heißt »Sohn des Zimmermanns«) oder einfacher als Na-

gara (das heißt »der Zimmermann«) wiedergegeben worden sein.

2. Der Vater von Jesus hieß Josef. In diesem Punkt stimmen alle vier Evangelien überein (Matthäus-Evangelium, Kap. 1, Vers 16 ff.; Kap. 2, Vers 13 ff.; Lukas, Kap. 1, Vers 27; Kap. 2, Vers 4 ff.; Kap. 3, Vers 23, Johannes, Kap. 1, Vers 45; Kap. 6, Vers 42). Hingegen steht nicht fest, daß die Mutter des historischen Jesus Maria hieß. Während Matthäus, Markus und Lukas sie bei diesem Namen nennen, jedoch nichts über ihre engste Familie sagen, scheint Johannes bewußt darauf zu verzichten, ihr einen Namen zu geben (Kap. 2, Verse 1, 3, 5, 12; Kap. 6, Vers 42; Kap. 19, Verse 25, 26). Dafür spricht er an einer anderen Stelle davon, wie sie der Kreuzigung ihres Sohnes in Begleitung einer Schwester (griechisch *adelphe*) namens Maria beiwohnt, die als Maria, die Frau des Klopas, bezeichnet wird (Kap. 19, Vers 25). Nun hätte die Mutter von Jesus nicht Maria heißen können, wenn sie tatsächlich eine Schwester gleichen Namens gehabt hätte. Angesichts dieses Problems hat die christliche Überlieferung vorausgesetzt, die beiden Frauen seien Halbschwestern von derselben Mutter, jedoch von verschiedenen Vätern, obwohl sich in den Evangelien keinerlei Beleg findet, der diese Annahme stützt.

3. Jesus hatte vier Brüder namens Jakobus, Simon, Joses und Judas und mehr als eine Schwester (Matthäus-Evangelium, Kap. 13, Vers 55*; Markus, Kap. 6, Vers 3).

---

* Das Matthäus-Evangelium, das die Angaben bei Markus wiederholt, gibt den Namen Joses als Josef wieder.

4. Jesus begann während der Herrschaft des römischen Kaisers Tiberius (das heißt etwa im Jahr 28 oder 29 n. Chr., Lukas-Evangelium, Kap. 3, Vers 1) in der Öffentlichkeit Aufmerksamkeit zu erregen, als er etwa dreißig Jahre alt war (Lukas, Kap, 3, Vers 23); als Herodes Antipas Tetrarch von Galiläa war (4 v. Chr. bis 39 n. Chr., Matthäus, Kap. 14, Vers 1 ff.; Markus, Kap. 6, Vers 14 ff.; Lukas, Kap. 3, Vers 1 ff.); und als Pontius Pilatus Statthalter in Judäa war (26–36 n. Chr., Lukas, Kap. 3, Vers 1). Diese Information fordert bezüglich des Lebensalters von Jesus zu Vergleichen mit zwei Angaben im Alten Testament heraus: erstens mit dem vermeintlichen Alter des alttestamentlichen Josef, als dieser in die Dienste des Pharao trat (erstes Buch Mose, Kap. 41, Vers 46); zweitens mit dem Lebensalter von David, als dieser als König zu herrschen begann (zweites Buch Samuel, Kap. 5, Vers 4).

5. Jesus hatte Jünger und Freunde, deren Namen in den Evangelien genannt werden, jedoch ohne Übereinstimmung (siehe unten).

6. Jesus war Anführer von Unruhen im Jerusalemer Tempel, worauf er in Gegenwart von Pontius Pilatus angeklagt und am Vorabend des jüdischen Passahfests getötet wurde (Matthäus-Evangelium, Kap. 27, Vers 2 ff.; Markus, Kap. 15, Vers 1 ff.; Lukas, Kap. 23, Vers 1 ff.) oder einen Tag früher (Johannes, Kap. 18, Vers 29 ff.). Es ist durchaus zweifelhaft, daß die Kreuzigung Jesu einen oder zwei Tage vor dem jüdischen Passahfest stattfand, da dies vermuten ließe, die Autoren der Evangelien hätten eine esoterische Verbindung seiner Hinrichtung mit dem Schlachten des jüdischen Passahlamms herstellen wollen.

Einige dieser Angaben über Jesus, die wir in den Evangelien finden, werden durch andere Quellen bestätigt. Wie wir schon gesehen haben, bestätigen sowohl der Apostel Paulus als auch der jüdische Historiker Flavius Josephus die Tatsache, daß Jesus einen Bruder namens Jakobus hatte, der Zeitgenosse von beiden war. Paulus ist diesem Jakobus tatsächlich begegnet. Eusebius von Caesarea (der etwa um das Jahr 340 n. Chr. gestorben ist) spricht in seiner *Kirchengeschichte* von Enkelkindern eines weiteren Bruders Jesu namens Judas, die während der Herrschaftszeit des römischen Kaisers Domitian in Galiläa lebten (81–96 n. Chr.). Eusebius beruft sich auf den christlichen Historiker Hegesippus, dessen Werk verschollen ist, und erzählt die folgende Geschichte:

»Auf des Domitian Befehl hin, die Nachkommen Davids hinzurichten, sollen nach einem alten Berichte einige Häretiker die Nachkommen des Judas, eines leiblichen Bruders unseres Erlösers, angezeigt haben mit dem Bemerken, sie stammen aus dem Geschlechte Davids und seien mit Christus selbst verwandt. Hegesippus berichtet darüber wörtlich also:

›Noch lebten aus der Verwandtschaft des Herrn die Enkel des Judas, der ein leiblicher Bruder des Herrn gewesen sein soll. Diese wurden als Nachkommen Davids gerichtlich angezeigt. Ein Evokatus führte sie vor Kaiser Domitian. Denn gleich Herodes fürchtete sich auch dieser vor der Ankunft Christi. Domitian fragte jene, ob sie von David abstammen. Sie bestätigten es. Sodann fragte er sie nach dem Umfange ihrer Besitzungen und nach der Größe ihres Vermögens. Sie antworteten, sie besäßen beide zusammen nur 9000 Denare, und davon gehöre jedem die Hälfte. Aber auch dieses Vermögen bestünde – so fügten sie bei – nicht in Geld, sondern im Werte eines Feldes von nur 39 Morgen, das sie mit eigener Hand bewirtschafteten, um davon die Steuern zu zahlen und ihren Lebensbedarf zu decken. Hierauf zeigten sie ihm ihre Hände und bewiesen durch die Härte ihres Körpers und durch die Schwielen, welche sich infolge ihrer angestrengten Arbeit an ihren Händen gebildet hatten, daß sie Handarbeiter waren. Als man sie über Christus und über die Art, den Ort und die Zeit seines Reiches fragte, antworteten sie, dasselbe sei nicht von dieser Welt und Erde, es sei vielmehr ein Reich des Himmels und der Engel, das erst am Ende der Welt kommen werde, wenn Christus in Herrlichkeit erscheinen wird, um die Lebenden und Toten zu richten und jedem nach seiner Lebensweise zu vergelten. Daraufhin verurteilte sie Domitian nicht, sondern verachtete sie als gemeine Leute. Er setzte sie in Freiheit und befahl, die Verfolgung der Kirche einzustellen. Sie aber erhielten nach der Freilassung, da sie Bekenner und Verwandte des Herrn waren, führende Stellungen in der Kirche. Nachdem Frieden geworden war, lebten sie nicht bis Trajan.‹«

Dieser Bericht, der von einem Zeitgenossen stammt und somit einige Glaubwürdigkeit bietet, bestätigt, daß Jesus außer Jakobus noch mindestens einen weiteren Bruder hatte, der tatsächlich Judas hieß. Er legt ferner nahe, daß der Lebensweg von Jesus nicht nur eine religiöse, sondern auch eine politische Dimension gehabt haben kann.

Dem jüdischen Talmud zufolge war Jesus (»Jeshu«, genau eigentlich »*Yeshu*«) der uneheliche Sohn eines römischen

Soldaten namens Panther, der sich mit Magie befaßte, sich über gelehrte Männer lustig machte, fünf Jünger um sich versammelte, Unruhen verursachte und am Vorabend des jüdischen Passahfests gehenkt wurde. Der römische Historiker Tacitus schrieb etwa im Jahre 111 n. Chr. (*Annalen*, Buch 15, Kap. 44), daß die nach Christus benannten Unruhestifter dieser Zeit, im Volksmund »Christianer« genannt, nach *Chrestus* benannt worden seien, der unter der Regierung des Tiberius durch den Prokurator Pontius Pilatus hingerichtet worden sei. Es kann sein, daß Tacitus bei der Datierung der Hinrichtung Jesu über keine andere Informationsquelle verfügte als zeitgenössische Gerüchte der Christen. Er sah anscheinend keinen Grund, zu bezweifeln, daß Jesus in der Regierungszeit von Tiberius und Pilatus hingerichtet wurde, wie es die Evangelien behaupten.

Der Talmud bestätigt die Tatsache, daß der Name Jesu (griechisch *Iesous*) auf aramäisch Jeshu war (in biblischem Hebräisch *Yeshua'* oder Jeshua). Was die Wissenschaftler immer wieder verblüfft hat, ist der Name Panther (ursprünglich *Pantera* oder *Pandera*), während der Talmud Jesus als »Jeshu Ben Pantera« oder »Ben Pandera« bezeichnet, was »Sohn von Pantera« oder »Pandera« bedeutet. Es hat Spekulationen gegeben, daß »Pantera« hier möglicherweise eine Verballhornung des griechischen *parthenos* ist, was »Jungfrau« bedeutet. Daß in Deutschland der Grabstein eines römischen Soldaten namens »Tiberius Julius Abes Panthera« gefunden geworden ist, hat zu weiteren Spekulationen über die Möglichkeit geführt, daß der Vater des historischen Jesus tatsächlich »Panther« hieß. Der im Talmud verwendete Name »Ben Panthera«, der »Sohn einer Leopardin« bedeutet (der Begriff *pantera* für »Leopardin« ist vermutlich dem Lateinischen entlehnt), kann kaum etwas anderes sein als ein geringschätziger Ausdruck. Der Verdacht, daß ein Mensch, von dem eine jungfräuliche Geburt behauptet wird, in Wahrheit ein uneheliches Kind gewesen ist, ist nur natürlich. Bedeutsam bleibt jedoch die Tatsache, daß der Talmud die historische Existenz Jesu ausdrücklich bestätigt, da er dessen Namen in der ursprünglichen aramäischen Form unzweideutig als Jeshu wiedergibt.

Wie wir schon gesehen haben, können die Berichte in den Evangelien über die Anhänger Jesu überwiegend als historisch gesichert gelten. Man muß natürlich einige Widersprüche aufklären, wenn etwa derselben Person verschiedene Namen gegeben werden. Lukas beispielsweise nennt einen Jünger Jesu, einen Zöllner (das heißt Steuereinnehmer) namens Levi (Kap. 5, Verse 27–29). Bei Markus heißt derselbe Mann Levi, der Sohn des Alphäus (Kap. 2, Verse 13–14). Bei Matthäus wiederum heißt der Zöllner, der Jesus folgte, Matthäus (Kap. 9, Vers 9; Kap. 10, Vers 3) – ein Name, der bei Markus (Kap. 3, Vers 18) und Lukas (Kap. 6, Vers 15) einem anderen Jünger gegeben wird. Dann gibt es noch den Jünger namens Simon Kephas oder Petrus. Matthäus (Kap. 16, Vers 17) und Johannes (Kap. 1, Vers 42) bezeichnen diesen Simon als Bar-Jona oder »Jonas Sohn«, als sie davon berichten, wie Simon zu dem Nachnamen Kephas oder Petrus kam. Im Aramäischen kann *bar yawna* eine Art Kosename sein, nämlich »Täubchen« – wörtlich »Sohn der Taube«. An einer anderen Stelle jedoch nennt Johannes (Kap. 21, Vers 15) den Jünger »Simon, Sohn des Johannes«. Weder Markus noch Lukas nennen denselben Jünger so. Dürfen wir das etwa so verstehen, daß Jesus Simon Kephas manchmal zärtlich mit »Täubchen« anredete, was Matthäus und Johannes als seinen Familiennamen ansahen? Kann es sein, daß sein Vater tatsächlich Johannes hieß? Oder besteht auch hier wieder die Möglichkeit, daß die Evangelien zwei verschiedene Personen verwechseln, die zwar den gleichen Vornamen, jedoch verschiedene Familiennamen haben?

Es finden sich in den Evangelien einige Hinweise darauf, welche Position Jesus hinsichtlich der damaligen Politik in Palästina einnahm. Die Evangelien enthalten eher zufällig Informationen, die deshalb besondere Aufmerksamkeit verdienen. Der historische Jesus scheint es für angemessen gehalten zu haben, daß sein Volk dem römischen Staat gehorchte (»So gebt dem Kaiser, was des Kaisers ist...« Siehe Markus-Evangelium, Kap. 12, Vers 14 ff.; Matthäus, Kap. 22, Vers 17 ff.; Lukas, Kap. 20, Vers 22 ff.). Jedenfalls findet sich keinerlei Hinweis darauf, daß er die Rebellion gegen die Römer predigte. Es ist sogar denkbar, daß er sich mit gewalttätigen Strafaktionen der Römer gegen jüdische Unruhestifter abfand. Als man ihm einmal erzählte, Pilatus habe einige Galiläer töten lassen, als sie Gott opferten, verurteilte er das römische Vorgehen nicht (siehe Lukas-Evangelium, Kap. 13, Verse 2–3); statt dessen soll er geantwortet haben:

> »Meint ihr, daß diese Galiläer mehr gesündigt haben als andere Galiläer, weil sie das erlitten haben? Ich sage euch: Nein; sondern wenn ihr nicht Buße tut, werdet ihr alle auch so umkommen.«

Während heute kaum noch festgestellt werden kann, was Jesus mit dieser versteckten Drohung gemeint haben könnte, scheint sie jedoch darauf hinzudeuten, daß es ihn nicht sonderlich kümmerte, wie die Römer jüdische Agitatoren bestraften.

Andererseits wird in den Evangelien davon gesprochen, daß Jesus dem Herodes Antipas, dem Tetrarchen von Galiläa, besonders feindselig gegenüberstand (Markus-Evangelium, Kap. 8, Vers 15). Tatsächlich wird Jesus als das Ziel einer Verschwörung von Parteigängern des Tetrarchen, den sogenannten Herodianern geschildert, die sich angeblich mit den jüdischen Pharisäern gegen ihn verbündet haben (Matthäus-Evangelium, Kap. 22, Vers 16, Markus, Kap. 3, Vers 6; Kap. 12, Vers 13). Dies könnte erklären, weshalb Jesus kurz nach Beginn seines Predigens in Galiläa diese Region verließ und nach Judäa ging, um dort – vielleicht – bei den Römern Schutz zu suchen.

Heute sind viele Wissenschaftler der Ansicht, die Verfasser der Evangelien hätten Pilatus von jeder Verantwortung für den Tod Jesu freigesprochen, um das Christentum den römischen Nichtjuden schmackhafter zu machen. In Wahrheit jedoch geben die Evangelien im allgemeinen den Standpunkt der hebräischen Gruppierung unter den Aposteln wieder. Der Mann, der als erster damit begann, die Verbreitung des Christentums unter den Nichtjuden zu fördern, auch unter den Römern, war Paulus, der mit der Urheberschaft an den Evangelien nichts zu tun hatte. Mehr noch: Der jüdische Historiker Flavius Josephus, der drei oder vier Jahrzehnte nach Jesu Tod schrieb, bekräftigte, was in den Evangelien und bei Paulus über die jüdische Verantwortung an der Kreuzigung geschrieben steht. So schrieb er in den *Jüdischen Altertümern* (18. Buch, 3. Kapitel, Nr. 3): »Und obgleich ihn Pilatus auf Betreiben der Vornehmsten unseres Volkes zum Kreuzestod verurteilte . . .«

So viel – oder nur wenig – mehr läßt sich den Evangelien über den historischen Jesus entnehmen, und diesen historischen Jesus erkannte Paulus als seinen Christus an. Was jedoch hochbedeutsam bleibt, ist die Tatsache, daß Paulus sich nicht nach Jerusalem begab, um dort Erkundigungen über Jesus einzuziehen, als er dessen Anhänger und Apostel wurde. Seltsamerweise – und er beschwört es selbst – (»Was ich euch aber schreibe – siehe, Gott weiß, ich lüge nicht!«, Galater-Brief, Kap. 1, Vers 20) begab er sich statt dessen direkt nach Arabien. Dies bedeutet, daß der historische Jesus irgendeine Verbindung mit Arabien gehabt haben muß.

Paulus' Reise nach Arabien ist eine historische Tatsache. Gleichwohl ignoriert die Apostelgeschichte diese Reise geflissentlich und gibt statt dessen die Aussagen der Jerusalemer Apostel wieder, die Paulus nie nach Jesus befragt hatte. Dies legt die Vermutung eines großen Geheimnisses nahe.

4 | Das Zeugnis des Korans*

Ein Christ schreckt vielleicht vor dem Gedanken zurück, ausgerechnet im Koran nach Hinweisen auf die Ursprünge des Christentums zu suchen. Das heilige Buch des Islams spricht jedoch an zahlreichen Stellen von Jesus, und es wäre unvernünftig, die koranischen Belege abzulehnen, bevor man sie geprüft hat.

Für Moslems ist der Koran das ewige Wort Gottes, wie es dem Propheten Mohammed etwa zwischen den Jahren 610 und seinem Tod im Jahre 632 n. Chr. in arabischer Sprache offenbart wurde. Der Koran setzt sich aus Suren oder aus 114 Kapiteln (arabisch Singular *surah*) unterschiedlicher Länge zusammen. Einige bestehen nur aus wenigen Versen. In den längeren Kapiteln sind jedoch ganze Abschnitte den Israeliten und ihren Propheten gewidmet, und dabei wird deutlich zwischen den Israeliten *(Banu Isra'il)* und den Juden *(al-Yahud)* unterschieden.** Die Israeliten werden als das historische, »auserwählte« Volk dargestellt, das zu sei-

---

* Der Koran wird im folgenden nach der 1980 im Goldmann Verlag, München, erschienenen Ausgabe zitiert.
** Im strengen Wortsinn sind die Israeliten ein Volk der Antike, dessen Geschichte bis zum fünften oder vierten Jahrhundert v. Chr. in der hebräischen Bibel aufgezeichnet ist. Die Juden andererseits sind die Anhänger des biblischen Monotheismus und der Gesetze Moses', wie sie in der Zeit nach der Babylonischen Gefangenschaft (das heißt nach dem sechsten Jahrhundert v. Chr.) von der rabbinischen Überlieferung gedeutet und weiterentwickelt worden sind.

ner Zeit das von Gott »bevorzugte« Volk war, trotz seiner häufigen Irrwege; die Juden hingegen werden als existierende religiöse Gemeinschaft (wenn auch israelitischer Herkunft) dargestellt, die dem Propheten Esra besondere Ehrfurcht erweisen (siehe unten).

Im Koran werden die Juden wie auch die Christen (die *Nasara* genannt werden, wörtlich »Nazarener« statt *Masihiyyun* oder »Christen«) als eine weitere Religionsgemeinschaft israelitischen Ursprungs angesehen – eine Schwestergemeinschaft der Juden und kein Ableger des Judentums. Als Gründer der Gemeinschaft der »Nazarener« wird der Jesus des Korans nicht Jeshu genannt (im christlichen Arabisch *Yasu'*), sondern Issa (was in englischer Aussprache dem arabischen *'Isa* am nächsten kommt; die deutschsprachige Ausgabe des Korans spricht jedoch von Jesus), was ein völlig anderer Name ist. Im Griechischen jedoch kann Jeshu wie Issa zu *Iesous* werden (siehe unten). Dem Koran zufolge waren sowohl die jüdische Thora als auch das eine echte Evangelium (*al-Injil*, stets im Singular) von Jesus ursprünglich nichts anderes als der Koran, aber ihre Texte seien nach und nach absichtlich verfälscht worden.

Während der Koran den Juden im allgemeinen kritisch gegenübersteht, scheint er subtil zwischen zwei Arten von Christen zu unterscheiden, obwohl beide *Nasara* oder »Nazarener« genannt werden (in der deutschsprachigen Ausgabe des Korans »Christen«). Einerseits gab es die Christen, die einen schwerwiegenden religiösen Irrweg beschritten hatten, weil sie behaupteten, Gott sei nicht eins, sondern Teil einer göttlichen Dreieinigkeit. Andererseits gab es die wahrhaft Gläubigen *Nasara*, die sich beim Aufkommen des Islams allem Anschein nach mit ihm einig erklärten (5. Sure, Verse 83–86):

»Du wirst finden, daß unter allen Menschen die Juden und Götzendiener (Heiden) den Gläubigen am meisten feind sind; du wirst ferner finden, daß den Gläubigen noch die am besten gesinnt sind, welche sagen: ›Wir sind Christen.‹ Das kommt daher, weil diese Priester und Mönche haben und auch weil sie keinen Stolz besitzen (nicht hochmütig sind). Wenn sie hören werden, was dem Gesandten offenbart worden ist, so wirst du ihre Augen in Tränen überfließen sehen wegen der Wahrheit, die sie nun wahrnehmen, und sie werden sagen: ›O Herr, wir glauben, und schreibe uns zu denen ein, die Zeugnis davon geben! Und warum sollten wir auch nicht an Allah glauben und an die Wahrheit, die uns nun zugekommen ist, und nicht ernstlich wünschen, daß der Herr uns mit diesem frommen Volk ins Paradies führen möge?‹ Für diese Rede belohnt sie Allah mit wasserreichen Gärten, in welchen sie ewig bleiben werden. Das ist die Belohnung der Gerechten!«

Christliche Wissenschaftler tendierten dazu, die Aussagen des Korans über Person und Mission Jesu als eine verstümmelte Version kanonischer oder apokrypher Berichte in den Evangelien anzusehen. In Wahrheit ist der größte Teil des Materials des Korans höchst ursprünglich. Es ist daher angebracht, unter der Annahme fortzufahren, daß die koranische Darstellung Jesu, was die Ursprünge des Christentums betrifft, eine unabhängige Überlieferung bewahrt, die im siebten Jahrhundert in Arabien bei der Geburt des Islams noch lebendig war. Islamischen Historikern zufolge wurden die Materialien des Korans, wie sie ursprünglich von Mohammed rezitiert wurden, während der Herrschaft des Kalifen Uthman (644–656 n. Chr.) endgültig zusammengestellt und redigiert, annähernd zwei Jahrzehnte nach dem Tod des Propheten. Seitdem hat sich der Text des Korans in nur einer Version erhalten. Dies bedeutet: Die arabischen Überlieferungen im Koran betreffs Jesus sind seit dem siebten Jahrhundert unverändert. Was besagen diese Überlieferungen?

Wenn wir zunächst davon ausgehen, daß der koranische Jesus der gleiche Mann war wie der Jesus der Evangelien, wäre es nützlich, die Frage umzukehren: Was sagt der Koran *nicht* über diesen Mann aus? Im vorhergehenden Kapitel haben wir den Evangelien beliebig sechs Informationen über Jesus entnommen; wir haben angenommen, daß diese historisch korrekt sein könnten, weil mit ihnen keine besonderen Forderungen verbunden zu sein scheinen (etwa die Erfüllung alttestamentlicher Prophezeiungen). Hinzu kommt die Tatsache, daß der Jesus der Evangelien zu seiner Zeit allgemein als Nachkomme Davids akzeptiert wurde, was sieben Beispiele bestätigen. Überraschenderweise taucht keines davon im Koran auf:

1. Der Koran bezeichnet Jesus nicht als Zimmermann oder als Sohn eines Zimmermanns, ob dies nun sein ererbter Beruf oder sein Familienname war.

2. Der Koran spricht an keiner Stelle davon, daß Jesus einen menschlichen Vater gehabt hat, geschweige denn einen namens Josef. Andererseits betont der Koran, daß die Mutter Jesu Maria hieß (arabisch *Maryam*). Jesus wird als *'Isa Ibn Maryam* bezeichnet – Jesus, Sohn der Maria.

3. Der Koran sagt an keiner Stelle, Jesus habe Brüder und Schwestern gehabt.

4. Der Koran nennt keinen bestimmten Zeitraum für die Mission Jesu und bringt seinen Lebensweg an keiner Stelle mit Palästina in Verbindung.

5. Der Koran nennt keine Jünger oder Anhänger Jesu mit Namen.
6. Während der Koran an mehreren Stellen auf David hinweist und dessen Lebensweg ausführlich schildert, wird an keiner Stelle erwähnt, daß Jesus ein Nachkomme Davids sei. Dies ist angesichts der Bedeutung von Genealogie und genealogischer Überlieferung in der frühen arabischen Gesellschaft eine besonders auffällige Abweichung.
7. Der Koran sagt nicht, daß Jesus jemals einen religiösen oder politischen Aufstand angeführt habe, und leugnet die Behauptung, er sei gekreuzigt oder sonstwie umgebracht worden. Vielmehr bestätigt der Koran, daß ein anderer, der fälschlich für Jesus gehalten wurde, dieses Schicksal erlitt: »Sie haben ihn aber nicht getötet und nicht gekreuzigt, sondern einen anderen, der ihm ähnlich war« (arabisch *walakin shubbiha lahum,* Koran, 4. Sure, Vers 158).

Folglich hat der Jesus des Korans, Issa, mit dem Jesus der Evangelien, Jeshu, in allen sieben genannten Punkten nichts gemein, wenn wir davon absehen, daß ihre verschiedenen historischen Identitäten verwechselt wurden: ». . . sondern einen anderen, der ihm ähnlich war«. Eine »Ähnlichkeit« ist zweifellos die Tatsache, daß »Jeshu« und »Issa«, die im ursprünglichen Aramäisch völlig verschiedene Namen sind, in griechischer Transkription beide *Iesous* für »Jesus« sein können. Es wurde vermutet, daß Mohammed die übliche arabische Form des Namens Jeshu als *Yasu'* ignorierte und sich statt dessen für die griechische Form des Namens entschied, die er in das zurücktranskribierte, was er für das semitische Original hielt. So wurde aus dem *Iesous* der griechischen Evangelien der koranische *'Isa.*

Es ist allerdings vernünftiger, anzunehmen, daß der Koran von Jesus als von Issa und nicht als von Jeshu sprach, weil es in Arabien bis zum siebten Jahrhundert nach Christus bereits einen als »Jesus« verehrten Mann gab, der Issa hieß und nicht Jeshu. Über diesen Issa hat der Koran folgendes zu sagen:

1. Er war der Sohn der Jungfrau Maria und, wie aus dem Text hervorgeht, ihr einziges Kind *(passim)*.

2. Er war das *kalimah* Gottes (in konsonantischer Schreibweise *klmh,* und galt allgemein als das arabische Gegenstück des griechischen *logos,* was »das Wort« bedeutet), (3. Sure, Vers 46; 4. Sure, Vers 172).

3. Er war an einem Ort geboren, der »gegen Osten lag« (19. Sure, Vers 17). Der Bezugspunkt dürfte vermutlich Mekka sein, der Geburtsort des Islams im arabischen Land des Hijaz; und Jesus wurde von seiner jungfräulichen Mutter am Fuß einer Palme geboren (19. Sure, Vers 24).

4. Er war ein Mann Gottes, dem Allah »eine Schrift« gab (19. Sure, Verse 28–34), das Evangelium (im Singular arabisch *Injil,* eine Transliteration des griechischen *euaggelion,* vgl. 5. Sure, Vers 16). Dieses Evangelium Jesu war nichts anderes als die eine und einzige »Schrift« (19. Sure, Vers 31). Damit wird impliziert, daß ihr Inhalt mit dem des Korans identisch war.

5. Er war »Geist« (arabisch *ruḥ*) von Gott und mit dem Heiligen Geist ausgestattet (arabisch *ruḥ al quds,* wörtlich »der Geist der Heiligkeit«), (2. Sure, Vers 88; 5. Sure, Vers 111).

6. Er war der Messias (arabisch *al-Massiḥ*) oder wurde so genannt, eine Bezeichnung, die der Koran zwar

zitiert, aber weder erklärt noch bezweifelt (3. Sure, Vers 46; 4. Sure, Verse 158, 172, 173; 5. Sure, Verse 18, 72, 73, 76; 9. Sure, Verse 31, 32).

7. Er wurde rein geboren (arabisch *saki*) (19. Sure, Vers 20).

8. Er war kein Produkt menschlicher Zeugung, sondern wie Adam ein eigenes Geschöpf Gottes (3. Sure, Vers 60).

9. Er tat Wunder und konnte die Toten ins Leben zurückholen (2. Sure, Vers 88; 3. Sure, Vers 50ff.; 5. Sure, Vers 113ff.; 43. Sure, Vers 58), aber Ungläubige hielten seine Wunder für offenbare Täuschung (5. Sure, Vers 111; 61. Sure, Vers 7).

10. Er war ein Wunder (arabisch *ayah*, was »Wunder«, »Zeichen«, »Sinnbild« Gottes bedeutet), (23. Sure, Vers 51).

11. Er war mit der Gabe der Weissagung ausgestattet (3. Sure, Vers 50).

12. Er war ein Apostel der »Kinder Israels« (3. Sure, Vers 50). Der Koran sagt an keiner Stelle, er sei »Jude« oder ein Prophet der »Juden«.

13. Issa war ein geweihter oder ordinierter Mensch (arabisch *muqarrab*, was tatsächlich »Priester« bedeuten kann; vgl. *mukarrib* im alten Südarabisch, was »Priester« bedeutet); und er wird in dieser und in der nächsten Welt herrlich sein (3. Sure, Vers 46).

14. Er bestätigte die Thora von Moses, erlaubte aber einiges, was verboten gewesen war (3. Sure, Vers 51).

15. Einige Israeliten (nicht Juden) folgten ihm, während andere es nicht taten (61. Sure, Vers 15).

16. Die Jünger, die ihm folgten und seine »Gehilfen« (arabisch *anṣar*) waren, nannte man *al-ḥawariyyun*

80

(was »die Menschen in Weiß« bedeutet; aus dem Aramäischen *ḥawar,* »weiße Kleidung als Erkennungszeichen anlegen«), (3. Sure, Vers 53; 5. Sure, Verse 112, 113; 61. Sure, Vers 15).*

17. Er verkündete, ein Apostel namens *Aḥmad* werde ihm folgen (61. Sure, Vers 7). Traditionsgemäß wurde dies als Hinweis auf die Mission Mohammeds verstanden (die Namen *Aḥmad* und *Muḥammad* sind beide von derselben arabischen Wurzel *ḥmd* abgeleitet).

18. Einige Menschen hielten ihn irrtümlich für den Sohn Gottes, so wie einige Juden ebenso fälschlicherweise Esra für den Sohn Gottes hielten (9. Sure, Vers 30). Der arabische Koran gibt den ursprünglich aramäischen Namen Esra in der arabischen Verkleinerungs- (und möglicherweise auch spottenden) Form als *'Uzayr* wieder.

19. Manche Menschen hielten Issa wiederum fälschlicherweise für Gott in Person (5. Sure, Vers 18; vgl. 5. Sure, Vers 117).

20. Issa war in Wahrheit menschlich (5. Sure, Vers 76) und sterblich (4. Sure, Vers 160; 5. Sure, Vers 18; 19. Sure, Vers 34, und vielleicht 3. Sure, Vers 56).

21. Die Anhänger Issas waren die Gemeinde der *Naṣara* (das heißt der »Nazarener«, *uneingeschränkt*).

---

* Das Tragen weißer Gewänder zum Zeichen der Reinheit ist für jüdische Sekten wie etwa die Essener des frühen römischen Palästina bezeugt, wie es auch Flavius Josephus erwähnt. Gemäß den islamischen Überlieferungen bezüglich der Nazarener (siehe Kap. 5), hat es den Anschein, daß zumindest ihre Priester sich durch das Tragen weißer Kleidung von anderen unterschieden. Die Manichäer, eine unabhängige puritanische Religionsgemeinschaft eklektischen Charakters, die im dritten Jahrhundert nach Christus im Irak und in Persien entstand, hießen auf syrisch *ḥalle ḥeware,* was »die weißen Gewänder« bedeutet.

22. Die Juden behaupteten, Issa getötet zu haben, aber sein Tod am Kreuz, *der nur von einigen bestätigt wird,* war nicht mehr als eine Illusion (4. Sure, Vers 158). Hier meint der Koran die Juden als Religionsgemeinschaft und nicht die Israeliten als Volk. In dieser Passage wird auch angedeutet, daß es unter den »Nazarenern« (mit denen hier Christen im allgemeinen gemeint sind) Sekten gab, die nicht an Jesu Tod am Kreuz glaubten.
23. Gott erhob Issa zu sich (3. Sure, Vers 56; 4. Sure, Vers 159).
24. Er wurde wieder zum Leben auferweckt (19. Sure, Vers 34), um am Jüngsten Tage wider die Ungläubigen zu zeugen (4. Sure, Vers 160).
25. Die koranische Darstellung von Issas Leben ist die richtige, im Gegensatz zu anderen Schilderungen, die heuchlerisch und falsch sind (19. Sure, Vers 35). Hier wird offensichtlich auf Schriften angespielt, zu denen auch die erhalten gebliebenen Evangelien des christlichen Kanons gehören.

Diese Auskünfte des Korans über den »Jesus«, der Issa war, läßt sich zu einer schlüssigen Darstellung zusammenfassen. Ursprünglich, so erfahren wir, wurde das Volk Israel von Moses zu einer religiösen Gemeinschaft geformt, von demselben Moses, der ihnen die Thora gab. Später wurden zwei weitere Apostel zu ihnen entsandt, erst Esra, dann Issa. Die Anhänger des ersten wurden die Juden; die Anhänger des zweiten die Nazarener-Christen; und jede dieser beiden Gemeinschaften verehrte ihren eigenen Apostel als Sohn Gottes. Unter einigen »Nazarenern« (womit die Christen im allgemeinen gemeint sind) wurde Jesus sogar als Gott persönlich angebetet.

Issa, von einer Jungfrau geboren, war ein Wunderwesen, dessen menschliche Person eine lebende Manifestation des Heiligen Geistes und des göttlichen *kalimah* oder prophetischen »Worts« war. Er vollbrachte Wunder und besaß die Gabe, Tote ins Leben zurückzuholen. Als Mann war er eine geweihte oder ordinierte Person, was eine Verbindung mit dem Priestertum nahelegt. Seine Lehre war das Evangelium. Im Leben war er von einer ausgewählten Gruppe von Anhängern umgeben, den *al-Ḥawariyyun,* die anscheinend so genannt wurden, weil sie weiße Gewänder trugen. Die Juden widersetzten sich jedoch seiner Mission und hatten für seine Wunder nur Hohn und Spott übrig. Es wurde behauptet, es sei ihnen gelungen, ihn umzubringen, entweder durch Kreuzigung oder auf eine andere Weise. Es gab sogar Christen, die diese Behauptung anerkannten. Der Mensch, der jedoch tatsächlich gekreuzigt worden war, war nicht Issa, sondern jemand, mit dem man ihn verwechselt hatte. Den wirklichen Issa wähnten sie im Himmel, unabhängig davon, ob er eines natürlichen Todes gestorben war. Bevor er die Erde verließ, sagte er das Erscheinen eines weiteren Apostels namens *Aḥmad* voraus. Irgendwann werde Issa jedoch ins Leben zurückkehren, um am Tag der Auferstehung das Jüngste Gericht über die Menschheit abzuhalten.

An dieser rekonstruierten Koran-Darstellung sind zwei Dinge besonders bemerkenswert. Erstens: Sie unterscheidet korrekt zwischen dem mosaischen Monotheismus der frühen Israeliten und dem jüdischen Glauben, der sich in der Zeit nach der Babylonischen Gefangenschaft aus diesem zu entwickeln begann. Zweitens: Der Koran zeigt deutlich, daß der Judaismus und das Urchristentum der Nazarener aus der ursprünglichen Religion Israels hervorgegangen sind. Das legt die Vermutung nahe, daß das Urchristentum eher eine Schwesterreligion des Judaismus war als eine jüdische Sekte, die sich vom mosaischen Glauben abgespaltet hatte. Während der Koran für die Mission Issas weder einen Ort noch eine Zeit festsetzt, wird der Eindruck erweckt, daß Issa sich als späterer Prophet Israels in der gleichen Region betätigte, in der der Islam geboren wurde, nämlich im Westen Arabiens; im Koran erfahren wir auch, daß sich das Nazarener-Christentum in einer Zeit entwickelte, als die Israeliten als Volk im Gegensatz zu den Juden als einer späteren Religionsgemeinschaft immer noch existierten – was den Schluß nahelegt, daß die Missionszeit des koranischen »Jesus« vielleicht näher am fünften Jahrhundert vor Christus als am ersten Jahrhundert nach Christus liegt. Während sich in der islamischen Literatur keinerlei Beleg dafür findet, der ein so frühes Datum für die Mission von Issa stützt, findet sich in dieser Literatur zumindest ein Hinweis darauf, daß das Christentum (zumindest die Religion der *Naṣara*) eher in Arabien als in Palästina entstanden ist. In seinem geographischen Lexikon *al-Rawḍ al-miʿṭar fi khabar al-aqṭar,* das Muhammad Ibn 'Abd al-Mun'im al-Himyari, ein aus dem Jemen stammender, nordafrikanischer Araber, im vierzehnten Jahrhundert nach Christus schrieb, geht er auf die Geschichte des präislamischen Christentums in der Region von Najran am nordöstlichen Rand des Jemen ein und sagt, daß »die Ursprünge dieser Religion in Najran liegen« *(wa-kan aṣl dhalik al-din bi-Najran).**

Daß das Christentum in Arabien entstanden sein kann, bevor es sich einem Neuanfang unterzog und in Palästina eine neue Gestalt annahm, ist durchaus möglich und vorstellbar. Wie ich schon in der Einführung gesagt habe, bin

---

* Siehe *al-Rawḍ al-Miʿṭar fi khabar als-aqṭar,* Ihsan Abbas (Hrsg.), Beirut 1984, S. 573.

ich persönlich davon überzeugt, daß die Geschichte der biblischen Israeliten insgesamt im Westen Arabiens stattgefunden hat und daß der ursprüngliche Monotheismus von Moses ebenso wie der Judaismus, der sich daraus entwickkelte, dort ihre Wurzeln hatten und nicht in Palästina. In Begriffen der historischen Geographie läßt sich Palästina als nördliche Fortsetzung des westlichen Arabiens ansehen, und einige arabische Israeliten scheinen sich in biblischer Zeit tatsächlich in diesem Land angesiedelt zu haben. Später, in der hellenistischen Zeit, hatte der Judaismus unter der Hasmonäer-Dynastie eines seiner politischen Zentren in Palästina, wo die jüdische Hauptstadt nach dem älteren israelitischen (und daher biblischen) Jerusalem von Arabien ebenfalls Jerusalem genannt wurde – das alte Jerusalem ist vermutlich das heutige Dorf Al Sharim im Hochland von Asir, das in der antiken arabischen Literatur *Uri Shalim* heißt.

In der Folgezeit errichtete Herodes der Große im palästinensischen Jerusalem einen großen Tempel, der bei der Eroberung der Stadt durch die Römer im Jahre 70 n. Chr. zerstört wurde. Die sogenannte Klagemauer im heutigen Jerusalem ist ein Überbleibsel dieses Tempels. Trotz wiederholter Bemühungen der Archäologen ist bislang nicht die Spur eines Beweises dafür gefunden worden, daß der biblische Tempel König Salomos einmal am gleichen Ort gestanden hat. Im Gegenteil, es gibt klare Beweise dafür, daß er nicht dort gestanden hat. Das auffallendste natürliche Merkmal des Geländes, auf dem der Herodes-Tempel einmal gestanden hat, ist der Monolith, der sich bis zum heutigen Tag unter dem berühmten Felsendom befindet, der in islamischer Zeit errichtet wurde, um dem Stein ein Schutzdach zu bieten. Die biblische Beschreibung des salomonischen Tempels, die sehr ausführlich ist (erstes Buch der

Könige, Kap. 2, Verse 2–36), erwähnt mit keinem Wort einen auffallenden Monolithen auf dem Tempelgelände.

Im Westen Arabiens fand die politische Geschichte der Israeliten, wie sie in der hebräischen Bibel aufgezeichnet ist, mit der Zerstörung des Reiches Juda und der Gefangennahme seiner Bevölkerung durch die Babylonier im Jahre 586 v. Chr. ein Ende. Nachdem die Perser Babylon 539 v. Chr. erobert hatten, ließen sie zahlreiche Israeliten in ihre arabische Heimat zurückkehren. In diese Zeit fällt auch das Leben Esras, der zum Mahner seines Volks wurde. Obwohl die aus der Babylonischen Gefangenschaft Heimgekehrten keinen Erfolg mit einer Staatengründung im Westen Arabiens hatten, lebten sie vermutlich lange Zeit weiterhin in dieser Region, wenn auch nur in der Organisationsform von Stadt- und Landgemeinden oder von Stämmen. Da es keine schriftliche Überlieferung gibt, wissen wir nichts über das, was bei ihnen geschah. Zwar sagt der Koran nicht ausdrücklich, daß Esra und Issa Apostel der aus der Babylonischen Gefangenschaft heimgekehrten Israeliten in Arabien waren, aber der Grund dafür könnte einfach sein, daß dies als selbstverständlich angesehen wurde.

Ein Punkt, den der Koran besonders betont, ist, daß Issa keinen menschlichen Vater hatte, sondern einfach »der Sohn der Maria« war. Wie wir schon gesehen haben, läßt das Johannes-Evangelium die Mutter von Jesus (hier Jeshu, nicht Issa) absichtlich ohne Namen; und obwohl die anderen drei Evangelien sie Maria nennen, sagen sie kaum mehr über sie aus als Johannes. Im Koran jedoch ist von Maria fast so oft die Rede wie von Issa, und wir finden dort auch eine Anzahl biographischer Daten.

1. Maria war die »Tochter« des 'Imran (des biblischen Amram, des Vaters von Moses und Aaron), (66. Sure,

Vers 13) und die »Schwester« Aarons (19. Sure, Vers 29). Im Koran (3. Sure, Vers 34) gehört die »Familie Amrans« *(Al'Imran)* zu den Auserwählten Gottes. Der hebräischen Bibel zufolge gehörten sie dem priesterlichen Stamm Levi der Israeliten an. Bei oberflächlicher Betrachtung hat es den Anschein, als würde der Koran Maria, die Mutter von Issa, mit der biblischen Prophetin Miriam verwechseln, die angeblich die Tochter Amrams und Schwester von Moses und Aaron war. Man könnte meinen, der Name Maria (griechisch *Maria*) sei in Wahrheit eine hellenisierte Form der semitischen Miriam. Wahrscheinlicher ist jedoch, daß die Nennung Marias als »Tochter« von Amran und »Schwester« von Aaron im Koran nur ein Hinweis darauf sein soll, daß die Mutter von Jesus durch Geburt zur religiösen Aristokratie Israels gehörte, zu den Leviten.

2. Maria war eine *Siddiqah* (5. Sure, Vers 18), was möglicherweise bedeutet, daß sie der Gemeinschaft der Sadduzäer angehörte. Die Sadduzäer waren eine Priesterkaste, die in den Evangelien erwähnt wird und von der bekannt ist, daß sie bis zur Zerstörung Jerusalems durch die Römer im Jahre 70 n. Chr. im hellenistischen Palästina als Sekte existierte. Die Sadduzäer leugneten die Unsterblichkeit der Seele, die körperliche Auferstehung nach dem Tod und die Existenz engelhafter Wesen. Von den jüdischen Schriften akzeptierten sie nur die Autorität der Thora. Über das Alter der Sekte ist nichts bekannt. Im Koran jedoch werden zwei der Patriarchen Israels, Abraham und Josef, als *Şiddiqin* bezeichnet (vgl. hebräisch *şdqym* für »Sadduzäer«), womit vielleicht angedeutet werden soll, daß die Sadduzäer keine

späte jüdische Sekte waren, sondern vielmehr Vertreter des bis in die hellenistische Zeit fortgeführten israelitischen Monotheismus der hebräischen Patriarchen und Moses, aus dem sich später der Judaismus und das Urchristentum als zwei verschiedene Sekten entwickelten.

3. Die Mutter Marias weihte ihre Tochter schon vor deren Geburt dem Dienst an Gott (3. Sure, Verse 34–38).

4. Maria war die Bevorzugte Gottes vor allen Frauen der ganzen Welt (3. Sure, Vers 43).

5. Sie war eine Gläubige, die in stillem Gehorsam lebte (21. Sure, Vers 92).

6. Sie war ein »Wunderzeichen« (23. Sure, Vers 51).

7. Sie war mit der Gabe der Weissagung gesegnet (3. Sure, Vers 46).

8. Als für sie die Zeit kam, im Heiligtum des Tempels zu dienen (arabisch *al-miḥrab*), entstand ein Disput darüber, wer die Ehre haben sollte, die Sorge für sie zu übernehmen (arabisch *kafil*). Es mußte das Los geworfen werden, um diese Frage zu entscheiden (3. Sure, Vers 45).

9. Der Mann, dem es gelang, die Sorge für sie zu übernehmen, war Zacharias (*Sakariyya,* 3. Sure, Vers 38), der Vater des Propheten Yahya (*Yaḥya,* 3. Sure, Vers 39 ff.; 19. Sure, Vers 3 ff.; 21. Sure, Vers 90 ff.). Dieser Prophet, dessen Name nur aus dem Koran bekannt ist, ist der Überlieferung nach kein anderer als Johannes der Täufer der Evangelien, obwohl *Yaḥya* und *Yuḥanan* (die aramäische Urform für »Johannes«) völlig verschiedene Namen sind.

10. Immer dann, wenn Zacharias den Tempel betrat, fand er bei Maria auf wundersame Weise Speisen vor

(arabisch *rizq*). Sie erklärte ihm, sie habe sie von Gott (3. Sure, Vers 38).

11. Eines Tages verschleierte sich Maria (arabisch *ḥijab*), verließ ihre Familie und begab sich an einen Ort, der »gegen Osten lag« (19. Sure, Vers 17). Dort erschien ihr der »Geist« (arabisch *ruḥ*) Gottes in Gestalt eines Mannes, der ihr verkündete, er sei von ihrem Herrn entsandt, ihr einen heiligen Sohn zu geben, Issa, obwohl sie noch Jungfrau war (19. Sure, Verse 18–22). An anderer Stelle im Koran heißt es, die Neuigkeit ihrer jungfräulichen Schwangerschaft sei ihr von den »Engeln« verkündet worden (3. Sure, Verse 46–48). In zwei anderen Passagen (21. Sure, Vers 92; 66. Sure, Vers 13) wird betont, daß Maria großen Wert auf die Erhaltung ihrer Jungfräulichkeit legte und erst schwanger wurde, als Gott sie mit seinem Geist »angeweht« hatte.

12. Das göttliche Mittel, das für die Schwangerschaft Marias verantwortlich war, war das prophetische *kalimah* oder »Wort« (4. Sure, Vers 172).

13. Maria gebar Issa an einem »entlegenen Ort« am Stamm einer Palme. Sie ernährte sich von reifen Datteln, die auf sie herabfielen (19. Sure, Verse 23–26).

14. Die Juden stießen große Lästerungen gegen sie aus (4. Sure, Vers 157), wahrscheinlich weil sie ein Kind geboren hatte, ohne verheiratet zu sein.

15. Ihre Familie war entsetzt, als sie mit ihrem neugeborenen Kind heimkehrte. Ihr Volk und ihre Familie gingen davon aus, daß das Kind nur einer unerlaubten Verbindung entstammen konnte, und tadelten sie wegen ihres vermeintlichen Fehlverhaltens. Das Kind Jesus jedoch wandte sich sofort an die entsetzten Verwandten und erklärte ihnen, er sei kein ge-

wöhnliches Kind, sondern der Diener Gottes, der ihn zum Propheten bestimmt habe (19. Sure, Verse 28–31).

16. In der Folgezeit wurden Maria und ihr Sohn Jesus gemeinsam als »zwei Götter« verehrt (arabisch *ilahayn*), die dem Allerhöchsten dienten, obwohl Jesus selbst dies nie gewünscht hatte und als falsch ansah (5. Sure, Vers 117).

Diese zahlreichen Angaben über Maria fügen der Gestalt Issas – dem »Jesus« des Korans – weitere Dimensionen hinzu. Er war nicht nur ein geweihter israelitischer *muqarrab* (siehe oben), sondern auch, wenn wir von der Geschichte der jungfräulichen Geburt einmal absehen, ein Levit aus dem Hause Aaron, der durch seine Mutter von dem Priesteradel Israels abstammte. Der Zeitraum seines Wirkens dürfte kurz nach dem Leben eines Priesters namens Zacharias anzusiedeln sein. Dieser war gewiß nicht der biblische Sacharja, dessen Leben mit der frühen Herrschaftszeit von Darius I. in Persien zusammenfiel (522–486 v. Chr.), möglicherweise aber eine der späteren Gestalten gleichen Namens, die in der hebräischen Bibel für die Zeit nach der Babylonischen Gefangenschaft erwähnt werden – warum nicht der berühmte israelitische Priester Secharja, der Sohn Jonatans, der im Jahre 457 v. Chr. mit Esra an der Reinigung der Mauern Jerusalems teilnahm (nach meiner Ansicht handelte es sich dabei um das ursprüngliche, westarabische Jerusalem), (Nehemia, Kap. 12, Verse 35, 41). Esra war, wie wir wissen, ein Jahr zuvor im siebten Herrschaftsjahr von Artaxerxes I. (464–424 v. Chr.), aus Babylon nach Jerusalem zurückgekehrt (Esra, Kap. 7, Vers 7). Dieses Ereignis fand eher zum Ende seiner Lehrtätigkeit statt, welche die Grundlagen des Judaismus bildete (Esra,

Kap. 7, Vers 10). Wenn wir annehmen, daß der Zacharias, der im Tempel die Sorge für die Maria des Korans übernahm, tatsächlich der Priester Secharja, der Sohn Jonatans, war, der wiederum ein Zeitgenosse Esras war, wäre der Issa Ibn Maryam des Korans im Arabien des späten fünften oder frühen vierten Jahrhunderts vor Christus in Arabien religiös tätig gewesen.

Wenn Issa tatsächlich ein Sadduzäer und damit ein strikter Anhänger des ursprünglichen israelitischen Monotheismus war, was nach dem Koran seine Mutter gewesen war, hätte seine Predigertätigkeit in dieser Zeit eine archaische religiöse Reaktion auf die Neuerungen und Reformen Esras sein können. In der hebräischen Bibel wird Esra als Nachkomme Aarons bezeichnet (Esra, Kap. 7, Verse 1–7). Der Issa des Korans hat anscheinend die gleiche Abstammung mütterlicherseits beansprucht (siehe oben). Dies läßt vermuten, daß diese beiden Männer aus dem gleichen Priesteradel abstammten und gleichwertige Ansprüche auf religiöse Autorität bei den Israeliten beanspruchten, jeder zu seiner Zeit – daher die Bitterkeit, mit der die jüdischen Anhänger Esras sich der Lehre Issas widersetzten, wie wir es im Koran verzeichnet finden.

Da uns schriftliche Zeugnisse fehlen, bleibt die Geschichte des Judaismus in den drei Jahrhunderten nach Esra so gut wie unbekannt. Mit hoher Wahrscheinlichkeit gehört auch das Leben des koranischen Issa in diese Periode der israelitischen und jüdischen Geschichte. Die einzigen verfügbaren Hinweise, mit deren Hilfe man sie datieren kann, sind die im Text des Korans. Während die Lebensgeschichte von Issa noch durch andere Belege verifiziert werden kann, weist ihre innere Schlüssigkeit auf ihre Echtheit hin. Anscheinend gab es ein Christentum in Arabien – das der *Nasara* oder »Nazarener« –, das mehrere Jahrhunderte älter war als das spätere, das sich auf den historischen Jesus der Evangelien bezieht. Der Koran hält dies für das wahre Christentum und bestätigt, daß sein Gründer, Issa Ibn Maryam, der wahre Jesus war, der nicht am Kreuz gestorben ist. Andererseits erkennt der Koran implizit die Existenz einer weiteren Spielart des Christentums an, deren Anhänger aus einem ernsthaften Irrtum heraus denselben »Jesus« als einen Gott verehrten und behaupteten, er sei tatsächlich gekreuzigt worden. Diese Behauptung wird im Koran rundheraus als Irrglauben abgetan.

Wir wissen jedoch, daß es tatsächlich einen historischen Jesus gab, der um das Jahr 30 n. Chr. am Kreuz hingerichtet wurde: einen Jesus, der ein Nachkomme Davids und nicht Aarons gewesen sein soll und daher dem israelitischen Stamm Juda angehörte und nicht dem Stamm Levi. Dieser Jesus kann jedoch nicht der Sohn einer Frau namens Maria gewesen sein und zugleich eine Tante mütterlicherseits gleichen Namens gehabt haben, wie das Johannes-Evangelium behauptet. Überdies hieß er Jeshu und nicht Issa, und das wenige, was über ihn überhaupt bekannt sein kann, stammt im wesentlichen aus den christlichen Evangelien, in denen ihm mit Sicherheit einige der Eigenschaften des Älteren Issa zugeschrieben werden. Alle vier Evangelien nennen ihn den Sohn Gottes – eine Bezeichnung, die Issa von seinen Anhängern aufgrund eines schwerwiegenden Irrglaubens erhalten hatte. Wichtiger noch: Was war die Quelle ihrer Informationen über den älteren, ursprünglichen »Jesus«? Dabei müssen wir bedenken, daß es nicht der vorliegende Text des Korans sein konnte, sondern ein Text oder eine Überlieferung, der oder die wesentlich älter war.

5 | Das verschollene Evangelium von Waraqah Ibn Nawfal

Bei den Christen des präislamischen Arabien ist Waraqah Ibn Nawfal in der islamischen Überlieferung am bekanntesten. Er war ein geweihter Priester (arabisch *qass*), eng mit Mohammeds Frau Chadidscha verwandt und vorgerückten Alters, als Mohammed um das Jahr 610 n. Chr. in Mekka den Islam zu predigen begann. Die Quellen beschreiben ihn als einen begierigen Leser »der Thora und des Evangeliums«, der das Erscheinen eines Propheten der arabischen Rasse schon lange erwartet hatte. Als Mohammed seine erste koranische Offenbarung erfuhr, die ihn so verwirrte, daß er nicht wußte, was er tun sollte, soll seine Frau Chadidscha ihn dazu gebracht haben, sich mit Waraqah zu beraten. Dieser erkannte Mohammeds Offenbarungen an und gab ihm die moralische Unterstützung, die er brauchte. Kurz darauf starb Waraqah; Mohammed sah ihn jedoch noch lange nach dessen Tod in seinen Träumen. Waraqah war in weiße Gewänder gekleidet – vielleicht nach Art der koranischen *Ḥawariyyun*. Der Prophet des Islams, so heißt es, sei überzeugt gewesen, daß der fromme christliche Priester und Gelehrte – der erste Mensch, der die Wahrheit von Mohammeds Mission anerkannte – der erste Nichtmoslem war, der mit Gewißheit im Paradies Einlaß gefunden habe.

Ein wohlbekannter islamischer Verweis auf Waraqah stammt von al-Bukhari – einem islamischen Gelehrten des neunten Jahrhunderts nach Christus, der mündliche und schriftliche Überlieferungen über Leben und Aussprüche Mohammeds sammelte. Als al-Bukhari über die erste Begegnung des Propheten mit Waraqah schrieb, hielt er fest, daß dieser »hebräisch zu schreiben pflegte«; er notierte ebenfalls, daß er »auf hebräisch« Abschriften des Evangeliums anfertigte (*al-Injil,* stets im Singular). Im arabischen Sprachgebrauch jener Zeit konnte »Hebräisch« (arabisch *'Ibrani*) entweder das biblische Hebräisch oder das Aramäische bezeichnet haben. In den biblischen Zeiten vor der Babylonischen Gefangenschaft (das heißt vor der Zerstörung des biblischen Reiches Juda und dem Exil seiner israelitischen Bevölkerung in Babylon um das Jahr 586 v. Chr.) gab es Israeliten, die das Aramäische ebensogut beherrschten wie das Hebräische (siehe zum Beispiel das zweite Buch der Könige, Kap. 18, Vers 26). Hebräisch aber, die Sprache, die von allen verstanden wurde, bevorzugten sie beim Schreiben. Später, nach der Babylonischen Gefangenschaft, ersetzte das Aramäische das Hebräische als israelitische Volkssprache, die aber weiterhin in der hebräischen Schrift geschrieben wurde – so kommt es, daß sowohl die hebräischen als auch die aramäischen Teile der Bücher Esra und Daniel in hebräischer Schrift abgefaßt sind. Das gleiche gilt für die Übersetzung der älteren hebräischen Schriften ins Aramäische.

Das Evangelium, das im siebten Jahrhundert nach Christus immer noch in Arabien existierte – das Evangelium, das Waraqah Ibn Nawfal benutzte –, war höchstwahrscheinlich auf aramäisch und nicht auf hebräisch geschrieben. Es muß das Evangelium der Nazarener gewesen sein, dessen Jesus der koranische Issa und nicht der Jeshu des Paulus und der griechischen Evangelien war; denn ansonsten hätte der Koran nicht die Behauptung aufstellen können, sein Bericht über den Lebensweg Issas sei mit dem des einen authentischen *Injil* identisch, ohne diese Behauptung ernsthafter Kritik auszusetzen. Der Koran hätte mit Sicherheit nicht von christlichen »Priestern und Mönchen« gesprochen, welche die Wahrheit des Korans anerkannten und weinten, wenn ihnen daraus vorgelesen wurde (siehe Kapitel 4), wenn es nicht Belege für solche Vorkommnisse gegeben hätte.

Islamische Überlieferungen, die schon im achten Jahrhundert nach Christus niedergeschrieben wurden und behaupteten, Informationen aus erster Hand wiederzugeben, deuten darauf hin, daß dieses Evangelium noch zu Lebzeiten Mohammeds in Äthiopien existierte (ein Land, das den Arabern als *al-Ḥabashah* oder »Abessinien« bekannt war). Zahlreiche frühen Anhänger des Propheten wurden in Mekka verfolgt und flüchteten über das Rote Meer, um in jenem Land Zuflucht zu suchen. Ihre Feinde in Mekka schickten jedoch sofort Boten an den äthiopischen König (genannt der Negus) mit der Warnung, die Moslem-Flüchtlinge hätten den Glauben ihrer Vorväter aufgegeben und seien in das Land des Negus emigriert, ohne sich darum bemüht zu haben, zu seiner Religion zu konvertieren und Christen zu werden. Ibn Ishaq zufolge, der die früheste überlieferte Biographie Mohammeds geschrieben hat, soll der Negus daraufhin die Flüchtlinge zu sich zitiert und sie in dieser Angelegenheit befragt haben, während seine führenden Bischöfe aufmerksam dabeistanden. Als Antwort rezitierte der Sprecher der Moslems dem Negus das Kapitel aus dem Koran, in dem von Jesus als Issa Ibn Maryam die Rede ist. Der ursprüngliche Berichterstatter, von dem Ibn Ishaq die Geschichte weiß, sagt:*

---

* Was diesem Bericht besondere Glaubwürdigkeit verleiht, ist die Tatsache, daß er einige der Worte (vor allem die Einwürfe) des Negus so zitiert, wie er

»Bei Gott, der Negus weinte, bis sein Bart naß wurde. Seine Bischöfe weinten ebenfalls, als sie hörten, was ihnen rezitiert wurde, bis ihre Schriften völlig durchnäßt waren. Da sagte der Negus: ›Dies und die Lehre, die Jesus gepredigt hat, müssen aus der gleichen verborgenen Lichtquelle stammen!‹ ... Dann legte er die Hand auf die Erde, hob einen kleinen Zweig auf und sagte: ›Bei Gott, Jesus hat dem, was du gesagt hast, nicht mehr hinzuzufügen als die Länge dieses Zweigs!‹«

Um die Zeit Mohammeds war das apostolische Christentum (wie wir das Christentum des Paulus und der Evangelien vielleicht nennen können) in der römischen oder byzantinischen Welt und an deren Peripherie schon fest etabliert, trotz unterschiedlicher Interpretationen; hinzu kommt, daß alte Strukturen der Religion längst neuen hatten weichen müssen, als die Missionare sich aufmachten, in verschiedenen Ländern den apostolischen Glauben zu predigen. Einer dieser Missionare, Frumentius (etwa 300–380 n. Chr.), war der Mann, dem die Einführung des Glaubens in Äthiopien zugeschrieben wird. In den arabischen Ländern jedoch scheint das Christentum schon vor der Ankunft der Missionare in seiner älteren, nazarenischen Form bekannt gewesen zu sein. Die neue Lehre war nur insofern erfolgreich, als sie den notwendigen politischen und materiellen Rückhalt aus Byzanz sichern konnte.

In Arabien wie in Äthiopien muß der Triumph des

---

sie in seiner Sprache äußerte. An einigen Stellen wird erklärt, was sie auf arabisch bedeuten, manchmal bleiben sie unerklärt. Das ist anscheinend darauf zurückzuführen, daß sie von den Arabern, die sie hörten und von ihnen berichteten, ursprünglich nicht verstanden worden waren.

apostolischen Christentums über den älteren Nazarener-Glauben im vierten Jahrhundert begonnen haben. In beiden Ländern scheint es jedoch überzeugte Nazarener gegeben zu haben, die an ihren alten Sitten und Gebräuchen festhielten. Es muß diese Nazarener mit tiefer Verzweiflung erfüllt haben, mitanzusehen, wie ihr alter Glaube von der neuen christlichen Lehre verdrängt wurde. So verwundert es nicht, daß Waraqah Ibn Nawfal die Wahrheit von Mohammeds Offenbarungen so bereitwillig bestätigte und daß andere christliche »Priester und Mönche« im Hijaz Freudentränen weinten, als sie hörten, wie ihnen die Koran-Passagen über Jesus vorgelesen wurden. Dem Zeugnis Ibn Ishaqs zufolge war es bei den Christen Äthiopiens ebenso.

Das Evangelium der arabischen und äthiopischen Nazarener, das ursprünglich in aramäischer Sprache geschrieben war, kann unmöglich später entstanden sein als die vier kanonischen Evangelien (wie etwa die zahlreichen griechischen und koptischen Apokryphen). Vielleicht ist es sogar schon im vierten oder fünften Jahrhundert vor Christus entstanden – der Zeit des koranischen Issa. War Matthäus, Markus, Lukas und Johannes, die Ende des ersten Jahrhunderts nach Christus schrieben, dieser antike Text bekannt? Wußten sie überhaupt von seiner Existenz? Erfuhr Paulus von ihm, als er unmittelbar nach seiner Bekehrung Arabien besuchte?

Während Paulus' Aufenthalt in Arabien hat er vielleicht das dort seit langem bekannte, aramäische Evangelium zu lesen bekommen, das von einem Jesus spricht, der Issa war und nicht Jeshu. Nach dem Koran zu urteilen, wurde dieser Issa als israelitischer Messias oder Christus angesehen, obwohl er – zumindest durch seine Mutter – von dem Priestergeschlecht Aaron und nicht dem königlichen Haus David abstammte. Folglich waren seine Anhänger in einem gewis-

sen Sinn vorchristliche »Christen«. Meist wurde davon aus-
gegangen, daß der israelitische Messias ein Abkömmling
des Hauses David sein würde, aber es gab auch israelitische
Sekten, denen die Vorstellung von einem messianischen
Paar vorschwebte: einem priesterlichen Messias aus dem
Haus Aaron und einem königlichen Messias aus dem Haus
David. Eine dieser Sekten war die sogenannte Gemeinde
von Qumran, deren Schriften in den Schriftrollen vom Toten Meer erhalten geblieben sind. So schloß der Glaube der
Nazarener an Issa als einem priesterlichen Messias oder
Christus aus dem Haus Aaron nicht unbedingt die Erwar-
tung eines weiteren königlichen Messias aus dem Haus Da-
vid aus.

Vielleicht hat Paulus während seines Aufenthalts in Arabien sogar ein Exemplar des Evangeliums der Nazarener
erworben – eines der kostbaren Bücher aus »Pergament«,
auf die er in seinem letzten Lebensjahr so sehnsüchtig wartete (zweiter Brief an Timotheus, Kap. 4, Vers 13). Außer
diesem Evangelium gab es noch die örtlichen Überlieferungen, die den Jesus verehrten, der Issa war, nicht nur als
einen Christus, sondern auch als den Sohn Gottes, den
ewigen, Mensch gewordenen Gott oder einen in einer Reihe
von Gottheiten. Vielleicht gab es noch weitere alte arabische Schriften mit ähnlichen Begriffen von Issa, und vielleicht gelang es Paulus auch, sich Exemplare auf »Pergament« zu sichern, die er in der Folgezeit dazu nutzte, seine
eigene Theorie von Jesus als dem transzendenten Christus
und Sohn Gottes zu entwickeln, der daneben aber noch eine
historische Person einer bestimmten Zeit war.

Um unsere Untersuchung zu erleichtern, müssen wir uns
auf einen bestimmten Begriff einigen. Wann immer der
Jesus des Nazarener-Evangeliums und des Korans genannt
wird, werden wir ihn »Issa« nennen, was sein richtiger Name

ist. Wenn wir von dem Jesus sprechen, der in Jerusalem am Kreuz starb, werden wir ihn mit seinem Vornamen »Jeshu« oder bei seinem Familiennamen nennen, falls es uns gelingt, diesen zu entdecken. Wenn der Jesus, von dem Paulus und die griechischen Evangelien sprechen, erkennbar dieser Jeshu ist, werden wir ihn auch so nennen. Wenn wir von Jesus als »Jesus« sprechen, dann nur, um die anerkannte christliche Vorstellung von Jesus als dem historischen oder ewigen Christus zu bezeichnen.

Als Paulus in Arabien von dem Issa des Nazarener-Evangeliums erfuhr, konnte ihm nicht entgangen sein, daß die Apostel entschlossen waren, ihren Jeshu mit diesem Issa zu identifizieren, den »Jesus«, der von David abstammte, mit dem »Jesus«, der kein Nachkomme dieses Königs war; den Mann, der in Jerusalem gekreuzigt worden war, mit dem, der in Arabien eines natürlichen Todes gestorben war und von dem die Menschen glaubten, der Herr habe ihn zu sich in den Himmel geholt. Paulus machte jedoch nicht publik, was er in Arabien erfahren hatte, weil er entschlossen war, eine Theorie von Jesus als dem transzendenten und ewigen Christus zu entwickeln, indem er Jeshu als einer historischen Gestalt seines eigenen Zeitalters die eher esoterischen Attribute Issas gab – einer Gestalt aus einer früheren Zeit.

Um Jeshu als den ewigen Christus präsentieren zu können, hatte Paulus gute Gründe, sich in der Frage Issa in Schweigen zu hüllen. Andererseits konnte er es sich nicht erlauben, viel über den historischen Lebensweg Jeshus zu sprechen und ihn gleichzeitig als den einzigen Christus Jesus zu bezeichnen, da dieses Attribut rechtmäßig einem anderen gehörte, dessen historische Existenz sich von jedem leicht entdecken ließ. So kommt es, daß Christus in den Schriften des Paulus hauptsächlich als ein Jesus des Glaubens erscheint. Auf sein Menschsein als Israelit, Anhänger der Thora des Moses und Nachkomme des Hauses David wird nur beiläufig hingewiesen.

Bevor wir den Versuch unternehmen, zu zeigen, in welchem Umfang Matthäus, Markus, Lukas und Johannes der Inhalt des verlorenen Nazarener-Evangeliums von Issa direkt oder indirekt bekannt war, muß noch etwas über die zeitgenössischen Einstellungen gesagt werden, was diese vier kanonischen Evangelien und ihre Quellen angeht. Drei von ihnen – die sogenannten »synoptischen« Evangelien von Matthäus, Markus und Lukas – bestehen hauptsächlich aus parallelen Schilderungen des Lebenswegs Jesu mit einigen Abweichungen im Detail. Das Johannes-Evangelium hingegen, gemeinhin als »viertes Evangelium« bezeichnet, steht in einer Reihe wesentlicher Schilderungen für sich. Früher einmal galt dieses Evangelium als das historisch am wenigsten glaubwürdige. Man war der Meinung, es stelle eine relativ späte griechische Überlieferung dar und trage die Merkmale des hellenistischen Gnostizismus. In jüngster Zeit sind einige Wissenschaftler jedoch zu der Ansicht gelangt, es sei selbst mit seinem gnostischen Inhalt das »aramäischste« der Evangelien sowie dasjenige, das die ältesten Überlieferungen bewahre.

Von den drei »synoptischen« Evangelien ist das Markus-Evangelium das erkennbar älteste. Was es über Jesus sagt, findet sich auch bei Matthäus und Lukas, was umgekehrt nicht der Fall ist. Dies läßt den Schluß zu, daß Markus für Matthäus und Lukas Quellenmaterial geliefert hat. Da diese beiden anderen Evangelien nicht nur dort übereinstimmen, wo sie Markus-Material verwenden, sondern auch in einigen anderen Punkten, hat die Forschung die naheliegende Schlußfolgerung gezogen, daß Matthäus und Lukas eine weitere, unbekannte gemeinsame Quelle benutzt haben, die meist als Q bezeichnet wird. In diesen beiden Evangelien

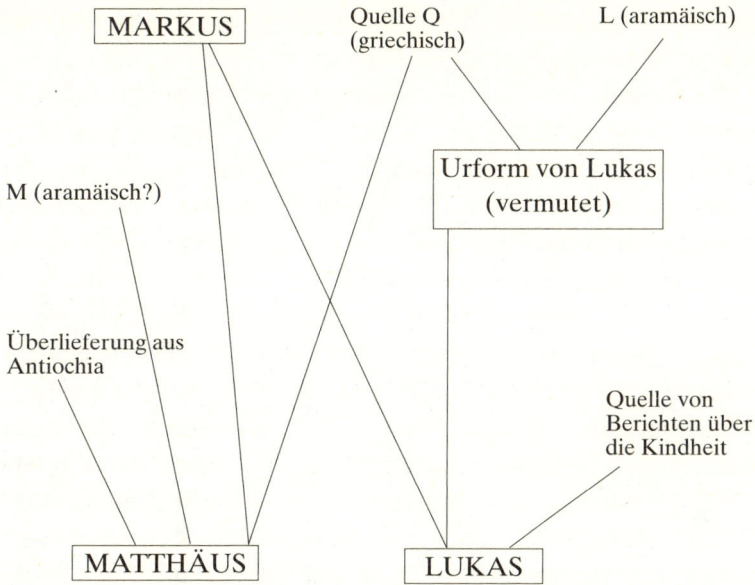

Abb. 1. *Entstehungstheorie der synoptischen Evangelien wie 1925 von H. B. Streeter vorgeschlagen*

finden sich jedoch auch Schilderungen, die ausschließlich bei Matthäus vorkommen, und andere, die sich nur bei Lukas finden. Aus diesem Grund herrscht heute die Ansicht vor, daß Matthäus eine separate Quelle oder Überlieferung verwendet hat, die allgemein M genannt wird, während Lukas sich eine andere separate Quelle zunutze gemacht hat, die allgemein L genannt wird. Während Q allgemein als eine verlorene griechische Quelle gilt, sind einige Forscher der Meinung, M und L seien vermutlich ältere aramäische Quellen (siehe Abb. 1).

Wenn wir davon ausgehen, daß das Johannes-Evangelium tatsächlich eine alte aramäische Überlieferung repräsentiert und daß die von Matthäus benutzte Quelle M oder die von Lukas verwendete Quelle L tatsächlich aramäische Quellen waren, ist es auch denkbar, daß sich jede dieser drei Überlieferungen oder Quellen irgendwie von dem aramäischen Issa-Evangelium herleitete, das im siebten Jahrhundert nach Christus im Hijaz noch existierte.

Beispielsweise konzentriert sich Markus auf das aktive Leben von Jeshu, sagt jedoch nichts über dessen Kindheit oder Jugend und erwähnt überdies seine jungfräuliche Geburt nicht – ein Punkt, den der Koran ausführlich behandelt. Johannes sagt ebenfalls nichts über die jungfräuliche Geburt und die Kindheit von Jeshu. Matthäus und Lukas hingegen sprechen von beiden Themen. Während diese beiden Evangelien die Abstammung Jeshus von David verfolgen, wenn auch mit einigen Abweichungen (Matthäus-Evangelium, Kap. 1, Verse 1–16; Lukas, Kap. 3, Verse 23–31), beharren beide gleichermaßen darauf, daß Jeshus Mutter Maria mit ihm schwanger war und ihn auch gebar, als sie noch Jungfrau war, womit unterstellt wird, daß Josef nicht sein richtiger Vater ist. Um diesen Widerspruch aufzulösen, betont Lukas (Kap. 1, Vers 27), daß Maria zur Zeit ihrer jungfräulichen Schwangerschaft mit Jeshu mit Josef »vertraut« war; Matthäus (Kap. 1, Vers 18) spricht ebenfalls davon, sie sei dem Josef »vertraut« gewesen, zumindest zu der Zeit, als das Kind geboren wurde. Die Tatsache, daß Matthäus und Lukas auf der jungfräulichen Geburt Jeshus beharren, muß nicht direkt von dem verlorenen Nazarener-Evangelium hergeleitet worden sein. Bei Matthäus wird auf eine alttestamentliche Prophezeiung hingewiesen. Ebenso ist die merkwürdige Geschichte bei Matthäus von Geburt und Kindheit Jesu völlig anders als im Koran, was bedeutet, daß sie nicht aus dem Nazarener-Evangelium stammt. Aus diesem Grund kann die ausschließlich für Matthäus geltende Quelle M nicht dieses Evangelium gewesen sein. Die

Darstellung des Lukas von der jungfräulichen Schwangerschaft Marias und der Geburt Jeshus ist jedoch mit dem Koran in wesentlichen Punkten identisch. Zum Beispiel:

1. Im Koran (3. Sure, Verse 43–50; 19. Sure, Verse 18–22) heißt es, der Geist Gottes sei Maria in menschlicher Gestalt erschienen, was sie zutiefst beunruhigt habe. Als der Engel (oder die Engel) sie »als die Unter Allen Frauen Auserwählte Gottes« begrüßte und ihr verkündete, sie werde einen Knaben gebären, fragte sie, wie das geschehen könne, da sie noch Jungfrau sei; ihr wurde jedoch versichert, Gott besitze die Macht, dies zu ermöglichen, und ihr Sohn werde ein Wunderzeichen und für Israel ein großer Apostel sein. Das Lukas-Evangelium (Kap. 1, Verse 26–35) wiederholt in der sogenannten »Verkündigung« Mariä diese Darstellung fast Wort für Wort.

2. In dem Kapitel des Korans, das den Namen Marias trägt *(Surat Maryam)*, wird der wundersamen Niederkunft Marias mit Issa die ebenso wundersame Geburt des Propheten Yahya vorangestellt, dem Sohn des hochbetagten Priesters Zacharias und seiner alten und unfruchtbaren Frau (19. Sure, Verse 2–16). Im Nazarener-Evangelium muß die Geschichte genauso erzählt worden sein. Und Lukas leitet seine Weihnachtsgeschichte genauso ein (Kap. 1, Verse 5–25).

3. Dort, wo im Koran von Maria als der Mutter Issas die Rede ist, weist der Text darauf hin, daß sie dem Priesteradel Israels angehört, den Leviten, indem sie als »Schwester« Aarons und »Tochter« Amrams bezeichnet wird (siehe Kap. 4). Lukas betont dies

nicht ausdrücklich. Über den Priester Zacharia sagt Lukas jedoch zwei Dinge, die im Koran nicht zu finden sind. Erstens weist Lukas darauf hin, daß Zacharias' Ehefrau Elisabeth einer Priesterfamilie angehörte (Kap. 1, Vers 5). Das bedeutet, daß sie ebenso eine Levitin aus dem priesterlichen Hause Aaron war wie ihr Mann. Zweitens sagt Lukas, daß diese Elisabeth eine »Verwandte« Marias sei (Kap. 1, Vers 36), was bedeutet, daß Maria ebenfalls Levitin aus dem Hause Aaron war. Dies wäre vermutlich selbst dann der Fall gewesen, wenn die beiden Frauen Cousinen mütterlicher- statt väterlicherseits gewesen wären. Denn das israelitische Gesetz verbietet Ehen von Angehörigen verschiedener Stämme, wenn die Frau eine Erbschaft erhalten hat (viertes Buch Mose, Kap. 36, Verse 6–8). So bestätigt der Text des Lukas-Evangeliums, daß Maria dem priesterlichen Haus Aaron angehörte, obwohl dies nicht ausdrücklich betont wird.

Es bleibt jedoch die Tatsache, daß der Koran Zacharias als den Vater des Propheten Yahya bezeichnet, der ein älterer Zeitgenosse des Propheten Issa war. Lukas wiederum präsentiert den gleichen Zacharias als den Vater von Johannes dem Täufer – einem älteren Zeitgenossen Jeshus, dessen historische Existenz bezeugt und belegt ist. Sämtlichen vier Evangelien und auch dem zeitgenössischen jüdischen Historiker Josephus zufolge, war dieser Johannes ein bekannter religiöser Prediger in Palästina, der von Herodes Antipas, dem Tetrarchen von Galiläa und Peräa (4–39 n. Chr.), zu Unrecht hingerichtet wurde. Abgesehen von Lukas, nennt keines der Evangelien diesen Mann den Sohn eines Priesters namens Zacharias, und auch Josephus schweigt sich diesbezüglich aus.

Wenn wir einmal von der Verwechslung Issas mit Jeshu und Yahyas mit Johannes dem Täufer absehen, muß Lukas seine Informationen für die Weihnachtsgeschichte dem verschollenen Nazarener-Evangelium entnommen haben, darunter auch die speziellen Angaben über Identität und Abstammung Elisabeths, die im Koran namentlich nicht genannt wird. In Lukas' Darstellung klafft jedoch eine Lücke: Er versäumt es, zu sagen, daß Maria nicht weniger als ihre »Cousine« Elisabeth eine Levitin aus dem Hause Aaron war. Angesichts dieses Schweigens bei Lukas wie auch in den anderen Evangelien, die ebenfalls nichts über Marias priesterliche Abstammung äußern, muß diese Auslassung in Lukas' Weihnachtsgeschichte absichtlich erfolgt sein. Er verrät sich jedoch unabsichtlich, indem er die enge Verwandtschaft Marias mit Elisabeth erwähnt. Dies muß aus purer Achtlosigkeit geschehen sein, denn Lukas wußte sehr wohl, was das Nazarener-Evangelium über die levitische Abstammung Marias, der Mutter Issas, gesagt hatte. Daß er es trotzdem vorzog, diesen wichtigen Hinweis zu verschweigen, liegt möglicherweise daran, daß die Mutter von Jeshu, wie immer ihr Name gewesen sein mag, nicht von levitischer Abkunft war, was allgemein bekannt war. Angesichts des Verbots von Mischehen unter Angehörigen verschiedener Stämme Israels hätte Jeshus Mutter kaum eine Levitin sein können, wenn ihr Ehemann Josef dem königlichen Hause Juda entstammte, es sei denn, beide (oder zumindest die Ehefrau) wären völlig mittellos gewesen.

Aktuelle Forschungen besagen, die jungfräuliche Geburt von Jesus sei eine »späte« Überlieferung, die irgendwie in die Evangelien von Matthäus und Lukas, jedoch nicht in die von Markus und Johannes Eingang gefunden habe. Diese Ansicht wird, wie sich zeigt, durch eine kritische Durchsicht des neutestamentlichen Materials tatsächlich gestützt.

Wie wir gesehen haben, beginnt Lukas seinen Bericht über das Leben Jesu mit einer Einführung in fließendem Griechisch, in der er sein Werk dem rätselhaften Theophilus widmet (Kap. 1, Verse 1–4). Dann findet ein unvermittelter Stilbruch statt, als Lukas mit seiner Weihnachtsgeschichte beginnt (Kap. 1, Vers 5). Diese weniger eloquenten Formulierungen gehen bis zum Ende der Weihnachtsgeschichte weiter, um dann wieder stilsicherer zu werden. Allein aufgrund dieses Stilwechsels haben einige Wissenschaftler gemeint, die Weihnachtsgeschichte des Lukas müsse eine Übersetzung einer geschriebenen Quelle sein, eines vermutlich in aramäischer Sprache abgefaßten Texts. Es dürfte jedenfalls feststehen, daß die jungfräuliche Geburt von Jesu keine »späte« Überlieferung gewesen sein kann, wenn Lukas die Darstellung dieses Ereignisses aus einem älteren Text übersetzen mußte, der nach allem, was wir wissen, nicht griechisch war.

Wie wir schon gesehen haben, hat Paulus Jeshu in seinen erhalten gebliebenen Briefen nicht ausdrücklich eine jungfräuliche Geburt zugeschrieben. An einer Stelle macht er jedoch eine subtile Anspielung darauf, indem er von dem Mann als dem Sohn einer menschlichen Mutter spricht (wörtlich »Geboren von einer Frau«, Galater-Brief, Kap. 4, Vers 4), ohne einen Vater zu erwähnen. Dies deutet darauf hin, daß Paulus von der Überlieferung wußte, derzufolge Issa der jungfräulich geborene Sohn Marias war. Er vermeidet bewußt jeden Hinweis auf den Vater Jeshus und läßt auch dessen Mutter ungenannt. Ebenso geht das Johannes-Evangelium vor: Es gibt der Mutter Jeshus keinen Namen und vermeidet jede Erwähnung der jungfräulichen Geburt.

In der Tat scheint es so zu sein, daß Johannes mit dem aramäischen Issa-Evangelium nicht weniger vertraut war als Paulus, wie wir im folgenden noch sehen werden (siehe Kap.

6). Er nannte Jeshu das *logos* oder »Wort« (Kap. 1, Vers
1 ff.; vgl, das koranische *kalimah*). Er spricht auch von der
Verheißung dieses Jeshu, es werde ein *parakletos* kommen
(»Tröster« oder »Helfer«, wörtlich »einer, der zu Hilfe berufen ist«, Kap. 14, Verse 16 und 26; Kap. 15, Vers 26; Kap.
16, Vers 7), der ihm nachfolgen werde (vgl. den *Aḥmad* des
Korans, abgeleitet aus der gemeinsamen semitischen Wurzel *ḥmd* in dem bezeugten arabischen Sinn von »Befriedi-
gung, Zufriedenheit«). Dem Koran zufolge entstammten
diese beiden Vorstellungen ursprünglich dem einzig wahren
Injil – dem Nazarener-Evangelium, das von Issa sprach und
nicht von Jeshu. Soweit sich feststellen läßt, hat Paulus bei
der Darstellung Jeshus *logos* und *parakletos* jedoch nie erwähnt, ebensowenig bei seiner Vorstellung Jesu als Christus. Statt dessen gab er dem Mann esoterische Attribute
der Göttlichkeit oder Quasi-Göttlichkeit, die, worauf der
Koran wiederholt und beharrlich hinweist, falsche und
schädliche Vorstellungen von Issa seien, wie sie von falschen
Evangelien und Überlieferungen gepredigt würden, jedoch
nicht von dem einen und einzig echten *Injil*.

Kurz, Johannes kannte das aramäische Evangelium, in
dem von Issa die Rede war, und verwendete es bei seinem
eigenen Evangelium über Jeshu. Das gleiche gilt für Lukas.
Paulus jedoch, der ebenso um den Inhalt dieses Nazarener-
Evangeliums wußte, machte bei der Entwicklung seines Bildes von Jeshu als dem ewigen Jesus Christus, dem einzigen
Sohn Gottes, keinen Gebrauch davon. Statt dessen verwendete er Überlieferungen, die aus irgendeiner anderen arabischen Quelle als dem Nazarener-Evangelium stammten.

Nehmen wir jetzt einmal an, daß Paulus aus Arabien nicht
ein aramäisches Evangelium mitbrachte, sondern mindestens zwei, deren Inhalt er geheimhielt und auch seinen
Anhängern verschwieg. Er studierte sorgfältig beide Evan-

gelien, verwendete aber bei der Entwicklung seines Bildes von Jeshu als Jesus Christus nur eines davon. In seinen letzten Lebensjahren, die er im Gefängnis verbrachte und auf seine Hinrichtung wartete, bat er um diese Bücher, diese »Pergamente« – vielleicht um sie zu vernichten. Paulus starb jedoch oder wurde hingerichtet, noch bevor er diese geheimen Bücher erhielt, die zumindest noch so lange existierten, um von den Autoren der Evangelien benutzt zu werden. Lukas verwendete das Buch, in dem von dem Nazarener-Propheten Issa die Rede war, was heutige Wissenschaftler als die L-Quelle bezeichnen – eine aramäische, wie allgemein angenommen worden ist. Johannes verwendete diese Quelle ebenso, aber auf eine andere Weise. Heute besteht weitgehende Übereinstimmung darin, daß auch dieses Evangelium eine aramäische Vorlage (den Prototyp) hatte – vermutlich die L-Quelle von Lukas.

Man kann annehmen, daß das *kalimah* und *Aḥmad* des Korans Anleihen bei Johannes sind, statt vorauszusetzen, daß *logos* und *parakletos* bei Johannes Anleihen bei dem verschollenen aramäischen Evangelium sind, von dem es im Koran heißt, es sei das authentische *Injil*. Im Fall von Lukas jedoch ist eine solche Argumentation nicht haltbar. Wie wir bereits gesehen haben, war Lukas die levitische Abstammung Marias bekannt; gleichwohl unternahm er den (wenn auch mißlungenen) Versuch, die Fakten zu unterdrücken. Wäre die Darstellung des Korans von Issas Geburt eine Anleihe bei Lukas gewesen, hätten wir keinerlei Hinweise auf Marias Abstammung gefunden. Dem sollte man noch die Tatsache hinzufügen, daß der Koran Marias Sohn Issa nennt und nicht Jeshu sowie den Sohn des Zacharias als Yahya und nicht Johannes (aramäisch *Yuḥanan,* in christlichem Arabisch *Yuḥanna*)*, ohne irgendwie anzudeuten, daß Yahya die rituelle Taufe praktizierte.

Der »Jesus« der kanonischen Evangelien – gewiß der von Lukas und Johannes – ist also nicht eine Person, sondern eine Verschmelzung von zwei historischen Gestalten: Eine von ihnen ist Jeshu, der seine Abstammung auf David zurückführt und unter Pilatus in Jerusalem gekreuzigt wurde; der andere ist Issa, eine israelitische religiöse Gestalt, ein Mann, der vermutlich nicht lange nach Esra in Arabien tätig war – das heißt im späten fünften oder frühen vierten Jahrhundert vor Christus. Den Schlüssel zu dieser Erkenntnis liefert der Koran, der diesen Issa als den wahren »Jesus« des einen und einzig echten *Injil* präsentiert und darauf beharrt, daß der »Jesus«, der am Kreuz starb, ein anderer war. Erfolgte die Verschmelzung von Jeshu mit Issa, wie sie die Autoren der Evangelien vorgenommen haben, in gutem Glauben und in Unkenntnis der Tatsachen oder in vollem Wissen um die Wahrheit, in bewußter Täuschungsabsicht?

---

* Die Namen *Yaḥya* und *Yuḥanan* entstammen zwei verschiedenen Wurzeln: der erste Name dem aramäischen *ḥya,* was »Leben« bedeutet, der zweite ist auch *ḥnan* abgeleitet, »gnädig sein, Mitgefühl haben«. Die christlich-arabische Überlieferung in der islamischen Zeit hat die beiden Namen jedoch weiterhin verwechselt.

6 | Was wußte Johannes?

Wir haben folgendes erfahren: Als Lukas und Johannes ihre Evangelien zu schreiben begannen, breitete sich das Christentum bereits in verschiedenen Teilen der römischen Welt aus, wobei es die nazarenischen Lehren der Jerusalemer Apostel mit den komplizierteren Lehren des Paulus vermischte. Ursprünglich waren die Nazarener Anhänger des Issa – eines arabisch-israelitischen Propheten, der im Rahmen des strengen israelitischen Monotheismus eine liberale Interpretation der Thora, des mosaischen Gesetzes, gepredigt hatte. Der Jeshu der griechischen Evangelien hätte durchaus der Anführer eines religiösen Nazarenertums sein können, da er eine eher religiös als politisch orientierte Person war. Tatsächlich findet sich in einem Evangelium (Matthäus, Kap. 2, Vers 23) ein Hinweis darauf, daß er ein Nazarener war *(Nazaraios)*.

Es steht fest, daß die Jünger nach Jeshus Tod in Jerusalem eine esoterische Gleichsetzung seiner Person mit der des Issa propagierten – des ursprünglichen Propheten, auf dessen Lehren der nazarenische *hodos* oder Weg beruhte. Allein die Tatsache, daß sie sich der »Weg« nannten, legt die Vermutung nahe, daß sie als eine Bruderschaft organisiert waren, die einen mystischen Kult praktizierte, und keine regulären Anhänger eines prophetischen Kanons waren.

Um bei der Verbreitung ihrer esoterischen Lehren über ihren Jeshu Erfolg zu haben, mußten sich die Anführer des

nazarenischen Wegs über geschichtliche Tatsachen hinweg-
setzen. Aus diesem Grund verschwiegen sie die historisch
belegte Existenz des Issa, des Gründers der nazarenischen
Urgemeinde in Arabien. Paulus kam bei seinem Besuch in
Arabien diesem Geheimnis jedoch auf die Spur und erwarb
ein Exemplar des nazarenischen Urevangeliums – des aramäischen Evangeliums, das zu Zeiten Mohammeds noch
von dem Nazarener Waraqah Ibn Nawfal gelesen und verwendet wurde. Nachdem Paulus dieses Evangelium gelesen
hatte, beschloß er, diesen Text künftig außer Betracht zu
lassen. Statt dessen entwickelte er seine persönliche Vision
von Jeshu als dem ewigen Christus Jesus. Die Anhänger des
nazarenischen Wegs widersetzten sich seiner komplizierten
Lehre nicht weniger als siebzehn Jahre lang. Allerdings
erkannten die Jerusalemer Apostel schließlich an, daß eine
Versöhnung ihrer einfacheren Lehre mit der Paulus' möglich sei. So lesen wir in einem Brief, der einem ihrer Anführer zugeschrieben wird (zweiter Petrus-Brief, Kap. 3, Verse
14–16):

> »Darum, meine Lieben, während ihr darauf wartet,
> seid bemüht, daß ihr vor ihm unbefleckt und untade-
> lig im Frieden befunden werdet, und die Geduld
> unseres Herrn erachtet für eure Rettung, wie auch
> unser lieber Bruder Paulus nach der Weisheit, die
> ihm gegeben ist, euch geschrieben hat. Davon redet
> er in allen Briefen, in denen einige Dinge schwer zu
> verstehen sind, welche die Unwissenden und Leicht-
> fertigen verdrehen, wie auch die andern Schriften, zu
> ihrer eigenen Verdammnis.«

Diese Zeilen machen deutlich, daß die Lehre des Paulus,
obwohl mit großer Überzeugung und mit den besten Ab-

sichten verbreitet, unter den frühen Anhängern des christlichen Glaubens für erhebliche Verwirrung sorgte. Diese Verwirrung wird auch in der Apostelgeschichte bezeugt, ebenso in den Schriften von Paulus selbst; zum Beispiel, wenn er sagt (erster Korinther-Brief, Kap. 1, Verse 12–13):

>Ich meine aber dies, daß unter euch der eine sagt: Ich gehöre zu Paulus, der andere: Ich zu Apollos, der dritte: Ich zu Kephas, der vierte: Ich zu Christus. Wie? Ist Christus etwa zerteilt? Ist denn Paulus für euch gekreuzigt? Oder seid ihr auf den Namen des Paulus getauft?«

Nach dem Tod des Paulus wollten die Christen die Einheit wiederherstellen; und es hat den Anschein, als hätten die Autoren der vier kanonischen Evangelien genau das vorgehabt, als sie ihre Berichte über die irdische Mission des Christus Jesus konstruierten, die verschiedene Ansichten über seine historische und metaphysische Identität miteinander versöhnen sollten. Lukas unternahm einen solchen Versuch und Johannes ebenfalls. Beide hatten Zugang zu dem Nazarener-Evangelium des Paulus, das sie als Quelle benutzten.

Lukas und Johannes lasen das Nazarener-Evangelium in der aramäischen Ursprache und machten sich mit dessen Inhalt vertraut. Lukas hatte eine besondere Vorliebe für gute Geschichten, die er für seine Zwecke auswählte. Er schrieb in schlichter Sprache und war vor allem darum bemüht, eine lesbare und informative Erzählung zustande zu bringen. Er war jedoch beim Umgang mit den Textquellen unkritisch und kopierte sie häufig, ohne sie zu vergleichen, Wort für Wort. So hat er beispielsweise in der Apostelgeschichte, die er als eine Fortsetzung seines Evangeliums schrieb, die Lebensgeschichte des Paulus nach verschiedenen Überlieferungen und Texten wiedergegeben. Dabei reiht er Episode an Episode, unternimmt aber kaum etwas, um die Textübergänge der verschiedenen Teile anzugleichen.

Johannes arbeitete anders als Lukas. Als er in dem Nazarener-Evangelium von Issa las, mußte er erkannt haben, daß dies nicht Jeshu sein konnte. Seit den Tagen der Nazarener Apostel hatte man die Christen jedoch gelehrt, daß der Christus Jesus ihres Glaubens niemand anderer sei als der »Sohn Marias« – das heißt dieselbe Person wie Issa. Man hatte sie auch dazu gebracht zu glauben – oder sie einfach in dem Glauben belassen –, daß ihr Christus Jesus in Palästina geboren war, nämlich in Nazareth oder in Bethlehem, und daß er sein ganzes Leben dort zugebracht hatte.

Johannes wollte die althergebrachten Glaubensvorstellungen seiner Mitchristen keinesfalls erschüttern. Im Gegenteil, er verstärkte diese Glaubensvorstellungen, indem er seinem Jeshu einige der auffälligeren Eigenschaften Issas gab und der Autorität des ursprünglichen Nazarener-Evangeliums folgte. Da ihm allerdings bewußt war, daß es in Wahrheit zwei »Jesusse« gab, bemühte sich Johannes, durch sorgsame Textbearbeitung zu verbergen, daß er diese als eine Person präsentierte.

So wußte Johannes beispielsweise, daß Maria die Mutter Issas war; ebenso war ihm bekannt, daß die Mutter Jeshus nicht Maria hieß, denn dies war der Name ihrer Schwester. Aus diesem Grund erwähnte er nie den Namen der Mutter, als er von den beiden Männern als einer Person sprach, obwohl er sie in seinem Evangelium nicht weniger als viermal erwähnte. Der überlieferte christliche Glauben an Maria als der Mutter des Christus Jesus konnte nicht beliebig manipuliert werden. So tat Johannes das, was unter den gegebenen Umständen am besten war: Er ließ einfach ihren Namen weg.

Allerdings war Johannes nicht weniger als Paulus entschlossen, seinen Jeshu als eine historische Person zu präsentieren, die mehr war als ein gewöhnlicher Mensch. Johannes entnahm die Vorstellung vom *kalimah* dem Nazarener-Evangelium Issas und gab diesen Begriff auf griechisch als *logos* oder »Wort« wieder. So stellte er den Grundgedanken, Jeshu betreffend, wie folgt dar (Johannes-Evangelium, Kap. 1, Verse 1–14):

> »Im Anfang war das Wort, und das Wort war bei Gott, und Gott war das Wort. Dasselbe war im Anfang bei Gott. Alle Dinge sind durch dasselbe gemacht, und ohne dasselbe ist nichts gemacht, was gemacht ist. In ihm war das Leben, und das Leben war das Licht der Menschen. Und das Licht scheint in der Finsternis, und die Finsternis hat's nicht ergriffen. . . . Er war in der Welt, und die Welt ist durch ihn gemacht; aber die Welt erkannte ihn nicht. . . . Und das Wort ward Fleisch und wohnte unter uns, und wir sahen seine Herrlichkeit, eine Herrlichkeit als des eingeborenen Sohnes vom Vater, voller Gnade und Wahrheit.«

In dem ursprünglichen Nazarener-Evangelium wurde ein *klmh* geschriebener Begriff (im Arabischen als *kalimah* gesprochen, wie es im Koran steht) anscheinend in Verbindung mit Issa verwendet, um dessen Status als wahrer Prophet zu unterstreichen, dem das »Wort« Gottes anvertraut sei. Für Johannes schloß derselbe Begriff jedoch, den er mit dem griechischen Wort *logos* wiedergab, einen weit komplizierteren Gedanken ein. Einige Jahrhunderte zuvor hatte die griechische Philosophenschule der Stoiker diesen Begriff verwendet, um damit die immanente Vernunft zu bezeichnen. Der jüdische Theologe und hellenistische Philosoph Philo (Philo Judäus oder auch Philo von Alexandria genannt, etwa 20 v. Chr. bis etwa 50 n. Chr.) übernahm diesen Sprachgebrauch von den Stoikern und entwickelte ihn auf eine Weise weiter, die seinen semitischen religiösen Hintergrund widerspiegelt. Für ihn wurde der *logos* der Gedanke aller Gedanken, der eingeborene Sohn Gottes, das Ebenbild Gottes, nur ihm unterworfen. Es ist fraglich, inwieweit Johannes mit dem Werk Philos vertraut war, der ein Zeitgenosse Jeshus und dessen Apostel war. Johannes entlieh den Begriff *logos* jedoch nicht direkt den Schriften Philos. Er entnahm ihn vielmehr dem Evangelium der Nazarener. Johannes setzte den Begriff *logos* mehr oder weniger wie Philo ein, indem er ihn als Ausdruck des Wesenskerns Jesu als dem göttlichen Christus definierte. Er hatte offenbar die Absicht, die Theorie des Paulus von Jeshu als dem ewigen Christus weiterzuentwickeln.

Mit dem »Jesus«, der Jeshu war, verhielt es sich anders. Den drei synoptischen griechischen Evangelien zufolge begann Jeshu seine aktive Missionstätigkeit in Galiläa. Dort lehnte man seine Lehren allerdings ab, worüber er sich beklagte, »ein Prophet« gelte nirgends weniger als in seinem Vaterland und in seinem Hause (Matthäus-Evangelium, Kap. 13, Vers 57; Markus, Kap. 6, Vers 4, Lukas, Kap. 4, Vers 24). Einige Zeit später soll Jeshu Galiläa verlassen haben, um seine Missionsarbeit in Judäa fortzusetzen (Matthäus-Evangelium, Kap. 19, Vers 1; Markus, Kap. 10, Vers 1; Lukas, Kap. 23, Vers 5). Alle vier Evangelien stimmen darin überein, daß sein triumphaler Einzug in das palästinische Jerusalem – das Ereignis, das Christen als Palmsonntag feiern – erst vier oder fünf Tage vor seiner Festnahme, dem Prozeß und seiner Hinrichtung stattfand.

Über die Wanderungen Jeshus sagt Johannes etwas völlig anderes. Seinem Evangelium zufolge begann die Prediger- laufbahn des »Jesus, Josefs Sohn, aus Nazareth« (Kap. 1, Vers 45), als er beschloß, »nach Galiläa« zu »gehen« (grie- chisch *exerchomnai*, Kap. 1, Vers 43), vermutlich von einem Ort »jenseits des Jordans« (Kap. 1, Vers 28), wo Johannes der Täufer »gesehen und bezeugt hatte«, daß er Gottes Sohn sei (Kap. 1, Vers 34). Wäre Jeshu tatsächlich aus dem gali- läischen Nazareth in Palästina gekommen, hätte er sich von dort aus nach Osten über den Jordan begeben müssen, um das Land »jenseits des Jordans« zu erreichen. Nach der Ankunft dort hätte er in sein heimisches Galiläa »zurück- kehren« oder »wiederkommen« müssen, statt dorthin »zu gehen«. Wie auch immer: Johannes zufolge vollbrachte Jeshu sein erstes Wunder (Kap. 2, Vers 11) drei Tage nach der Ankunft in Galiläa (Kap. 2, Vers 1).

Nicht viele Tage später jedoch (Kap. 2, Vers 12) soll Jeshu Galiläa verlassen und nach Jerusalem »hinaufgezogen« (griechisch *anabaino*) sein (Kap. 2, Vers 13). Dort habe man ihn zum ersten Mal predigen hören. Von dort »kam« er (griechisch *erchomai*) in das Land Judäa (Kap. 3, Vers 22), wo er mit seinen Jüngern blieb, und taufte wie Johannes der Täufer. Dies geschah zum großen Verdruß der Jünger des Täufers, der es jedoch mit Nachsicht betrachtete (Kap. 3, Verse 22–36). Danach »verließ er« Judäa und »ging wieder« nach Galiläa (griechisch *apelthe palin*, Kap. 4, Vers 3). Unterwegs machte er Station in einer Stadt namens *Sychar* in Samaria (griechisch *sichar*, Kap. 4, Vers 5), wo er lange mit einer Samaritanerin sprach (Kap. 4, Verse 4–43). An dieser Stelle zitiert Johannes Jeshu, der das Schicksal eines Propheten beklagt (Kap. 4, Vers 44; siehe unten).

Im folgenden nun einige Beobachtungen zu den Wanderungen Jeshus nach seinem kurzen Aufenthalt in Galiläa, wie sie im Johannes-Evangelium beschrieben werden:

1. Judäa war die Provinz des römischen Palästina, in der sich die Stadt Jerusalem befand. Hätte Jeshu in diesem Jerusalem zu predigen begonnen, hätte er seine Missionstätigkeit in Judäa beginnen müssen. Vom palästinischen Jerusalem aus hätte Jeshu nicht nach Judäa »kommen« können, sondern er hätte sich von dort aus vernünftigerweise nur in andere Teile der Provinz »begeben« können. Das von Johannes verwendete griechische Verb *erchomai* kann jedoch eine Bewegung in beide Richtungen bezeichnen.

2. Falls Jeshu sich nach Jerusalem »hinaufbegab«, statt einfach »ging«, um dort zu predigen, muß er sich von einem Ort in der Nähe aus dorthin begeben haben, gleichgültig, ob das fragliche Jerusalem nun das palästinische oder das arabische *Uri Shalim* (siehe Kap. 4) war. Das hier verwendete Verb *anabaino* deutet jedoch eher eine relative Höhenlage als eine nennenswerte Entfernung zwischen Aufbruchs- und Zielort an.

3. Wenn Jeshu aus dem palästinischen Galiläa stammte, wäre er in seine Heimat »zurückgekehrt«, statt »wieder dorthin zu gehen«.

4. Um von dem palästinischen Judäa zum palästinischen Galiläa zu gelangen, hätte Jeshu mit Sicherheit durch Samaria kommen müssen. Einige Forscher glaubten, die Stadt Sychar in Samaria sei das heutige Dorf 'Askar *('skr)* in der Nähe des heutigen Nablus. Wäre dies der Fall gewesen, hätte der Name des Orts ins Griechische als *Aschar* oder vielleicht *Askar*

transkribiert werden müssen, nicht in *Sichar:* der stimmhafte Rachenreiblaut, mit dem der Ortsname 'Askar beginnt, ist zu wichtig, um bei einer Transkription weggelassen zu werden. Überdies dient das *iota* in *Sichar* in dem Wort *'Askar* nicht als Vokal. Es ist zudem eine einfache Tatsache, daß für das palästinische Samaria kein Ortsname Sychar historisch belegt ist.

5. Johannes sagt deutlich, was Jeshu dazu brachte, nach Galiläa zu gehen: die Mißachtung, die ihm als Propheten in einer Heimat entgegengebracht wurde, die entweder Judäa oder Samaria war. In Galiläa wurde Jeshu Johannes zufolge gut aufgenommen – nachdem er Judäa »verlassen« hatte, um dorthin aufzubrechen.

Neben diesen Gesichtspunkten sollten noch zwei weitere Überlegungen festgehalten werden:

Erstens: Die griechischen Evangelien sprechen an keiner Stelle von Jeshu als bloßem »Propheten«; sie erklären einfach, man habe ihn manchmal irrtümlich für einen gehalten (Matthäus-Evangelium, Kap. 16, Vers 14; Kap. 21, Vers 11; Markus, Kap. 6, Vers 15; Kap. 8, Vers 28; Lukas, Kap. 7, Vers 39, Kap. 9, Verse 8, 19; Johannes, Kap. 1, Verse 21, 25; Kap. 4, Vers 19; Kap. 6, Vers 14; Kap. 7, Verse 40, 52; Kap. 9, Vers 17). Abgesehen von einer weiteren Gelegenheit, die nur von Lukas erwähnt wird (Kap. 13, Vers 33), bezeichnet nur Jeshu selbst sich als einen »Propheten«, nämlich an der Stelle, wo er mit der Äußerung zitiert wird, ein Prophet gelte nichts in seinem Vaterland und in seinem Hause. Dem Koran nach zu urteilen (19. Sure, Vers 31) war der Issa des Nazarener-Evangeliums hingegen trotz seiner besonderen Eigenschaften ein Prophet und nichts anderes.

Zweitens: Der islamische Gelehrte Bukhari, der im neunten Jahrhundert nach Christus schrieb und frühe Autoritäten zitierte, berichtet von einem Besuch Mohammeds bei Waraqah Ibn Nawfal, der fest an das Nazarener-Evangelium glaubte (siehe Kap. 5), folgendes: Dieser gelehrte christliche Priester und Wissenschaftler sei höchst beeindruckt von dem gewesen, was Mohammed ihm über seine Offenbarungen erzählte, und habe den Wunsch ausgedrückt, lange genug zu leben, um zu erleben, wie Mohammed von seinem eigenen Volk verfolgt und verstoßen werde. Mohammed hätten diese Worte sehr verblüfft, und so habe Waraqah, fährt Bukhari fort, ihm erklärt, daß dies meist das Schicksal wahrer Propheten sei. Dies scheint mir ein Hinweis darauf zu sein, daß die von den griechischen Evangelien Jeshu zugeschriebene Äußerung über die mangelnde Geltung eines »Propheten« in seinem Vaterland ursprünglich Issa in Waraqahs aramäischem Evangelium zugeschrieben worden ist. Johannes scheint davon gewußt zu haben. Während die drei synoptischen Evangelien Jeshu so zitieren, daß er diesen Satz bei einer bestimmten Gelegenheit sagt, bleibt Johannes eher vage (Kap. 4, Verse 43–45):

> »Aber nach zwei Tagen ging er von dort (von Sychar in Samaria) weiter nach Galiläa. Denn er selber, Jesus, *bezeugte,* daß ein Prophet daheim nichts gilt. Als er nun nach Galiläa kam, nahmen ihn die Galiläer auf . . .«

An einer früheren Stelle unserer Untersuchung ist die Vermutung geäußert worden, Jeshu und seine Jünger könnten ursprünglich von Arabien nach Palästina gekommen sein. Dies war eine Erklärung dafür, weshalb sich Paulus unmittelbar nach seiner Bekehrung entschloß, von Damaskus aus nach Arabien statt nach Jerusalem zu gehen (siehe Kap. 2). Dies bedeutet, daß der Jeshu des Neuen Testaments vielleicht nicht weniger arabischer Herkunft war als der Issa des Nazarener-Evangeliums. In diesem Fall wäre sein heimisches Galiläa nicht das gleichnamige Gebiet (arabisch *Jalil*) in Palästina gewesen, sondern ein anderes Galiläa in Arabien: das Tal, das heute Wadi Jalil heißt, in der Taif-Region des Hijaz liegt und den gleichen Namen trägt. Die Bewohner des Tals werden bis zum heutigen Tag die Nasirah genannt (geschrieben *nṣrt*), was exakt der Name der Stadt Nazareth (arabisch *Naṣirah*, ebenfalls *Nṣrt* geschrieben) im palästinischen Galiläa ist. Dies könnte natürlich reiner Zufall sein; die mögliche historische Bedeutung dieser Tatsache sollte jedoch nicht von vornherein ausgeschlossen werden.

Angesichts der Häufigkeit geschichtlich bewiesener Wanderungsbewegungen vom westlichen Arabien nach Palästina und anderen Teilen Syriens zwischen dem dritten und siebten Jahrhundert nach Christus, kann durchaus vermutet werden, daß die Namen Galiläa und Nazareth durch Völkerwanderungen einer früheren Zeit ins nördliche Palästina gebracht worden sind. So ist beispielsweise bekannt, daß die nördlichen Bereiche Galiläas (die heute im südlichen Libanon liegen) später Jabal ʾAmilah (so der heutige Name) genannt wurden, und zwar nach dem arabischen Stamm ʾAmilah, der sich zwischen dem vierten und sechsten Jahrhundert nach Christus hier ansiedelte. Um etwa die gleiche Zeit gab eine in der Nähe von Jabal ʾAmilah gelegene Siedlung des arabischen al-Taym-Stamms dem heutigen Wadi al-Taym den Namen; während eine Siedlung des arabischen al-Thaʾalibah-Stamms ein wenig weiter nördlich dem heutigen Dorf Thaʾalabaya den Namen gab (aramäische Form des arabischen *al-Thaʾalibah,* »die Füchse«). Ebenso haben in dieser Periode arabische Einwanderer des Bahraʾ-Stamms, die sich im nördlichen Syrien ansiedelten, Jabal Bahra' den Namen gegeben – den heutigen »Alawit-Bergen« im Hinterland der Hafenstadt Latakia. Das Tal des Beirut-Flusses heißt immer noch Wadi al-Ja'mani nach einer arabischen Ansiedlung, die sich nicht genau datieren läßt. Man könnte diese Aufzählung endlos weiterführen. Warum sollte es bei Galiläa und Nazareth in Palästina nicht genauso gewesen sein?

Kennern des Neuen Testaments ist aufgefallen, daß die historische Existenz von Nazareth als Stadt im palästinischen Galiläa für die Zeit, in der Jeshu lebte, wenig bewiesen ist. Die frühest mögliche Erwähnung seines Namens, die sich auf bekannte archäologische Unterlagen stützen kann, stammt aus dem dritten Jahrhundert nach Christus. Noch auffälliger ist jedoch, daß die wichtigsten Städte des palästinischen Galiläa in der frühen Römerzeit in den Evangelien überhaupt nicht erwähnt werden. Dies ist ebenfalls vielen Forschern aufgefallen. Am bemerkenswertesten ist es im Fall von Sepphoris, einer Stadt, die in unmittelbarer Nähe Nazareths lag. Überdies hat man einige der galiläischen Orte, die in den Evangelien im Zusammenhang mit der frühen Missionstätigkeit Jesu erwähnt werden, anhand ihrer Namen im palästinischen Galiläa nicht zufriedenstellend lokalisieren können. Einige dieser Namen existieren jedoch bis zum heutigen Tage im Hijaz, wo das rätselhafte Bethsaida mit seinem zusammengesetzten Namen (semitisch *byt ṣyd,* was »Haus« oder »Tempel« von *ṣyd* bedeutet) vielleicht das heutige Dorf Sayadah sein könnte (geschrieben *ṣyd*), das etwa hundertfünfzehn Kilometer südlich von Taif liegt, in der Gegend von Wadi Jalil. In zwei Fällen, in denen Matthäus (Kap. 11, Vers 21) und Lukas (Kap. 10, Vers 13) von diesem Bethsaida sprechen, bringen sie es mit einem weiteren Ort namens Chorazin in Verbindung (semitisch *qrzn*), der sich im palästinischen Galiläa ebenfalls nicht lokalisieren ließ. Nicht weit von dem möglichen arabischen Bethsaida, dem Sayadah des Hijaz, steht das Dorf, das heute Qurazimah heißt *(qrzm)*. Der Name dieses Orts lautet »Chorazin«, wenn man davon absieht, daß der letzte Konsonant *m* ist und nicht *n*. Für die Nichtlinguisten sei gesagt, daß die Endung *m* oder *n* in den semitischen Sprachen normalerweise den männlichen Plural bezeichnen und zwischen Sprachen oder Dialekten austauschbar sind.*

Über die geographische Zuordnung der griechischen Evangelien und die hohe Wahrscheinlichkeit, daß etliche Ortsnamen eher arabisch als palästinisch sind, wird später noch einiges zu sagen sein. Im Augenblick sollte der Leser nur im Gedächtnis behalten, daß der Jesus, der in Wahrheit Jeshu war, nach dem Zeugnis der synoptischen Evangelien zunächst in einer Region namens Galiläa, seiner angeblichen Heimat, zu predigen begann. Johannes wußte davon; gleichzeitig wollte er diesen Jeshu mit dem Issa des Nazarener-Evangeliums gleichsetzen, der aus dem arabischen Jerusalem stammte, der früheren Hauptstadt des biblischen Reiches Juda.

Dieses Reich Juda wurde zu seiner Zeit nach dem israelitischen Stamm Juda benannt – dem Stamm, dem seine Herrscher angehörten, die Angehörigen des Hauses David. Im biblischen Hebräisch ist das Wort für »Juden« *(yhwdym)* direkt von Juda *(yhwdh)* als einem Territorial- und Stammesnamen abgeleitet. Im hellenistischen Palästina trug das Territorium Judäa einen Namen (griechisch *Ioudaia*), der

---

* Der Hauptbestandteil des Namens Chorazin oder Qurazimah *(qrz)* ist höchstwahrscheinlich eine Dialektvariante des aramäischen *karoz*, was »Prediger« bedeutet (von der Wurzel *krz* abgeleitet, »predigen«). Demzufolge würde der Name des Orts in jeder der beiden Pluralformen »Prediger« bedeuten.

»das Land der Juden« bezeichnete (griechisch *Ioudaioi*), aber nicht »Juda« meinte (das im Griechisch des Neuen Testaments anderslautend als *Iouda* belegt wird: Matthäus-Evangelium, Kap. 2, Verse 6a, 6b; Lukas, Kap. 1, Vers 39; Hebräer-Brief, Kap. 7, Vers 14; Offenbarung, Kap. 5, Vers 5; Kap. 7, Vers 5). Wäre das alttestamentliche Juda das gleiche Territorium gewesen wie die römische Provinz Judäa in Palästina, wäre es sinnlos gewesen, den Namen auf griechisch anders zu schreiben.

Johannes wußte oder hatte zumindest eine Ahnung davon, daß der Issa seiner aramäischen Quelle aus Arabien stammte und nicht aus Palästina. Mehr noch: Er wußte genau, daß Jeshu ursprünglich von Arabien nach Palästina gekommen war, denn seine heimischen Orte Nazareth und Galiläa lagen in Arabien. Um die Daten des Lebenswegs von Issa mit denen Jeshus in Einklang zu bringen, tat er in der Niederschrift seines Evangeliums folgendes:

Erstens verwandelte er das arabische Juda des Nazarener-Evangeliums in das palästinische Judäa, indem er das Territorium einfach *Ioudaia* statt *Iouda* nannte. Als dies getan war, wurde das arabische Jerusalem Issas automatisch mit dem Jerusalem Judäas gleichgesetzt, in dem Jeshu und nicht Issa die letzten Tage seines Lebens verbrachte und am Kreuz den Tod fand.

Zweitens etablierte er durch die Erklärung, sein »Jesus« stamme »aus Nazareth« und sei »Josefs Sohn«, die Tatsache, daß dieser »Jesus« niemand anderer war als der Jeshu, der aus Galiläa stammte und nicht aus dem Jerusalem des arabischen Reiches Juda.

Drittens erklärte Johannes nicht ausdrücklich, sein »Jesus« sei im arabischen oder palästinischen Galiläa geboren; es findet sich aber ein diskreter Hinweis, wenn er schreibt, dieser Jesus habe das Land östlich des Jordans »verlassen«, um ins palästinische Galiläa zu gelangen. Wenn jemand von Wadi Jalil im Hijaz aufbrach (dem arabischen Galiläa des »Nazareth«-Stamms), und so vom Westen Arabiens nach Syrien gelangte, kam er zunächst in Transjordanien an, um von dort aus den Jordan »zu überqueren« und das palästinische Galiläa zu erreichen.

Viertens ließ Johannes seinen »Jesus«, Jeshu, seine Predigertätigkeit in Jerusalem, Judäa und Samaria beginnen, und nicht in Galiläa. Das ist ein Teil des Versuchs, die Gleichsetzung seiner Person mit der Issas zu beweisen, der tatsächlich dort mit seiner Mission begann.

Fünftens ließ Johannes Jeshu sein erstes Wunder in »Galiläa« vollbringen und danach in Jerusalem, Judäa und Samaria, um wieder nach »Galiläa« »aufzubrechen«, um die galiläische Identität Jeshus als Tatsache zu bestätigen, ohne darauf hinzuweisen, daß dessen Galiläa in Wahrheit in Arabien lag und nicht in Palästina. Hier könnte mit dem ersten »Galiläa« das arabische Wadi Jalil gemeint sein, während das zweite das palästinische Galiläa sein muß. In der Kunst der Doppeldeutigkeit schien Johannes ein wahrer Meister gewesen zu sein.

Johannes verrät sich an der Stelle, an der er Jeshu mit der Äußerung zitiert, ein Prophet gelte nichts in seinem Vaterland. Jeshu äußert dies, *bevor* er Judäa und Samaria verläßt, um nach Galiläa aufzubrechen. So hatte Johannes in seinem Bericht über die erste Missionszeit seines aus zwei Personen zusammengesetzten »Jesus« den einen Fehler gemacht, ihm zwei Heimatgegenden zuzuweisen. An allen anderen Stellen seines Berichts hat er sein Quellenmaterial mit äußerster Sorgfalt redigiert und bearbeitet.

7 | Von Arabien nach Palästina

Um den Lebensweg Jeshus in einen angemessenen geschichtlichen Zusammenhang zu stellen, muß man einige
wichtige Fakten in Erinnerung behalten. Fast zwei Jahrhunderte, bevor dieser Jeshu Arabien verließ, war im zentralen
Palästina unter dem dort ansässigen Priestergeschlecht der
Hasmonäer ein jüdisches Reich gegründet worden, das später durch Eroberung Galiläa im Norden und Idumäa im
Süden einschloß. In diesen beiden eroberten Regionen
wurde den ansässigen aramäisch-arabischen Bewohnern der
Judaismus mit Gewalt aufgezwungen. Nachdem die Römer
ins Land gekommen waren, geriet das von den Hasmonäern
gegründete palästinisch-jüdische Reich unter die Herrschaft
eines Juden idumäischer Herkunft, Herodes des Großen,
der von den Römern anerkannt wurde (37 v. Chr. bis 4 n.
Chr.). Seine Nachkommen, die sogenannten Herodianer,
herrschten nach seinem Tod weiterhin über die Randgebiete
Palästinas. Die Zentralregion Judäa jedoch (»Land der Juden«) wurde direkter römischer Herrschaft unterstellt. Als
Jeshu in Galiläa ankam, war der Tetrarch (wörtlich »Herrscher eines vierten Teils«) dieser Region ein Sohn Herodes'
des Großen namens Herodes Antipas, während der römische Statthalter Judäas Pontius Pilatus war. Diese Informationen über das hellenistische und das römische Palästina
läßt sich unter anderem den beiden Büchern der Makkabäer
entnehmen.

Um es uns leichter zu machen, sollten wir hier davon ausgehen, daß Jeshu nicht in Palästina geboren ist, sondern aus Arabien kam, genauer aus dem Hijaz. Für das Gegenteil gibt es jedenfalls keinerlei Beweise. Dieser Jeshu wurde zu seiner Zeit »der Zimmermann« oder »der Sohn des Zimmermanns« genannt – womit nicht unbedingt sein Beruf oder der seines Vaters Josef gemeint sein muß, sondern was lediglich der Familienname gewesen sein konnte.

Während Familiennamen manchmal auf Berufe der Vorväter hinweisen wie etwa die englischen Namen »Smith« oder »Weaver«, deuten andere auf einen Herkunftsort hin, wie etwa das englische »Fleming« erkennen läßt, daß vor langer Zeit ein Flame aus Flandern nach England ausgewandert ist. Es wird also der Ort genannt, aus dem die Familie stammt, und nicht der, in dem sie lebt. So muß der Familienname des palästinischen Jesus Nagara oder Bar Nagara nicht unbedingt ein Hinweis auf einen in der Familie früher ausgeübten Beruf sein. Im Hijaz, nicht weit von der Region Taif entfernt, gibt es mindestens zwei noch heute existierende Dörfer namens Nijar. Daneben gibt es noch eines namens Najr, das in dieser Gegend historisch belegt ist, aber nicht mehr existiert. Die Namen aller sind schriftlich gleichlautend *ngr* (identisch mit dem geschriebenen aramäischen *ngr,* das *nagar* ausgesprochen wird und »Zimmermann« bedeutet). Angesichts der sowohl geschichtlichen wie aktuellen Existenz von mindestens fünf Orten namens *ngr* in dieser Region ist es wahrscheinlicher, daß der Vorfahr, von dem der Familienname stammt, aus einem solchen Ort kam.

Um dieses Argument noch zu betonen, sollte darauf hingewiesen werden, daß die einzigen Stellen in den griechischen Evangelien, an denen Jesus »der Zimmermann« (Markus-Evangelium, Kap. 6, Vers 3) oder »Sohn des Zimmermanns« (Matthäus, Kap. 13, Vers 55) genannt wird, direkte Zitate sind. Dies bedeutet, daß diese beiden Hinweise aus einer Quelle oder Überlieferung stammen, die aramäischer Herkunft sein muß und später ins Griechische übersetzt worden ist.

In diesem Zusammenhang noch eine weitere Bemerkung. Wenn der Familienname eines Jeshu, der aus dem Hijaz stammte, tatsächlich das aramäische *Bar Nagara* war, und wenn all die ursprünglichen Überlieferungen über ihn aramäisch waren (was erwiesenermaßen der Fall ist), dann muß die aramäische Sprache zu seiner Zeit nicht nur in Palästina gesprochen worden sein (was bekannt ist), sondern auch im Hijaz und in anderen Bereichen des westlichen Arabiens. Dazu gibt es in der erhalten gebliebenen Literatur zahlreiche Belege (wie bereits aufgeführt).

Wenden wir uns jedoch wieder der Frage von Familiennamen und Herkunfts- oder Wohnorten zu. Alle vier Evangelien sprechen von zwei früheren Jüngern Jeshus, den Brüdern Johannes und Jakobus, welche »die Söhne des Zebedäus« genannt werden (griechisch *Zebedaios*). Im Aramäischen hätte dies vermutlich *Bnay Zbida* geheißen, was entweder bedeutet hätte, daß die beiden Brüder die Söhne eines Mannes namens Zbida waren oder daß Zbida ihr Geburtsort oder die Stadt oder das Dorf ihrer Vorväter war. Johannes spricht von diesen »Söhnen des Zebedäus«, ohne ihre Namen zu nennen (Kap. 21, Vers 2); Lukas nennt sie nur bei der ersten Erwähnung »die Söhne des Zebedäus« (Kap. 5, Vers 10); danach äußern sich weder Lukas noch Johannes noch einmal zu diesen beiden Männern. Markus (Kap. 1, Vers 20) und Matthäus (Kap. 4, Vers 21; Kap. 10, Vers 2; Kap. 26, Vers 37) hingegen glaubten, Zebedäus sei ihr Vater gewesen; Matthäus nennt ihre Mutter »die Mutter der Söhne des Zebedäus« (Kap. 20, Vers 20; Kap. 27, Vers

26, was in der arabischen Stammesgesellschaft immer noch als höflicher Hinweis auf die Ehefrau eines Mannes gilt).

Markus hatte jedoch erfahren, daß die beiden Brüder in Wahrheit den Familiennamen *Boanerges* trugen (eine griechische Transkription von *Bnay Rgas*). Falls Markus das Aramäische nicht beherrschte, was die meisten Kenner des Neuen Testaments bezweifeln, muß er von anderen erfahren haben, daß *Boanerges* wörtlich »Donnersöhne« bedeutet. Dies scheint ihn amüsiert zu haben, und er dachte, »Donnersöhne« sei ein Spitzname, den Jeshu ihnen kurz nach dem Kennenlernen gegeben habe (Kap. 3, Vers 17). Einige Wissenschaftler haben die Vermutung geäußert, Jeshu habe ihnen diesen Spitznamen gegeben, weil sie ein feuriges Temperament besessen hätten (vgl. Markus-Evangelium, Kap. 9, Vers 38; Lukas, Kap. 9, Vers 54). Markus zufolge lernte Jeshu Johannes und Jakobus kennen, als diese ihrem Vater, einem Fischer, beim Flicken seiner Netze halfen. Aufgrund dieser Information wurde allgemein vermutet, daß der Vater mit donnernder Stimme Anweisungen erteilte. Aus diesem Grund soll Jeshu sie scherzhaft »Donnersöhne« genannt haben, nachdem sie seine Jünger geworden waren.

Eine einfachere Erklärung wäre, daß die Jünger Johannes und Jakobus in Wahrheit *Bnay Rgas* hießen, entweder weil ihr Vater Rgas hieß, nicht Zebedäus, oder weil *Bnay Rgas* ihr Familienname war (im Singular Bar Rgas). Im Arabischen wird *rgas*, »Donner«, als *rajas* gesprochen; das übliche arabische Wort für »Donner« ist jedoch *Ra'd,* was in der gesamten modernen arabischen Welt als persönlicher und als Familienname belegt ist.

Da Lukas und Johannes, die mit den aramäischen Quellen der Evangelien besser vertraut waren als Markus und Matthäus, die Brüder Johannes und Jakobus jeweils nur einmal als die »Söhne des Zebedäus« bezeichnen, zudem ohne jeden Hinweis darauf, daß ihr Vater tatsächlich Zebedäus hieß, ist es denkbar, daß Zebedäus nicht der Name ihres Vaters war, sondern der ihrer Heimatstadt oder ihres Heimatdorfs. Ein solches Zebedäus (aramäische Form *Zbida*, geschrieben *zbyd'*) im Hijaz ist das heutige Dorf Zubaydah (geschrieben *zbydh*). Es liegt zweiunddreißig Kilometer südlich von Taif in derselben Region, in der sich auch Wadi Jalil sowie die Stammesdörfer Nasirah, Sayadah und Qurazimah befinden (siehe Kap. 6). Dieses Zusammentreffen von nicht weniger als fünf Ortsnamen kann unmöglich reiner Zufall sein, vor allem dann nicht, wenn man sich vor Augen führt, daß nur zwei dieser Namen – Galiläa und Nazareth – für Palästina nachgewiesen sind. Überdies haben noch weitere Orte namens *Nagara* oder »Zimmermann« im Hijaz existiert oder existieren noch heute.

In den griechischen Evangelien wird wiederholt behauptet, Jeshu habe zwölf Jünger gehabt. Der kenntnisreiche und belesene Johannes spricht von diesen »Zwölf«, ohne je ihre Namen zu nennen (Kap. 6, Verse 13, 67, 70, 71; Kap. 20, Vers 24). Markus gibt eine Liste mit sämtlichen Namen wieder (Kap. 3, Verse 16–19), und die gleiche Aufzählung wird mit geringfügigen Veränderungen in der Reihenfolge der Namen auch von Matthäus wiedergegeben (Kap. 10, Verse 2–4). Lukas tut das gleiche (Kap. 6, Verse 14–16), außer daß er einen der bei Markus und Matthäus genannten Namen (Thaddäus) durch einen anderen ersetzt (Judas, den Bruder von Jakobus). Sowohl Lukas (Kap. 20, Vers 30) als auch Matthäus (Kap. 18, Vers 28) sprechen davon, Jeshu habe seinen Jüngern versprochen, sie würden eines Tages neben ihm auf zwölf Thronen sitzen, um über die »zwölf Stämme Israels« zu richten. Dies könnte uns dazu führen, die Zahl der Jünger in Zweifel zu ziehen, wenn sie ausgerechnet mit der Zahl der Stämme Israels übereinstimmt, wie sie im Alten Testament wiedergegeben wird. Es gibt sogar eine klare Aussage bei Lukas, daß die Zahl der Jünger Jeshus – zumindest die seiner vertrauenswürdigeren Anhänger – nicht zwölf, sondern zweiundsiebzig betrug (Kap. 10, Verse 1 und 17). Doch auch diese Zahl erregt Verdacht, da sie ein Vielfaches von zwölf darstellt. Die Zahl der Übersetzer der hebräischen Bibel, aus der dann die griechische Septuaginta wurde, betrug einer Überlieferung zufolge siebzig, nach einer anderen zweiundsiebzig. Eine bekannte islamische Überlieferung berichtet, die Israeliten und nach ihnen die Christen hätten sich in siebzig oder zweiundsiebzig Sekten aufgeteilt (je nach Überlieferung), und Mohammed habe gewarnt, der Islam werde das gleiche Schicksal erleiden.

Die griechischen Evangelien erwähnen die ersten vier Jünger, die Jeshu folgten. Markus (Kap. 1, Verse 16, 19) und Matthäus (Kap. 4, Verse 18–22) nennen die Brüder Simon (das heißt Simon Kephas oder Petrus) und Andreas sowie die Brüder Johannes und Jakobus (die »Söhne des Zebedäus«). Alle vier sind Fischer. Lukas bezeichnet die ersten Anhänger Jeshus ebenfalls als Fischer, läßt bei der ersten Aufzählung (Kap. 3, Verse 3–11) den Namen von Andreas weg, führt ihn später aber unter den »zwölf« Jüngern auf (Kap. 6, Vers 14). Johannes läßt die Namen von Johannes und Jakobus weg und erwähnt nur die Brüder Simon und Andreas, ohne sie als Fischer zu bezeichnen, und fügt ihren Namen noch die von Philippus und Nathanael bei. Ein fünfter Mann, der Markus zufolge (Kap. 2, Vers 14) ein früher Jünger Jesu war, war der Zöllner (Steuereinnehmer) Levi, der Sohn von Alphäus. Lukas erwähnt den Mann ebenfalls, nennt ihn aber nur Levi (Kap. 5, Verse 27–29). Bei seiner Aufzählung der zwölf Jünger spricht er von einem anderen »Sohn des Alphäus« namens Jakobus (Kap. 6, Vers 15; vgl. Matthäus, Kap. 3, Vers 3; Markus, Kap. 3, Vers 18; Apostelgeschichte, Kap. 1, Vers 13). Matthäus weicht, wie wir schon gesehen haben, von Markus und Lukas ab und nennt den Zöllner Matthäus (Kap. 4, Verse 18–22; Kap. 9, Vers 9; siehe Kap. 3). Es fällt auf, daß Lukas und Johannes die Zahl der ersten Anhänger Jesu mit vier angeben, Markus und Matthäus jedoch fünf nennen – genau die vom jüdischen Talmud für die Jünger Jeshus angegebene Zahl (siehe Kap. 3).

Hatte Jeshu zu Beginn seiner Missionstätigkeit nur fünf Jünger, wie es der Talmud behauptet? Waren es die fünf, die mit ihm aus dem »Galiläa« des Hijaz kamen, falls unsere Annahme seiner arabischen Herkunft korrekt ist? Dem Talmud zufolge waren die fünf Jünger Jeshus: Mattai, Nakkai, Neser, Buni und Todah (in einer talmudischen Variante wird dieser letzte auch Taddai genannt). Von diesen fünf Namen sind Mattai und Todah zweifellos Matthäus und Thaddäus, da dies die hellenisierten Formen derselben Namen sind. In einem Abschnitt des Talmud wird Buni als der semitische Name eines Mannes belegt, der auf griechisch Nikodemus heißt. Johannes zufolge gab es einen reichen »galiläischen« Juden und Pharisäer namens Nikodemus (Buni?), der Jeshu bewunderte (Kap. 3, Vers 1 ff.), der ihn gegen Angriffe von anderen Pharisäern in Schutz nahm (Kap. 7, Vers 50 ff.) und der einer der beiden Männer war, die dafür sorgten, daß er nach seiner Kreuzigung würdig bestattet wurde. Nikodemus stellte persönlich die kostbaren Kräuter Myrrhe und Aloe zur Verfügung (Kap. 19, Verse 38–41). Nakkai und Neser waren, so vermute ich, die ursprünglichen semitischen Namen von Andreas und Philippus: Sie waren die einzigen Jünger Jeshus, die in den Evangelien mit griechischen Namen bezeichnet werden, und zwar ohne jeden Hinweis darauf (wie etwa bei Simon Kephas oder Petrus), daß sie auch mit ihren semitischen Namen bekannt waren (siehe Kap. 1).

Nun könnte es jedoch sein, daß der Talmud damit recht hat, die Zahl der ursprünglichen Jünger Jeshus mit fünf anzugeben, und daß er in der Annahme der Personen irrt. Ist es möglich, ihre Identität mit einiger Sicherheit festzustellen? Dazu müssen wir die Angaben untersuchen, die in den Evangelien zu finden sind.

Erstens: Wie wir schon gesehen haben, waren die Brüder Boanerges, Johannes und Jakobus, »Söhne von Zebedäus«, was durchaus bedeuten kann, daß sie aus dem Dorf stammten, das heute Subaydah heißt und in der Region Taif liegt.

Zweitens: Johannes zufolge kamen die Brüder Simon und Andreas (Kap. 1, Vers 44) und auch der dritte Jünger Philippus (Kap. 1, Vers 44; Kap. 12, Vers 21) aus Bethsaida, das wir bereits mit gebotener Vorsicht als das Dorf Sayadah in derselben Region identifiziert haben.

Drittens: Markus und Lukas zufolge war der fünfte Jünger Jeshus Levi, »Sohn des Alphäus« (griechisch *Alphaios*). Wie im Fall der »Söhne von Zebedäus« könnte ein Ort namens Alphäus (semitisch *'lp* oder wahrscheinlicher *'lp*) seine Geburtsstadt oder sein Heimatdorf gewesen sein. Ein solches Alphäus ist im Hijaz das heutige Dorf 'Allaf *('lp)* in unmittelbarer Nähe Mekkas. Dieses Dorf befindet sich weniger als einhundert Kilometer westsüdwestlich von Taif. Der Jünger Jakobus könnte als weiterer »Sohn von Alphäus« ebenfalls aus diesem 'Allaf gekommen sein.

Jetzt bleiben uns noch die Namen von zwei frühen Jüngern, wie sie in den verschiedenen Evangelien genannt werden: der im Matthäus-Evangelium erwähnte Matthäus und der bei Johannes genannte Nathanael. Bei Matthäus wird die Identität des ersten offensichtlich mit der des Levi, des Sohns von Alphäus, verwechselt. Wir können Matthäus daher getrost von unserer Liste früher Jünger streichen.

Johannes zufolge soll Jeshu gesagt haben, als er Nathanael zum ersten Mal sah: »Siehe, ein rechter Israelit, in dem kein Falsch ist« (Kap. 1, Vers 47). Wenn die grundlegenden Annahmen über die historische Geographie des Alten Testaments, auf der diese Untersuchung beruht, richtig sind, hätte es Jeshu kaum Mühe machen können, im Hijaz einen »rechten Israeliten« zu finden, denn dort waren die meisten Nazarener und Juden israelitischer Abstammung und gehörten einem der zwölf Stämme Israels an. In Palästina war es anders, denn dort lebten unter der jüdischen Bevölkerung auch zahlreiche Idumäer, Galiläer und andere, deren Verbindung mit dem Judaismus kaum zwei Jahrhunderte alt war (siehe oben). Dort müssen »rechte Israeliten« im Gegensatz zu anderen Juden, die behaupteten, israelitischer Abstammung zu sein, nur eine kleine Minderheit gewesen sein. Da Jeshu so offenkundig entzückt war, einem »rechten« Israeliten zu begegnen, in dem »kein Falsch« war, einem Mann wie Nathanael, ist es sehr viel wahrscheinlicher, daß er ihm in Palästina begegnete und nicht im Hijaz.

Wenn wir sowohl Matthäus als auch Nathanael von unserer Liste streichen, bleiben noch Simon und Andreas, Johannes und Jakobus, Levi und Philippus übrig. Wie wir bereits gesehen haben, führt Lukas Andreas nicht unter den ersten Jüngern Jeshus auf, obwohl er zugibt, daß er Simons Bruder war. Lukas muß dafür Gründe gehabt haben. Vielleicht verließ Andreas aus Bethsaida zusammen mit Jakobus, dem »Sohn« von Alphäus, Arabien zu einer späteren Zeit, um sich in Palästina Jeshu und dessen fünf ersten Jüngern anzuschließen. Wenn wir der Stichhaltigkeit der Textanalyse und der geographischen Belege, wie wir sie in diesem Kapitel darlegen, Glauben schenken, können wir daraus schließen, daß die fünf ersten Jünger, die Jeshu nach Palästina begleiteten, folgende fünf Männer waren: Simon und Philippus aus Sayadah (Bethsaida), die Brüder Johannes und Jakobus aus Zubaydah (Zebedäus) sowie Levi aus 'Allaf (Alphäus). Später folgten Jeshu noch Andreas aus Sayadah (der Bruder Simons) und Jakobus aus 'Allaf nach Palästina; ebenso Angehörige seiner Familie, darunter seine Mutter und seine Tante mütterlicherseits sowie einige seiner Brüder und Schwestern, wenn auch nicht alle. Diese werden jedoch ausdrücklich bei verschiedenen Gelegenheiten erwähnt (Matthäus-Evangelium, Kap. 12, Verse 46–57; Markus, Kap. 3, Verse 31, 32; Kap. 15, Vers 40; Lukas, Kap. 8, Verse 19, 20; Johannes, Kap. 19, Vers 25).

Den Familiennamen nach zu urteilen müssen zwei weitere in den Evangelien erwähnte Jünger – Simon der Zelot und Judas Iskariot – in Arabien zu Hause gewesen sein. Hätte Jeshu zunächst nicht mehr als fünf Jünger gehabt, könnten diese beiden ebenfalls den Hijaz verlassen haben, um sich Jeshu zu einer späteren Zeit in Palästina anzuschließen. Der Name Simon der Zelot (Lukas-Evangelium, Kap. 6, Vers 15; Apostelgeschichte, Kap. 1, Vers 13), der auch Simon Kananäus genannt wird (Matthäus, Kap. 10, Vers 4; Markus, Kap. 3, Vers 18), ist für die Wissenschaft ein Rätsel gewesen, da das griechische *Zelotes,* das wörtlich »der Eifrige« bedeutet, allgemein als Hinweis auf die »Zeloten« gedeutet worden ist. Im römischen Palästina waren die Zeloten eine Organisation militanter Juden, die sich der Hellenisierungspolitik von Herodes dem Großen und dessen Nachfolgern sowie deren politischer Unterwerfung unter Rom heftig widersetzten. So wie Jeshu in den Evangelien geschildert wird, wäre es höchst untypisch für ihn, einen »Zeloten« dieser Art unter seinen engsten Anhängern zu haben. Der Name *Zelotes,* wie er von Lukas bestätigt wird, muß jedoch nicht unbedingt das griechische Wort für »eifrig« sein. Es könnte ebensogut die Transkription eines ursprünglich aramäischen Familiennamens wie etwa *Zlota, Zel'ota* oder *Ze'lota* sein (in der griechischen Transkription würde der Rachenreiblaut der beiden letzten vorgeschlagenen Namen automatisch weggelassen werden). In der Region von Zahran im Hijaz, südlich von Taif, gibt es tatsächlich ein Dorf namens Zu'lah. Ein Mensch, der danach benannt würde, hätte im Aramäischen den Namen *Ze'lota* getragen, in der griechischen Umschrift *Zelotes.* In unmittelbarer Nähe von Zahran befindet sich ein weiteres Dorf namens Qinan. In griechischer Transkription kann mit dem Wort *Kananites* ohne weiteres ein Mensch oder eine Familie bezeichnet werden, die aus diesem Ort stammt. Dies wäre die einfachste Erklärung nicht nur des Namens Simon der Zelot, sondern auch der Tatsache, daß Matthäus und Markus denselben Mann Simon Kananäus nennen. Dieser Simon kam anscheinend aus Qinan, aber sein Familienname ist vermutlich von einem Wohnort seiner Vorfahren abgeleitet, dem benachbarten Zu'lah. Er war jedenfalls kein »Zelot«; ebensowenig »der Patriot«, wie die GNB seinen Familiennamen deutet.

Spezialisten werden dieser Interpretation, die Simon zwei verschiedene Familiennamen zugesteht, widersprechen, da es eine plausiblere Erklärung dafür gibt, weshalb Matthäus und Markus diesen Jünger »Kananäus« nennen, während Lukas ihn als den »Zeloten« bezeichnet. Kritiker werden durchaus korrekt einwenden, daß die »anerkannten Texte« von Matthäus und Markus Simon im Griechischen *Kananites* nennen, die älteren und glaubwürdigeren Texte ihn jedoch als *Kananaios* bezeichnen. Die beiden Begriffe bedeuten normalerweise dasselbe. Es wird jedoch eingewandt, *Kananaios* sei in diesem besonderen Fall eine von Matthäus und Markus vorgenommene Transkription des aramäischen *qan'an*, was tatsächlich »Zelot« bedeutet. Weder Matthäus noch Markus beherrschten das Aramäische, im Gegensatz zu Lukas. Folglich hat Lukas Simons Familiennamen nicht einfach transkribiert, sondern er hat ihn mit *Zelotes* übersetzt.

In der verfügbaren aramäischen Literatur jedoch ist der Begriff *qan'an* nur einmal belegt – und das auch nur in einem der Targums (den alten aramäischen Übersetzungen des Alten Testaments) –, aber nicht im Sinn von »Zelot«, sondern im Sinn von »eifernd«. In diesem Fall wird Jehova in einem der Zehn Gebote als »eifernder Gott« bezeichnet (2. Buch Mose, Kap. 20, Vers 5). Wo die jüdische Literatur auf aramäisch von den »Zeloten« spricht, etwa von den Männern, die Jerusalem gegen die Römer verteidigten, nennt sie sie *qanna'im* oder *qanna'in* sowie im Singular *qanna'i*. Einigen Kennern des Neuen Testaments ist dies aufgefallen. Sie vermuteten, *Kananaios* von Matthäus und Markus müsse ursprünglich *Kannaois* gewesen sein, das dann »durch Annäherung an die geographische Beschreibung eines Kanaaniters« zu *Kananaios* geworden sei.

Hätten Matthäus und Markus diesen Jünger tatsächlich als Simon *Kannaois* bezeichnet, wäre diese Vermutung über die Wortbedeutung seines Namens gesichert gewesen. Das Problem liegt jedoch darin, daß Matthäus und Markus – sogar den glaubwürdigsten Texten zufolge – den Jünger *Kananaios* nennen (was von den Bearbeitern des »anerkannten Textes« korrekt als *Kanaaniter* verstanden worden ist). Keiner der beiden nennt ihn jedoch *Kannaois*.

Probleme macht der Wissenschaft auch der Familienname des Judas, der derjenige Jünger gewesen sein soll, der Jeshu verriet (Matthäus-Evangelium, Kap. 10, Vers 4; Kap.

136

26, Verse 14, 25, 47; Kap. 27, Vers 3; Markus, Kap. 3, Vers 19; Kap. 14, Verse 10, 43; Lukas, Kap. 6, Vers 16; Kap. 22, Verse 3, 47, 48; Johannes, Kap. 6, Vers 71; Kap. 12, Vers 4; Kap. 13, Verse 2, 26, 29, Kap. 18, Verse 2, 3, 5). Viele Forscher haben mit Iskariot (griechisch *Iskariotes*) ihre liebe Mühe gehabt. Man hat es mit verschiedenen Erklärungen dieses seltsamen Familiennamens versucht, aber die Kontroverse über die tatsächliche Bedeutung dieses Namens dauert an. Auf der Grundlage fragwürdiger Belege sind einige sogar soweit gegangen, zu behaupten, der Name bedeute: der Mann mit dem »Dolch« oder mit der »Schürze« – weil Johannes (Kap. 13, Vers 29) von Judas Iskariot als dem Jünger spricht, der den »Geldbeutel« hatte, den er vielleicht in der Tasche seiner »Lederschürze« (griechisch *skortea*) aufbewahrt habe, daher das griechische *Iskariotes*. Diese Etymologie ist hier jedoch – wie bei allen anderen Erklärungsversuchen auch – aus mehr als nur einem Grund unhaltbar, ganz zu schweigen von der Tatsache, daß Johannes nichts davon sagt, daß Judas eine *skortea* mit der entsprechenden Tasche getragen habe. Als Transkription eines semitischen Originals würde das griechische *Iskariotes* eher auf einen Ort namens ʿ*Askar* oder ʿ*Askar* hindeuten. Tatsächlich gibt es noch heute ein Dorf mit dem Namen ʿAskar in der bereits mehrfach erwähnten Region Taif des Hijaz – in der gleichen Region, in der auch das Galiläa (Wadi Jalil), Nazareth (Nasirah), Bethsaida (Sayadah), Chorazin (Qurazimah) sowie Zebedäus (Zubaydah) der griechischen Evangelien zu finden sind. Judas Iskariot dürfte kaum der »Mann mit dem Dolch« oder »mit der Schürze« gewesen sein, sondern er muß den Namen dieses ʿAskar getragen haben, da es sein Heimatort oder die Heimat seiner Vorfahren war.

Wir sind bei der Untersuchung der Möglichkeit, daß

Jeshu – der Jesus der griechischen Evangelien – aus dem Hijaz stammte, bisher mit äußerster Vorsicht zu Werke gegangen. Ab jetzt können wir mit größerer Zuversicht weiterarbeiten.

8 | Der Messias

Wir können den Jesus der griechischen Evangelien mit Vor-
und Familiennamen benennen: Er hieß Jeshu Bar Nagara
(wobei unerheblich bleibt, ob *Nagara* das aramäische Wort
für »Zimmermann« oder ein Ortsname war). Wir wissen
auch, daß er ein Israelit aus dem Stamm Juda war. Daraus
folgt jedoch nicht, daß er Jude war. In der Tat gibt es Belege,
die eher dafür sprechen, daß er einer religiösen Sekte der
Israeliten angehörte, den Nazarenern. Diese waren anscheinend Anhänger eines israelitischen Propheten namens Issa,
dessen Lehren in der Zeit nach der Babylonischen Gefangenschaft im Konflikt mit den Lehrern Esras stand, des
Gründers des Judaismus. Dem Johannes-Evangelium zufolge (Kap. 8, Vers 48) hielten die Juden Bar Nagara irrtümlich für einen »Samariter« – den Anhänger einer weiteren
israelitischen Sekte, die ebenfalls die Autorität Esras ab-
lehnte.

Zu seinen Lebzeiten wurde Bar Nagara als Nachkomme
Davids anerkannt, der einen legitimen Anspruch auf den
historischen Thron Israels habe. Wir haben auch gute
Gründe für die Annahme, daß er im Hijaz geboren wurde
und dort aufgewachsen war. Irgendwann jedoch traf er die
folgenschwere Entscheidung, nach Palästina zu gehen, wo
er in ernsthafte Konflikte geriet und am Kreuz den Tod
fand. In Palästina wurde der Mann unter dem Namen Jeshu
von Nazareth bekannt – anscheinend hat er seinen Namen

jedoch nicht nach der Stadt im palästinischen Galiläa *(al-Jalil)* erhalten, das unter seinem historischen Namen al-Nasirah bekannt ist, sondern nach dem arabischen Stammesterritorium der Nasirah um Wadi Jalil in der Region Taif des Hijaz. Warum verließ Bar Nagara sein heimisches arabisches Galiläa, um das Wagnis einer Reise nach Palästina zu unternehmen, die mit seiner Hinrichtung endete?

Manchmal läßt sich das, was sich nicht direkt aus Belegen und Quellen herauslesen läßt, durch Analogien ableiten: Im vorliegenden Fall durch die Suche nach einer historischen Parallele. Jeshu Bar Nagara war ein Mann mit anerkannten dynastischen Ansprüchen auf einen historischen Thron. In seinem Fall waren es Ansprüche, die auf einer besonderen israelitischen Vorstellung von Legitimität beruhten, welche die Abstammung von David in der männlichen Linie voraussetzte. Ein solcher Mensch hatte sein heimisches Hijaz vielleicht verlassen, um in Palästina sein politisches Glück zu suchen, da er Grund zu glauben hatte, dort seien seine Erfolgsaussichten größer als zu Hause. Hat es in der langen Geschichte des Nahen Ostens ähnliche Situationen gegeben, mit denen sich Jeshus Wagnis vergleichen ließe?

In der Geschichte dieser Region zu islamischer Zeit läßt sich mit Sicherheit eine Reihe interessanter Parallelen zum Lebensweg Bar Nagaras entdecken. Mit Beginn des siebten Jahrhunderts nach Christus unternahmen mehrere Nachkommen Mohammeds – Angehörige des *Al al-Bayt,* des Hauses des Propheten – erfolglose Versuche, ihm gleichzutun: nicht in seiner einzigartigen religiösen Eigenschaft als Prophet, sondern in seiner politischen Eigenschaft als Gründer und erstes Oberhaupt des *Umma* – der allumfassenden politischen Gemeinschaft, des islamischen Staates.

Als Mohammed im Jahre 632 n. Chr. im Hijaz starb, hinterließ er eine Tochter namens Fatima. Sie war mit seinem ersten Vetter Ali verheiratet und hatte zwei Söhne, Hassan und Hussein: die die einzigen männlichen Nachkommen des Propheten in ihrer Generation waren. Diese beiden Männer wurden die Urahnen der beiden Linien des Hauses des Propheten – der Hassaniden und der Husseiniden –, wobei die Mitglieder beider Linien als Sharifs oder Sayyids verehrt wurden (siehe Kap. 1). Von Anbeginn an gab es islamische Legitimisten (falls wir sie so bezeichnen können) – schiitische Sekten –, die daran glaubten, die souveräne Institution des Kalifats, als politische »Erbfolge« des Propheten müsse den Sharifs oder Sayyids der einen oder anderen Linie vorbehalten sein. Die Geschichte entwickelte sich jedoch anders, so daß andere Dynastien das Kalifat innehatten: die Omajjaden von Damaskus (661–750), denen die Abbasiden von Bagdad folgten (750–1258). Für die Schiiten waren diese beiden Linien Geschlechter von Usurpatoren. Als eine dritte Linie von Kalifen behauptete, vom Propheten abzustammen – die Fatimiden, die sich selbst zu Nachfolgern Mohammeds erhoben hatten –, und sich als Rivalen der Abbasiden etablierte, zunächst in Nordafrika (909–973), dann in Ägypten (973–1171), war nur eine Minderheitensekte der schiitischen Moslems (die Ismailis) bereit, deren Legitimität anzuerkennen.

Unterdessen hatten sich seit den Tagen der Omajjaden verschiedene Sharifs und Sayyids erhoben, um das Kalifat für die Familie des Propheten zurückzufordern. Der erste war sein Enkel Hussein, der im Jahre 680 den Hijaz verließ, um sein Erbrecht auf das Kalifat im Irak zu bekräftigen, wo er beim Volk starke Unterstützung fand. Die Streitkräfte der Omajjaden-Kalifen stellten ihn vor der Überquerung des Euphrats und töteten ihn im Kampf. Im Jahre 740 folgte Husseins Beispiel einer seiner Enkel namens Said, der ebenfalls den Hijaz verließ, um gegen das Kalifat im Irak zu kämpfen, doch auch er fand dort den Tod. Später, unter den Abbasiden, rief sich ein weiteres Mitglied des Hauses des Propheten namens Mohammed al-Nafs al-Sakiyyah (wörtlich »Mohammed die Reine Seele«) im Hijaz zum wahren Kalifen aus. Im Jahre 762 entsandten die Abbasiden eine Armee, um dessen Revolte niederzuschlagen. Er wurde gefangengenommen und hingerichtet.

Von den vielen anderen legitimistischen Bewegungen in der Geschichte des Islams sei hier eine erwähnt, die sich mit dem vermutlichen Lebensweg von Bar Nagara vergleichen läßt – wenn auch nicht in moralischer Hinsicht, sondern nur in Verbindung mit den geographischen Gegebenheiten und dem allgemeinen politischen Bezug. Diese Gruppierung meldete sich Anfang des elften Jahrhunderts zu Wort. In die Ereignisse verwickelt war u. a. der Emir von Mekka, Sharif Abul-Futuh. Als anerkannter Nachkomme des Propheten war Sharif Abul-Futuh von den Kalifen (in diesem Fall von den Fatimiden in Ägypten) mit der erblichen Regierung Mekkas betraut und als Hüter der Kaaba eingesetzt – des antiken Heiligtums, zu dem die Moslems in aller Welt nach Möglichkeit mindestens einmal im Leben pilgern müssen. Um die Zeit Abul-Futuhs hatten die schon seit Jahrhunderten stattfindenden, islamischen Wallfahrten nach Mekka in der Kaaba einen beachtlichen Schatz heranwachsen lassen und die Sharifs der Stadt zu reichen Männern gemacht.

Seit ihrer Ankunft in Ägypten, Ende des zehnten Jahrhunderts, hatten die Fatimiden-Kalifen es geschafft, ihren Herrschaftsbereich von Kairo über Palästina und andere Teile Syriens auszudehnen, hatten jedoch ihren syrischen Herrschaftsbereich nicht vollständig unter Kontrolle. In verschiedenen Teilen des Landes übten mehrere Häuptlinge die wirkliche Macht aus. In Matthäus war es die dort ansässige Beduinenfamilie Banu al-Jarrah, deren Beziehungen zu den Fatimiden in Ägypten besonders angespannt waren. Im Jahre 1012 kam ein hochgestellter Höfling der Fatimiden nach Palästina, nachdem er sich mit dem herrschenden Kalifen überworfen hatte, und bedrängte die Banu al-Jarrah, sich gegen die Vorherrschaft Ägyptens zu wehren und ihre Unabhängigkeit zu erklären. Eine Möglichkeit bestand darin, den Abbasiden-Kalifen von Bagdad Treue und Ergebenheit zu schwören, womit diese die islamische Legitimität ihrer regionalen Herrschaft sichern konnten. Die Banu al-Jarrah hielten die Abbasiden jedoch für ebenso feindselig wie die Fatimiden und zeigten sich daher unwillig, ihnen Treue zu schwören. Als möglichen Ausweg schlug der ägyptische Berater der Banu al-Jarrah vor, die Beduinenhäuptlinge sollten den Sharif Abul-Futuh bitten, Mekka zu verlassen und Palästina zu besuchen. Dort sollte er als der einzig »rechtmäßige« Kalif ihrer direkten Herrschaft unterstellt werden. Als der Sharif diese Aufforderung erhielt, machte er fehlende Mittel geltend, aber der Ägypter entgegnete listig, die Schätze in der Kaaba von Mekka seien groß genug, um das Wagnis finanzieren zu können.

Mit dem durch den Verkauf des Kaaba-Schatzes erhaltenen Geld verließ Abul-Futuh den Hijaz und traf in Palästina ein, wo er einen triumphalen Empfang erlebte und sofort als Kalif eingesetzt wurde. Die durch diesen Schachzug alarmierten Fatimiden von Ägypten beeilten sich, die Banu al-Jarrah mit erheblichen Geldzuwendungen und der Zusage der vollen Anerkennung ihrer lokalen politischen Vorrechte zu besänftigen. Die palästinischen Häuptlinge, die mit diesem Arrangement äußerst zufrieden waren, klärten nun ihren ägyptischen Berater – ein in Ungnade gefallener Fatimidenhöfling – darüber auf, daß er in Palästina nicht mehr willkommen sei. Gleichzeitig gaben sie Abul-Futuh den

Rat, sein kurzlebiges Kalifat aufzugeben und in den Hijaz zurückzukehren. Der Sharif erklärte sich klugerweise mit diesem Vorschlag einverstanden und wurde von einer Kavallerieeskorte auf seiner Heimreise begleitet. Er war jetzt zwar ärmer als vor seinem Aufbruch, aber politisch klüger. Hätte er darauf bestanden, als Kalif in Palästina zu bleiben, hätte er zweifellos das gleiche Schicksal erlitten wie andere politische Aufrührer, welche die Vorherrschaft der Fatimiden in Syrien in Frage stellten. Einer dieser Männer, ein gewisser Allaqa, der sich im Jahre 999 zum souveränen Emir in der Stadt Tyrus ausrief, wurde in der Schlacht gefangengenommen und bei lebendigem Leibe gehäutet. Danach wurde seine mit Stroh ausgestopfte Haut als abschreckendes Beispiel öffentlich zur Schau gestellt.

In den Annalen des Islams werden Hussein, Said und Mohammed al-Nafs al-Sakijjah, die bei der entschlossenen Durchsetzung ihrer legitimen Forderungen starben, einhellig als Helden verehrt. Bis zum heutigen Tag gilt der Jahrestag des gewaltsamen Todes von Hussein im Jahre 680 als der wichtigste Feiertag des schiitischen Kalenders. Im Gegensatz dazu wird das gewagte Vorhaben Abul-Futuhs, der sich durch die zynische Politik seiner Zeitgenossen hatte verleiten lassen, für sich das Kalifat zu fordern, um sich dann beim ersten Anzeichen von Gefahr in Sicherheit zu bringen, von islamischen Historikern als guter Witz angesehen.

Der Lebensweg Jeshu Bar Nagaras im ersten Jahrhundert unserer Zeitrechnung verlief nicht viel anders als der von Hussein, Said und al-Nafs al-Sakijja im siebten und achten Jahrhundert. Er war von der Gerechtigkeit seiner Sache ebenso überzeugt wie sie und fand das gleiche tragische Schicksal, womit er sich zu seiner Zeit postumen Ruhm erwarb, ebenso wie sie zu ihrer. Es käme jedoch einem Sakrileg gleich, Bar Nagara und Abul-Futuh in einem

Atemzug zu nennen: ein Vergleich des Erhabenen mit dem Lächerlichen. In einigen wesentlichen Punkten jedoch bietet das Abenteuer des Abul-Futuh ein gutes Arbeitsmodell für die Rekonstruktion der Lebensgeschichte von Bar Nagara: erstens, weil es im Hijaz begann und in Palästina kulminierte, und zweitens, weil man daran genau ablesen kann, wie es mit den Unwägbarkeiten und Zufällen der damaligen Regionalpolitik zusammenhing, und drittens, weil dabei viel Geld vergeudet wurde. Daß Abul-Futuh tot und vergessen ist, während Bar Nagara auch heute noch für unzählige Menschen der lebende Christus bleibt, muß bei dem Versuch eines historischen Vergleiches nichts präjudizieren.

Vor dem Hintergrund dieses Modells Abul-Futuh können wir uns jetzt den Details des Lebenswegs von Jeshu Bar Nagara zuwenden – dem »Jesus« des Neuen Testaments.

Ein Punkt, der dabei nicht vergessen werden darf: Wir müssen zwischen dem israelitischen und dem jüdischen Königtum unterscheiden. Es hat zu verschiedenen Zeiten an verschiedenen Orten nicht weniger als vier Dynastien jüdischer Könige gegeben: die Hasmonäer, denen im hellenistischen und römischen Palästina die Herodianer folgten. Dann die Dynastie Dhu Jasan, die jüdischen Herrscher des südarabischen Reiches Himja (des heutigen Jemen), die für das sechste Jahrhundert nach Christus nachgewiesen sind, und schließlich die Könige der jüdischen Chasaren, die nach Sprache und Rasse Türken waren und deren Reich sich zwischen dem sechsten und zehnten Jahrhundert nach Christus um das Wolgabecken am Kaspischen Meer erstreckte. Sie alle waren eher jüdische als israelitische Königsdynastien in dem Sinn, daß ihr Herrschaftsanspruch auf dem tatsächlichen Besitz der Macht beruhte und nicht auf der Abstammung von König David. Überraschenderweise waren die einzigen Herrscher in historischer Zeit, die von David abzustammen behaupteten, Christen und nicht Juden: Die Kaiser von Äthiopien, von denen sich jeder bis ins zwanzigste Jahrhundert hinein als »Negus« bezeichnete und offiziell sogar als »Löwe von Juda« ausgab. Das wirft die Frage auf, ob es möglich ist, daß die ursprünglichen Nazarener-Negusse von Äthiopien (siehe Kap. 5) eine israelitische Dynastie mit anerkanntem Anspruch waren, von David abzustammen.*

In Palästina etablierten die jüdischen Könige aus der Hasmonäer-Dynastie ihre Herrschaft zunächst als Hohenpriester; es kann durchaus sein, daß sie zu ihrer Zeit als Israeliten akzeptiert wurden, jedoch nicht als Abkömmlinge des einzig legitimen Königsgeschlechts. Ihre herodianischen Nachfolger jedoch konnten nicht einmal diesen bescheidenen Anspruch erheben. Man kannte sie als Idumäer aus dem südlichen Palästina, die keine israelitische Abstammung anwiesen, und selbst ihr Übertritt zum Judentum war erst kurze Zeit vorher erfolgt. Für diese Herodianer und vielleicht auch schon für die Hasmonäer vor ihnen muß das Erscheinen eines Mannes auf ihrem Territorium, der vom Volk als Nachkomme Davids begrüßt wurde, eine ernsthafte Bedrohung gewesen sein, unabhängig von der Anzahl seiner Anhängerschaft.

---

* Historisch haben mehrere aufeinanderfolgende Dynastien äthiopischer Könige eine direkte Abstammung von einer legendären ehelichen Verbindung zwischen Davids Sohn Salomo und der Königin von Saba geltend gemacht. Interessanterweise hat die äthiopische Kirche im Lauf der Geschichte immer wieder sichergestellt, daß die herrschende Dynastie des Landes stets die gebotene Abstammung von David aufwies. Sie hat überdies israelitische Praktiken wie etwa die Beschneidung und die rituelle Anbetung der Bundeslade bewahrt. Als die Sagwe-Dynastie, die sich zwischen dem zehnten und dem elften Jahrhundert des äthiopischen Throns bemächtigte, Ende des dreizehnten Jahrhunderts schließlich gestürzt wurde, wurde ihr Sturz seitens der Kirche damit begründet, sie wäre nicht rein salomischen Blutes.

In den Tagen des Herodes Antipas war Jeshu Bar Nagara ein solcher Mann. Im Jahr 24 v. Chr., zwei oder drei Jahrzehnte vor seiner Geburt, waren die römischen Legionen des Aelius Gallus in Arabien eingedrungen und nach Süden bis zum Jemen vorgestoßen, wobei sie Jeshus Heimat Hijaz beim Vormarsch und auch bei ihrem Rückzug durchquerten (siehe Kap. 7). Bei einer früheren Gelegenheit hatten sich arabische Auswanderer aus Wadi Jalil, einem Teil des Hijaz, anscheinend im Norden Palästinas angesiedelt und dort den Namen ihrer Heimat einem neuen »Galiläa« gegeben. Nach der römischen Invasion Arabiens müssen sich weitere Auswanderer aus dem Wadi Jalil – darunter auch Angehörige des dort ansässigen Nasira oder »Nazareth«-Stamms – bei den früheren Einwandern in der gleichen Region angesiedelt haben. Die neuen Nasira-Einwanderer gaben ihren Namen irgendwann dem »Nazareth«, in dem sie lebten.

Die israelitischen und nichtisraelitischen Juden Palästinas schienen nicht gerade harmonisch zusammenzuleben. Die sogenannten Herodianer unter ihnen paßten sich bereitwillig den hellenistischen Herrschern an, die die traditionellen Sitten und Gebräuche des Volkes durch die griechische Sprache und Kultur ersetzte. Aber es gab noch die Zeloten, die die Kultur der Eindringlinge aus religiösen Prinzipien ablehnten und sich der römischen Herrschaft vehement widersetzten. Die Priesterklasse der Sadduzäer stritt sich in Jerusalem mit den Rabbinern der Pharisäersekte. Die Sadduzäer hielten strikt an dem ursprünglichen israelitischen Monotheismus des Moses fest; die Pharisäer hingegen deuteten diesem Monotheismus in der Tradition Esras unkonventioneller. Die sogenannte »mündliche Thora« bildete später das Grundmaterial für den Talmud. Bedeutsamer waren die verschiedenen Sekten der Israeliten, die sich nach dem angekündigten Erscheinen des Messias oder Christus sehnten:

Nach dem Erscheinen des Sohnes von David, der ihnen ihre verlorene Würde als Volk wiedergeben würde, indem er das historische Reich Israel neu gründete.

Als Jeshu Bar Nagara im Hijaz über diese Nachrichten nachdachte, die ihm von Reisenden aus Judäa oder dem palästinischen Galiläa überbracht wurden, sah er seine Gelegenheit zum Handeln gekommen. Immerhin war er ein israelitischer Fürst königlicher Abstammung; niemand konnte dies leugnen. Wenn ihm ein politisches Schicksal als wahrer Fürst von Israel vorausbestimmt war, konnte sich diese Bestimmung nur in Palästina erfüllen. Seine Familie hat ihn gedrängt, »nach Judäa« zu gehen. Dies erklärt die einzige Passage in den Evangelien, in denen die Brüder Jeshus sich tatsächlich äußern. Wenn man ihre Worte aus dem etwas unglücklichen Zusammenhang löst, in den sie im Johannes-Evangelium gestellt sind, lauten sie wie folgt (Johannes-Evangelium, Kap. 7, Verse 3–4):

>»Mach dich auf von hier und geh nach Judäa, damit auch deine Jünger die Werke sehen, die du tust. Niemand tut etwas im Verborgenen und will doch öffentlich etwas gelten. Willst du das, so offenbare dich vor der Welt.«*

Als Bar Nagara den Hijaz mit einigen vertrauenswürdigen Anhängern verließ, mußte er das Jordantal durchqueren, um Galiläa zu erreichen, wo er auf die neuen Einwanderer

---

* Johannes sagt, die Brüder Jeshus hätten diese Worte in Galiläa an ihn gerichtet – vermutlich dem palästinischen. In dem fraglichen Zitat wird der Ort jedoch nicht erwähnt. Wie auch immer: Galiläa unter Herodes Antipas war ebensosehr im Mittelpunkt der jüdischen »Welt« von Palästina, wie es die römische Statthalterschaft über Judäa war. Zumindest in politischer Hinsicht aufgrund der Autonomie, die es genoß.

aus seinem heimischen Wadi Jalil vertrauen konnte. Der erste Mann, den er am Jordan kennenlernte, war Johannes der Täufer: ein israelitischer religiöser Führer aus der Gegend mit einer großen Anhängerschaft. Johannes zögerte, ihn zu taufen, da er vermutlich Informationen über seine Identität und sein Ansehen erhalten hatte. Bar Nagara bestand jedoch darauf, und so gab Johannes schließlich nach (Matthäus-Evangelium, Kap. 3, Verse 14–15):

> »Aber Johannes wehrte ihm und sprach: Ich bedarf dessen, daß ich von dir getauft werde, und du kommst zu mir? Jesus aber antwortete und sprach zu ihm: Laß es jetzt geschehen! Denn so gebührt es uns, alle Gerechtigkeit zu erfüllen. Da ließ er's geschehen.«

Daß es in Palästina Menschen gab, die Jeshu Bar Nagara bereits bei seinem Eintreffen im Land als israelitischen Fürsten königlicher Abstammung erkannten, wird auch durch die Schilderung seiner ersten Begegnung mit dem Jünger Nathanael bezeugt (Johannes-Evangelium, Kap. 1, Verse 45–49):

> »Philippus findet Nathanael und spricht zu ihm: Wir haben den gefunden, von dem Mose im Gesetz und die Propheten geschrieben haben, Jesus, Josefs Sohn, aus Nazareth. Und Nathanael sprach zu ihm: Was kann aus Nazareth Gutes kommen! Philippus spricht zu ihm: Komm und sieh es! Jesus sah Nathanael kommen und sagt von ihm: Siehe, ein rechter Israelit, in dem kein Falsch ist. Nathanael spricht zu ihm: Woher kennst du mich? Jesus antwortete und sprach zu ihm: Bevor Philippus dich rief, als du unter

dem Feigenbaum warst, sah ich dich. Nathanael antwortete ihm: Rabbi, du bist Gottes Sohn, du bist der König von Israel!«

Wenn man bedenkt, daß die Evangelien an keiner Stelle etwas davon erwähnen, daß der Vater Jeshus irgendwann während des aktiven Lebens seines Sohnes anwesend war, könnte man annehmen, daß Josef Bar Nagara im Hijaz gestorben war, bevor sein Sohn sich entschlossen hatte, nach Palästina aufzubrechen. Um seine dortige Mission zu finanzieren, ist Jeshu vielleicht durch Veräußerung des Familienvermögens freiwillig arm geblieben, was auch seine Angehörigen betroffen haben mußte. Da in den Evangelien nirgends davon gesprochen wird, daß er oder jemand von seinen sechs oder mehr Geschwistern verheiratet war, scheinen alle noch sehr jung gewesen zu sein. Ein Mann, der freiwillig unverheiratet blieb, wurde in ihrer Gesellschaft nicht gern gesehen, und auch Frauen gaben der Ehe den Vorzug. Wenn man dies berücksichtigt, erscheint es unwahrscheinlich, daß Jeshu in seinem dreißigsten Lebensjahr ein eingefleischter Junggeselle war, als er in Palästina mit seiner Mission begonnen haben soll. Da er in seinem Alter immer noch unverheiratet war, muß er beim Verlassen des Hijaz wahrscheinlich viel jünger gewesen sein als Dreißig. Tatsächlich sagt unter den Evangelisten nur Lukas, daß Jeshu dreißig Jahre alt gewesen sei, als er zu predigen begann (Kap. 3, Vers 23). Wir haben dies jedoch bereits in Frage gestellt, weil dieses Lebensalter zu einem Vergleich mit dem Alter von zwei Gestalten des Alten Testaments herausfordert (Josef und David), die angeblich ebenfalls mit dreißig ihre Mission begannen (siehe Kap. 3).

Wie dem auch sei: Die Familie von Jeshu Bar Nagara war mit seiner Entscheidung, allein nach Palästina zu gehen, nicht einverstanden. Da sie im Hijaz praktisch mittellos zurückblieben, folgten sie ihm bald nach. Dies war offenkundig nicht das, was er von ihnen verlangt hatte. Als in den Evangelien zum ersten Mal eine Begegnung der Geschwister mit Jeshu erwähnt wird, wird der distanzierte Empfang beschrieben, den er ihnen bereitete: Er ließ sie »draußen« (griechisch *exo*) stehen. Sie mußten warten, da er »zu dem Volk« redete. Erst danach sollten sie mit ihm »reden« können. Als Jeshu von jemandem unterbrochen wurde, der ihm mitteilte, seine Mutter und seine Brüder seien draußen, quittierte er das mit der Bemerkung, seine wirkliche »Mutter«, »Brüder« und »Schwestern« seien nicht seine Blutsverwandten, die draußen auf ihn warteten, sondern: »Denn wer den Willen tut meines Vaters im Himmel, der ist mir Bruder und Schwester und Mutter« (Matthäus-Evangelium, Kap. 12, Verse 47–50; Markus, Kap. 3, Verse 31–35, Lukas, Kap. 8, Verse 19–21).

Wohin Jeshu in Palästina auch ging, betonte er ständig, der versprochene Messias zu sein, der Nachkomme Davids. Waren die Lehren, welche die Evangelien ihm zuschreiben, tatsächlich von ihm? Waren es Äußerungen eines weniger politischen Jesus: vielleicht des Issa des Nazarener-Evangeliums oder gar irgendeiner anderen Person, deren Identität noch entdeckt werden muß? Oder waren sie, wie einige Forscher vermuten, einer vergessenen Anthologie von Aphorismen und Sprüchen entlehnt, die zur überlieferten aramäischen Folklore der Zeit gehörten? ». . . Obwohl Jesus nicht selber taufte, sondern seine Jünger . . .« heißt es an einer Stelle, durch die das Johannes-Evangelium unterbrochen wird (Kap. 4, Vers 2). Der Satz legt die Vermutung nahe, daß es Jeshu nicht so sehr darum ging, Menschen zu bekehren. Für seine politischen Äußerungen, in denen er sich als den versprochenen Messias bezeichnet, und dafür,

wie diese Lehren aufgenommen wurden, ist das folgende
Zitat ein gutes Beispiel (Lukas, Kap. 4, Verse 16–22):

»... und ging nach seiner Gewohnheit am Sabbat in
die Synagoge und stand auf und wollte lesen. Da
wurde ihm das Buch des Propheten Jesaja gereicht.
Und als er das Buch auftat, fand er die Stelle, wo
geschrieben steht: ›Der Geist des Herrn ist auf mir,
weil er mich gesalbt hat, zu verkündigen das Evangelium den Armen; er hat mich gesandt, zu predigen
den Gefangenen, daß sie frei sein sollen, und den
Blinden, daß sie sehen sollen, und den Zerschlage-
nen, daß sie frei und ledig sein sollen, zu verkündigen
das Gnadenjahr des Herrn.‹ Und als er das Buch
zutat, gab er's dem Diener und setzte sich. Und alle
Augen in der Synagoge sahen auf ihn. Und er fing an,
zu ihnen zu reden: Heute ist dieses Wort der Schrift
erfüllt vor euren Ohren. Und sie gaben alle Zeugnis
von ihm und wunderten sich, daß solche Worte der
Gnade aus seinem Munde kamen...«

Als er seinen Gedanken jedoch weiterentwickelte und sich
mit den verehrtesten der wundertätigen Propheten der jüdischen Schriften verglich, mit Elia und Elisa, veränderte sich
die Reaktion auf seine Worte (Lukas-Evangelium, Kap. 4,
Verse 28–30):

»Und alle, die in der Synagoge waren, wurden von
Zorn erfüllt, als sie das hörten. Und sie standen auf
und stießen ihn zur Stadt hinaus und führten ihn an
den Abhang des Berges, auf dem ihre Stadt gebaut
war, um ihn hinabzustürzen. Aber er ging mitten
durch sie hinweg.«

Wenn jemand sich aufmacht, unter einfachen Menschen eine Anhängerschaft aufzubauen, ergeben jugendlicher Charme und feurige Beredsamkeit, gepaart mit einer fürstlichen Herkunft, eine überzeugende Wirkung. Überdies kannte sich Jeshu Bar Nagara in den israelitischen Schriften sehr gut aus und konnte mühelos passende Passagen daraus zitieren, um seine Argumente zu untermauern, wann immer dies nötig war. Einfache Menschen zeigten sich beeindruckt von der Mühelosigkeit, mit der er dies tat, aber die Priester und Schriftgelehrten, die Sadduzäer und Pharisäer, blieben unbeeindruckt. Diese Männer versuchten von Anfang an, seine Mission in Mißkredit zu bringen, indem sie ihm in Gegenwart seiner Anhänger und Bewunderer mit präzisen Fragen zusetzten oder hinter seinem Rücken abfällige Bemerkungen über sein öffentliches und privates Verhalten machten. Bar Nagara hatte jedoch stets und unfehlbar eine Antwort bereit. Hier ein bekanntes Beispiel (Markus-Evangelium, Kap. 12, Verse 13–27; ebenfalls bei Matthäus und Lukas):

»Und sie sandten zu ihm einige von den Pharisäern und von den Anhängern des Herodes, daß sie ihn fingen in Worten. Und sie kamen und sprachen zu ihm: Meister, wir wissen, daß du wahrhaftig bist und fragst nach niemand; denn du achtest nicht das Ansehen der Menschen, sondern du lehrst den Weg Gottes recht. Ist's recht, daß man dem Kaiser Steuern zahlt oder nicht? Sollen wir sie zahlen oder nicht zahlen? Er aber merkte ihre Heuchelei und sprach zu ihnen: Was versucht ihr mich? Bringt mir einen Silbergroschen, daß ich ihn sehe! Und sie brachten einen. Da sprach er: Wessen Bild und Aufschrift ist das? Sie sprachen zu ihm: Des Kaisers. Da sprach

Jesus zu ihm: So gebt dem Kaiser, was des Kaisers ist, und Gott, was Gottes ist!«

Als man ihm bei einer anderen Gelegenheit sagte, seine jugendliche Leichtfertigkeit sowie die Spießgesellen, mit denen er sich umgebe, erregten den Unwillen der Menschen, entgegnete er mit dem ungezwungenen Gleichmut, der bis auf die hartnäckigsten Heuchler jeden entwaffnete (Lukas-Evangelium, Kap. 7, Verse 31–34, ebenfalls bei Matthäus):

»Mit wem soll ich die Menschen dieses Geschlechts vergleichen, und wem sind sie gleich? Sie sind den Kindern gleich, die auf dem Markt sitzen, und rufen einander zu: Wir haben euch aufgespielt, und ihr habt nicht getanzt; wir haben Klagelieder gesungen, und ihr habt nicht geweint. Denn Johannes der Täufer ist gekommen und aß kein Brot und trank keinen Wein; so sagt ihr: Er ist besessen. Der Menschensohn* ist gekommen, ißt und trinkt; so sagt ihr:

---

* In den Evangelien bezeichnet sich Jeshu häufig selbst als den »Menschensohn« (aramäisch *bar enasha;* in belegter Aussprache *bar nasha*). Dies könnte ein Titel der Oberherrschaft gewesen sein, eine Anspielung auf den versprochenen davidischen Messias als dem Richter über die Menschheit am Jüngsten Tag, wenn wir einer besonderen, esoterischen Interpretation des Buches Daniel, Kap. 7, Vers 13, glauben wollen. Im Buch Hesekiel sind die Orakel an den Propheten als »Menschenkind« gerichtet (so auch die Lutherübersetzung). In der hebräischen Urfassung heißt es jedoch *ben adam,* was einfach »Mannessohn« bedeutet). Es ist denkbar, daß Jeshu die Angewohnheit hatte, in der gleichen Weise von sich zu sprechen – nach arabischem Sprachgebrauch ist es heute noch üblich, daß ein Mann sich selbst so bezeichnet. Andererseits läßt sich die Möglichkeit nicht ausschließen, daß der in den griechischen Evangelien verwendete Begriff *(huios tou anthropou)* auf einem Mißverständnis beruht, nämlich einer fehlerhaften Übersetzung des ursprünglichen *bar nasi',* was »Sohn des Fürsten« bedeutet. Diese Interpretation scheint ebenfalls denkbar, da Jeshu ein davidi-

Siehe, dieser Mensch ist ein Fresser und Weinsäufer, ein Freund der Zöllner und Sünder!«

Durch den anfänglichen Erfolg bei der Bevölkerung ermutigt, verzichtete Jeshu Bar Nagara auf alle Vorsicht und äußerte sich immer direkter. Die Sorge, die seine Missionstätigkeit in politischen oder religiösen Kreisen auslöste, beachtete er nicht. Die Vorstellung, die er von sich als dem israelitischen Messias hatte, wurde zunehmend militanter – sogar offen revolutionär (Matthäus-Evangelium, Kap. 10, Verse 34–36; ebenfalls bei Lukas):

> »Ihr sollt nicht meinen, daß ich gekommen bin, Frieden zu bringen auf die Erde. Ich bin nicht gekommen, Frieden zu bringen, sondern das Schwert. Denn ich bin gekommen, den Menschen zu entzweien mit seinem Vater und die Tochter mit ihrer Mutter und die Schwiegertochter mit ihrer Schwiegermutter. Und des Menschen Feinde werden seine eigenen Hausgenossen sein.«

Von dem sich verändernden Ton seiner politischen Äußerungen einmal abgesehen, verhöhnte der junge Bar Nagara überdies religiöse Konventionen, ohne den negativen Reaktionen, die ein solches Verhalten auslösten, Beachtung zu schenken. Er hielt es offenbar für sein Privileg, dies zu tun, denn immerhin war er ein Mann von fürstlichem Geblüt, für

---

scher *nasi'* war wie auch sein Vater. Bevor die Schrift, in der die Israeliten sowohl hebräisch als auch aramäisch schrieben, durch die Verwendung diakritischer Zeichen zwischen den Buchstaben *s* und *sh* zu unterscheiden begann, konnten die Begriffe *bar nasi'* und *bar enasha* leicht verwechselt werden, wenn der zweite Begriff *bar nasha* geschrieben wurde, so wie er ausgesprochen wurde.

den das Gesetz nicht in dem Maße galt wie für andere. So erlaubte er sich beispielsweise Freiheiten beim Sabbat, die nach der Thora des Moses, wie sie in den israelitischen Schriften streng vorgeschrieben ist, nicht gestattet sind.

An diesem besonderen Wochentag begaben sich Juden und andere israelitische Sekten, darunter auch die Nazarener, zum Gebet in die Synagogen: Wie es den Anschein hat, beteten sie oft in denselben Synagogen (verschiedene islamische Sekten beten oft auch heute noch in denselben Moscheen). Das Gesetz des Moses sieht den Sabbat jedoch nicht nur als einen Tag des gemeinschaftlichen Gebets vor, was ihn von den anderen Wochentagen unterscheidet, sondern er ist auch als Tag absoluter Ruhe gedacht, an dem nichts getan werden darf, was als Arbeit gelten kann. Selbst die Mahlzeiten einer Familie müssen einen Tag vorher zubereitet werden, und ebenso müssen Tische vorher gedeckt und Lampen und Feuer vorher entzündet werden.

Bar Nagaras Mißachtung der strengen Vorschriften für den Sabbat befand sich vielleicht in Übereinstimmung mit einer toleranteren Interpretation durch die Nazarener; aber das war nicht die Erklärung, die er für sein unkonventionelles Verhalten gab. Als die Pharisäer ihm bei mehreren Anlässen vorhielten, er und seine Jünger begingen den Sabbat nicht wie vorgeschrieben, gab er darauf verschiedene Antworten. In einem von den drei synoptischen Evangelien geschilderten Fall entgegnete er, er lasse die strengeren Aspekte des Gesetzes außer acht, wenn es gute Gründe dafür gebe, so wie es sein königlicher Vorfahr David einmal getan habe; überdies brächen Priester im Tempel ebenfalls die Sabbatvorschriften aufgrund eines besonderen Dispenses (Matthäus-Evangelium, Kap. 12, Verse 3–4; im ersten Fall bezieht sich Jeshu auf das erste Buch Samuel, Kap. 21, Verse 1–6, und im zweiten auf das dritte Buch Mose, Kap.

24, Vers 9, und das vierte Buch Mose, Kap. 28, Verse 9–10). Schließlich deutete er noch an, sein Status als Messias aus dem Geschlecht Davids sei »Größeres als der Tempel« (Matthäus, Kap. 12, Vers 6). Er handelt die Frage mit der hochmütigen Erklärung ab, »der Sabbat ist um des Menschen willen gemacht und nicht der Mensch um des Sabbats willen. So ist der Menschensohn ein Herr auch über den Sabbat« (Markus, Kap. 2, Verse 27–28).

Es dauerte jedoch nicht lange, da zeigten sich die ersten Anzeichen von Gefahr. Jeshu Bar Nagara wurde nicht nur gesellschaftlich zunehmend untragbarer, er predigte überdies ein politisches Programm mit legitimistischen israelitischen Ideen, das beträchtliche Unterstützung fand, und er gab Herodes Antipas als dem Statthalter von Galiläa das Gefühl einer drohenden Gefahr. Die Kritik Johannes des Täufers an Herodes Antipas aus ethischen Gründen war schon ärgerlich genug. Bar Nagara tat etwas weit Ernsthafteres. Während er offene Kritik an Machthabern sorgfältig vermied und sogar empfahl, ihnen den schuldigen Gehorsam zu erweisen, bedeutete bereits die bloße Tatsache, daß ihn die Menschen als Messias aus dem Königsgeschlecht Davids akzeptierten, eine politische Herausforderung für den Tetrarchen, wenn auch keine direkte Bedrohung. Herodes Antipas war Jude genug, um zu wissen, was der Begriff Messias bedeutete. Wörtlich bedeutete er der »Gesalbte« Gottes; historisch war es der höchste Titel der legitimen Könige Israels gewesen. David war zu seiner Zeit ein solcher Messias gewesen. Indem er vorgab, ein Messias zu sein, erhob Jeshu Bar Nagara offen den Anspruch auf den Thron Davids. Die Römer brauchte Bar Nagara nicht im mindesten zu fürchten. Sie blieben merkwürdig zurückhaltend, als Johannes der Täufer Herodes Antipas öffentlich brandmarkte, und sie ließen Bar Nagara ungestört seiner Mission nachgehen. Seine politischen Äußerungen bewirkten, daß sich der Tetrarch zunehmend bedroht fühlte und sich der römischen Vorherrschaft bereitwilliger beugen würde, und dies entsprach exakt den Wünschen der römischen Herren. Bar Nagara war für die Römer wesentlich nützlicher als gefährlich. Was ihnen Grund zur Sorge gab, war der Widerstand, auf den Jeshus Ideen bei jüdischen und israelitischen Extremisten stießen – vor allem bei den militanten Zeloten aus Galiläa, die keine Gelegenheit ausließen, Terrorakte zu verüben. Jeshu Bar Nagara war ein entschiedener Gegner dieser Zeloten und verurteilte sie öffentlich als »Sünder«, die vernichtet zu werden verdienten (siehe Kap. 3). Seine Worte wurden Pontius Pilatus und dessen römischen Stab hinterbracht und haben ohne Zweifel ihren Beifall gefunden.

Bei Herodes Antipas sah es anders aus. Als seine Geduld mit Johannes dem Täufer zu Ende war, ließ ihn Herodes festnehmen, in den Kerker werfen und enthaupten. Die Nachricht von der Hinrichtung erreichte Bar Nagara kurz danach und ließ ihn – vielleicht zum ersten Mal – erkennen, daß auch sein Leben in Gefahr war. Sein erster Gedanke war, mit seinen Jüngern unterzutauchen (Matthäus, Kap. 14, Vers 13). Aber er war inzwischen schon so sehr zu einer öffentlichen Person geworden, daß ihm Menschenmengen folgten, wohin er auch ging. Herodes hatte sich bereits nach seinem Aufenthaltsort erkundigt. Einer Darstellung zufolge versuchte der Tetrarch wiederholt, ihn »zu sehen« (Lukas, Kap. 9, Vers 9), vielleicht um ihn zu überreden, seine Mission in Palästina aufzugeben und in Frieden in sein heimisches Arabien zurückzukehren. Bar Nagara flüchtete jedoch vor Herodes, bis eines Tages einige »Pharisäer« erschienen, um ihn zu warnen und zu sagen, der Tetrarch habe beschlossen, ihn zu töten (Lukas, Kap. 13, Vers 31). Für

Jeshu Bar Nagara war dies der Anfang vom Ende (Lukas, Kap. 13, Verse 32–34):

> »Und er sprach zu ihnen: Geht hin und sagt diesem Fuchs: Siehe, ich treibe böse Geister aus und mache gesund heute und morgen, und am dritten Tage werde ich vollendet sein.
> Doch muß ich heute und morgen und am folgenden Tage noch wandern; denn es geht nicht an, daß ein Prophet umkomme außerhalb von Jerusalem. Jerusalem, Jerusalem, die du tötest die Propheten und steinigst, die zu dir gesandt werden, wie oft habe ich deine Kinder versammeln wollen wie eine Henne ihre Kücken unter ihre Flügel, und ihr habt nicht gewollt!«

Obwohl sich einflußreiche jüdische Feinde zunehmend gegen ihn stellten und Herodes jetzt sogar sein Leben verlangte, war Jeshu Bar Nagara immer noch entschlossen, seine Mission als Sohn Davids fortzusetzen. Wenn es allerdings ein Messias nicht schaffte, König zu werden, mußte er entweder fliehen und damit seine Glaubwürdigkeit verlieren oder aber sterben. Bar Nagara wählte die zweite Möglichkeit (Johannes, Kap. 18, Vers 36):

> »Mein Reich ist nicht von dieser Welt. Wäre mein Reich von dieser Welt, meine Diener würden darum kämpfen, daß ich den Juden nicht überantwortet würde; nun aber ist mein Reich nicht von dieser Welt.«

Für Jeshu Bar Nagara gab es immer noch eine Chance, die er ergreifen konnte: die Flucht nach Jerusalem. Er wußte, daß ihm die Römer nicht feindselig gegenüberstanden. Was immer noch von dem Geld übriggeblieben war, das er aus dem Hijaz mitgebracht hatte, wurde jetzt für eine angemessene Ankunft in der heiligen Stadt verwendet. Dem alttestamentlichen Propheten Sacharja zufolge (Kap. 9, Vers 9) würde der versprochene Messias irgendwann auf einem Esel reitend in Jerusalem eintreffen. Und genau dies beschloß Bar Nagara zu tun (Matthäus, Kap. 17, Vers 2; Markus, Kap. 11, Vers 2; Lukas, Kap. 19, Vers 30; Johannes, Kap. 12, Vers 14). Seine Anhänger, die unterrichtet worden waren, arrangierten für ihn einen triumphalen Empfang mit Menschen, die ihn als den »Sohn Davids« bejubelten (Matthäus, Kap. 21, Verse 9, 15; Markus, Kap. 11, Vers 10), Palmzweige auf den Weg streuten und riefen: »Hosianna! Gelobt sei, der da kommt in dem Namen des Herrn, der König von Israel!« (Johannes, Kap. 12, Vers 13).

Nach dem Einzug in Jerusalem begab sich Bar Nagara mit seinem Gefolge direkt zum Tempel, den er »meines Vaters Haus« nannte (Johannes, Kap. 2, Vers 16). Er verurteilte den Mißbrauch des äußeren Tempelhofs als gewöhnlichen Marktplatz und beschuldigte die Hohenpriester und Schriftgelehrten, ihn in eine »Räuberhöhle« verwandelt zu haben (Matthäus, Kap. 21, Vers 13; Markus, Kap. 11, Vers 17; Lukas, Kap. 19, Vers 46); dann »machte er eine Geißel aus Stricken« (Johannes, Kap. 2, Vers 15) und jagte alle hinaus. Damit war Bar Nagara zu weit gegangen. Bis zu diesem Augenblick hatte sich die jüdische Opposition hauptsächlich gegen seine religiöse und politische Anmaßung gerichtet sowie gegen seine Verachtung für Traditionen. Doch jetzt hatte er einen Aufruhr im Tempel angeführt und damit nicht weniger begangen als ein Sakrileg. Aus der Sicht der Hohenpriester und Schriftgelehrten sowie der Juden, die sie unterstützten, war der Mann unhaltbar geworden.

Da er davon ausging, daß sein Ende in wenigen Tagen gekommen sein würde, setzte Jeshu Bar Nagara ein Datum fest, um mit seinen Jüngern ein letztes gemeinsames Mahl einzunehmen – wahrscheinlich eine Passahmahlzeit, denn es war die Passahwoche. Bar Nagara segnete das Brot und den Wein, reichte sie seinen Jüngern und sagte, es seien Symbole für seinen Leib und sein Blut, die bald geopfert werden würden, und er bat sie, diese Zeremonie zu seinem Gedenken aufrechtzuerhalten. Nur wenige Stunden nach dem Ende des Abendmahls, als Bar Nagara und die Jünger in einem Garten außerhalb der Stadt ruhten, erschien »eine Schar mit Schwertern und mit Stangen, von den Hohenpriestern und Schriftgelehrten und Ältesten« entsandt (Markus, Kap. 14, Vers 43), um ihn festzunehmen. Da verließen ihn alle Jünger und flohen (Markus, Kap. 14, Vers 50).

Man brachte Bar Nagara in das Haus des Hohenpriesters, wo man ihm vor einem religiösen Gerichtshof einen kurzen, aber öffentlich geführten Prozeß machte. Der Hohenpriester ließ die Aussagen verschiedener Zeugen, die einander widersprachen, unbeachtet, und stellte seine Frage dem Angeklagten direkt: »Bist du der Christus, der Sohn des Hochgelobten?« Bar Nagara erwiderte schlicht: »Ich bin's.« Da zerriß der Hohenpriester vor Zorn seine Kleider und bat das Gericht um ein Urteil. Alle waren sich darin einig, daß der junge Mann schuldig sei (Markus, Kap. 14, Verse 53–64).

Da das jüdische Gericht von den Römern nicht bevollmächtigt war, einen Mann zum Tode zu verurteilen, wurde Bar Nagara Pontius Pilatus mit der Forderung übergeben, ihn hinzurichten. Der Landpfleger war jedoch nicht von Bar Nagaras Schuld überzeugt; andererseits hatte es Vorteile, der jüdischen Bitte zu entsprechen. Da Bar Nagara sich inzwischen so weit vorgewagt hatte, daß er in Palästina mehr Feinde als Freunde versammelte, war Bar Nagara in den

Augen der Römer politisch nicht mehr nützlich. Wenn sich der jüdische Widerstand gegen die Herrschaft Roms durch eine Kreuzigung zumindest vorübergehend beruhigen ließ, konnte es ein vorteilhafter Handel sein. Pilatus war sich vollauf bewußt, daß die Feindseligkeit der Juden gegen Bar Nagara – zumindest unter den Herodianer-Anhängern – eher politischer als religiöser Natur war. Immerhin hielt sich der junge Mann für den rechtmäßigen König von Israel, was für Pilatus der König der Juden bedeutete (Matthäus, Kap. 27, Vers 11; Markus, Kap. 15, Vers 2; Lukas, Kap. 23, Vers 3; Johannes, Kap. 18, Vers 33). Einer Darstellung zufolge (Lukas, Kap. 23, Verse 6–12) hielt sich Herodes Antipas um diese Zeit zufällig in Jerusalem auf – vielleicht zum Passahfest –, und Pilatus ließ Bar Nagara zum Verhör zu ihm schicken. »An dem Tag wurden Herodes und Pilatus Freunde«, heißt es bei Lukas, »denn vorher waren sie einander feind.«

Pilatus, der immer noch von Bar Nagaras Unschuld überzeugt war, bat die Juden, die dessen Hinrichtung verlangten, wiederholt und inständig, sein Leben zu verschonen; aber diese weigerten sich. Überdies waren da noch die hochrangigen und einflußreichen Feinde Bar Nagaras – die Sadduzäer und Pharisäer ebenso wie die Herodianer –, die nicht weniger besänftigt werden mußten als die anderen Menschen. Pilatus wusch seine Hände in Unschuld (Matthäus, Kap. 27, Vers 24) und erklärte sich schließlich mit Bar Nagaras Hinrichtung einverstanden. Auf dem dazu hergerichteten Kreuz ließ der Landpfleger in aramäischer, lateinischer und griechischer Sprache eine Aufschrift anbringen. Sie lautete: »Jesus von Nazareth, der König der Juden« (Johannes, Kap. 19, Vers 19; vgl. Matthäus, Kap. 27, Vers 37; Markus, Kap. 15, Vers 26, Lukas, Kap. 23, Vers 38). Johannes zufolge (Kap. 19, Verse 21–22) kam es zwischen den Juden und Pilatus zu einem Wortwechsel wegen dieser Aufschrift:

> »Da sprachen die Hohenpriester der Juden zu Pilatus: Schreib nicht: Der König der Juden, sondern, daß er gesagt hat: Ich bin der König der Juden. Pilatus antwortete: Was ich geschrieben habe, das habe ich geschrieben.«

Nachdem er sich unter dem Druck der Juden bereit erklärt hatte, Jeshu kreuzigen zu lassen, schien Pilatus aus der Hinrichtung Kapital schlagen zu wollen, indem er sie Herodes Antipas als politische Konzession präsentierte, um damit die Beendigung ihrer Feindschaft zu besiegeln. Herodes wollte Jeshu tot sehen, weil er in weiten Kreisen der Bevölkerung als legitimer Anwärter auf den Thron Israels akzeptiert wurde – ein Anspruch, der das Recht des Tetrarchen auf jüdische Herrschaft grundlegend in Frage stellte. Die Hohenpriester und Schriftgelehrten sowie deren Anhänger in Jerusalem wollten Jeshu tot sehen, weil sie ihn als einen Usurpator und Störenfried betrachteten, der wegen Gotteslästerung verurteilt war. Indem er sich einverstanden erklärte, den Mann hinrichten zu lassen, obwohl er auch weiterhin von dessen Unschuld überzeugt war, hatte Pilatus genug getan, um sich bei den Juden und ihren Priestern beliebt zu machen. Indem er Jeshu als einen Mann kreuzigen ließ, der einen legitimen Anspruch auf den Königsthron besaß, konnte er Herodes gegenüber in aller Öffentlichkeit seinen guten Willen demonstrieren. Dies erklärt das eigenartige Verhalten von Pilatus, wie es in den Evangelien dargestellt wird (Matthäus, Kap. 27, Verse 20–31; vgl. Markus, Kap. 15, Vers 16–20; Johannes, Kap. 19, Verse 2–3):

»Aber die Hohenpriester und Ältesten überredeten das Volk, daß sie um Barabbas bitten, Jesus aber umbringen sollten. Da fing der Statthalter an und sprach zu ihnen: Welchen wollt ihr? Wen von den beiden soll ich euch losgeben? Sie sprachen: Barabbas! Pilatus sprach zu ihnen: Was soll ich denn machen mit Jesus, von dem gesagt wird, er sei der Christus? Sie sprachen alle: Laß ihn kreuzigen!

Er aber sagte: Was hat er denn Böses getan? Sie schrien aber noch mehr: Laß ihn kreuzigen! Als aber Pilatus sah, daß er nichts ausrichtete, sondern das Getümmel immer größer wurde, nahm er Wasser und wusch sich die Hände vor dem Volk und sprach: Ich bin unschuldig an seinem Blut; seht ihr zu! . . . Da nahmen die Soldaten des Statthalters Jesus mit sich in das Prätorium und sammelten die ganze Abteilung um ihn. Und zogen ihn aus und legten ihm einen Purpurmantel an und flochten eine Dornenkrone und setzten sie ihm aufs Haupt und gaben ihm ein Rohr in seine rechte Hand und beugten die Knie vor ihm und verspotteten ihn und sprachen: Gegrüßest seist du, der Juden König! und spien ihn an und nahmen das Rohr und schlugen damit sein Haupt. Und als sie ihn verspottet hatten, zogen sie ihm den Mantel aus und zogen ihm seine Kleider an und führten ihn ab, um ihn zu kreuzigen.«

Wenn Pilatus tatsächlich von Jeshus Unschuld überzeugt war, wie es alle vier Evangelien behaupten, warum hat er dann zugelassen, daß Jeshu vor der Hinrichtung beleidigt und gequält wurde. Mehr noch: Warum wurde Jeshu wie ein politischer Usurpator behandelt, dessen Griff nach der Königswürde mißlungen war, obwohl die ursprüngliche Anklage auf Gotteslästerung gelautet hatte und die jüdischen Hohenpriester ihn deswegen verhört und verurteilt hatten?

Wie immer die Antwort darauf lauten mag, eines ist gewiß: An diesem Tag wurde der junge Fürst, den das Volk bei seinem Einzug kaum eine Woche zuvor als König von Israel bejubelt hatte, weit weg von seiner Heimat, dem Hijaz, zu einem Ort außerhalb der Stadt gebracht und am Kreuz hingerichtet.

War dies das Ende? Lassen es solche Lebensläufe überhaupt zu, daß man sie beendet?

9 | Die Dynastie des Kreuzes

In dem vorherigen Kapitel haben wir versucht, das Leben von Jeshu Bar Nagara zu rekonstruieren. Was aber geschah nach seinem Tode?

Bevor wir den Versuch machen, das Geschehen zu rekonstruieren, könnte sich wiederum eine Analogie als nützlich erweisen, um zu zeigen, was in ähnlichen Situationen geschah. In der Geschichte des Islams ist die engste Parallele zu dem tragischen Schicksal Bar Nagaras das Leben Husseins, des Enkels des Propheten Mohammed. Mohammed war nicht nur der Gründer einer neuen Religion, sondern auch – wie David – eines Staates. Als er starb, hinterließ er eine Tochter, Fatima, die mit seinem Vetter ersten Grades, Ali, verheiratet war. Unter seinen Anhängern kam es zu einem heftigen Streit darüber, wer sein Nachfolger als Kalif werden sollte (arabisch *khalifah*, »Nachfolger«). Eine Fraktion, die sogenannten Schiiten (»Parteigänger«), beharrten darauf, daß sein Vetter und Schwiegersohn Ali die Nachfolge antreten sollte, die auf seine Familie beschränkt bleiben müsse. Viele widersetzten sich diesem dynastischen Prinzip und drängten auf andere Lösungen. Sie behielten die Oberhand. Von den ersten drei Kalifen, die unter den Gefährten des Propheten ausgewählt wurden, wurden der zweite und der dritte ermordet. Dann wurde Ali schließlich doch als vierter Kalif anerkannt, jedoch nicht auf der Grundlage seines dynastischen Anspruchs. Er wurde ebenfalls ermordet, und seine beiden Söhne Hassan und Hussein wurden nicht zu Kalifen ernannt. Nach dem Tod Alis wurde das Kalifat des Islams (das einer rein politischen Funktion diente) das Monopol zweier Dynastien: der Omajjaden von Damaskus, denen die Abbasiden von Bagdad nachfolgten. Beide waren keine Nachkommen des Propheten, obwohl sie zu seinem Stamm oder Clan gehörten. Die Schiiten, die gegenüber dem Haus Ali immer noch loyal waren, akzeptierten die Legitimität der Omajjaden und Abbasiden nicht.

Von Alis zwei Söhnen gab der Älteste, Hassan, seinen Anspruch auf das Kalifat auf und erkannte die Omajjaden als Nachfolger in Damaskus an. Er verbrachte den Rest seines Lebens zurückgezogen im Hijaz. Nach seinem Tod jedoch verließ sein jüngerer Bruder Hussein im Jahre 680 n. Chr. den Hijaz, um sein Recht auf die politische Nachfolge seines Großvaters mütterlicherseits im Irak wahrzunehmen, wurde aber im Kampf getötet, bevor er sein Ziel erreicht hatte.

Für die gläubigen Anhänger Husseins war sein gewaltsamer Tod nicht das Ende, sondern ein Neubeginn für die von ihm vertretene Sache. Sie erkannten ihn als den ersten Mann in einer Dynastie religiöser Führer an, und jeder dieser Imams (was höchster »Führer« bedeutet) wurde zu seiner Zeit als rechtmäßiger Kandidat für eine islamische politische Oberherrschaft angesehen, die zu Unrecht in die Hände von Usurpatoren-Kalifen gefallen war (siehe Kap. 8). Nicht alle schiitischen Moslems akzeptierten diese Beschränkung des Imamats auf die Nachkommen Husseins. Die Saidi-Schiiten des Jemen beispielsweise halten noch heute daran fest, daß jeder Nachkomme Alis, ob in der Linie Hassans oder Husseins, das Recht hat, diese Oberherrschaft für sich zu fordern. Die meisten schiitischen Sekten halten jedoch an dem Grundsatz fest, daß das Imamat rechtmäßig dem Haus Hussein gehört. Für die ismailischen Schiiten ist der Aga Khan der gegenwärtige Imam dieses Hauses. Die Zwölfer-Schiiten sind anderer Meinung. Sie bleiben dabei, daß die wahren Imams des Hauses Hussein historisch zwölf an der Zahl gewesen seien, von denen der letzte sich im Jahre 874 oder 879 n. Chr. in eine kosmische *ghaybah* oder »Abwesenheit« begab, um eines Tages als der *Maḥdi* zurückzukehren (das islamische Gegenstück zum Messias oder Christus).

Christen werden über die Ansicht, es könnte jemand außer ihrem Jesus der Evangelien ein wahrer lebender Christus gewesen sein, die Nase rümpfen. Es läßt sich jedoch nicht leugnen, daß auch einige weitere Religionen im Lauf der Menschheitsgeschichte ihre Christusgestalten im allgemeinen Sinn gehabt haben. Für die Nazarenerchristen von Jerusalem war der wahre Christus, nämlich Jeshu Bar Nagara, der rechtmäßige Anwärter auf den israelitischen Thron Davids. Für die schiitischen Moslems ist der christusähnliche Imam zu jeder Zeit der rechtmäßige Anwärter auf die weltliche und religiöse Autorität des Propheten Mohammed. Und die Zwölfer-Schiiten erkennen eine Dynastie von zwölf solcher Imams an (s. Abb. 2), von denen der letzte – nicht weniger als der christliche Christus – eines Tages als der Messias zurückkehren wird.

Etwa um das Jahr 30 n. Chr., sechseinhalb Jahrhunderte, bevor Hussein vom Hijaz zum Irak aufbrach, verließ Jeshu Bar Nagara den gleichen Hijaz, um nach Palästina zu gehen, wo er die israelitische Oberherrschaft seines Ahnherrn David für sich einforderte und ein gewaltsames Ende fand: den bitteren »Kelch«, von dem er – ebenso wie später Hussein – angeblich wußte, daß es sein Schicksal war, ihn bis zur Neige zu leeren.

Vor dem Hintergrund dieser Analogie sollten wir zu-

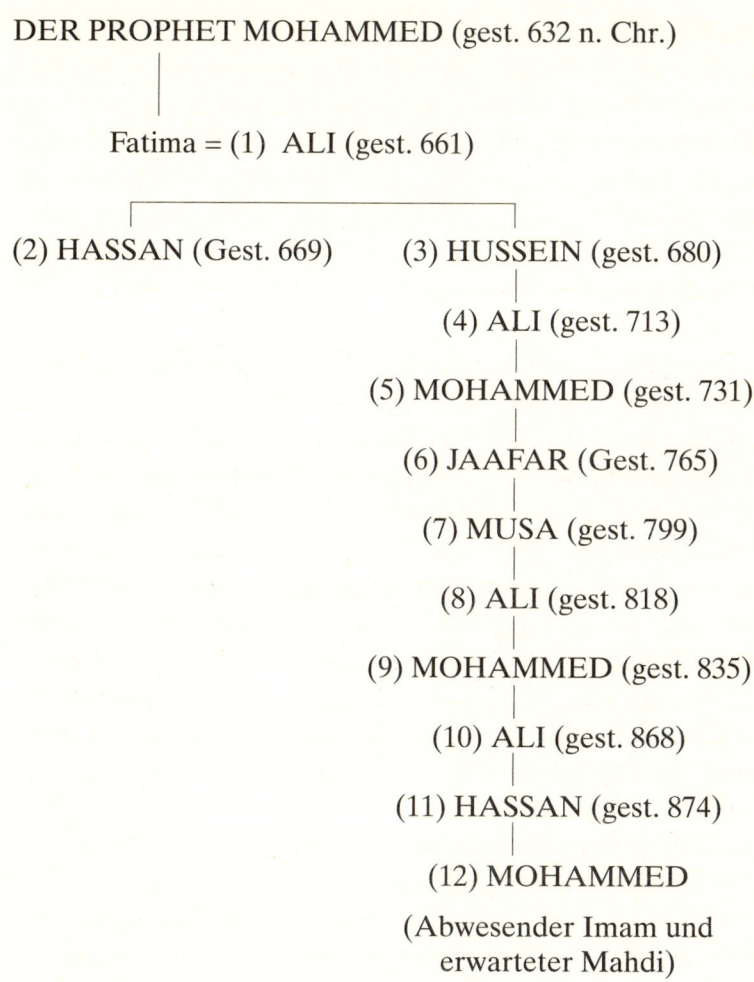

DER PROPHET MOHAMMED (gest. 632 n. Chr.)

Fatima = (1) ALI (gest. 661)

(2) HASSAN (Gest. 669)   (3) HUSSEIN (gest. 680)

(4) ALI (gest. 713)

(5) MOHAMMED (gest. 731)

(6) JAAFAR (Gest. 765)

(7) MUSA (gest. 799)

(8) ALI (gest. 818)

(9) MOHAMMED (gest. 835)

(10) ALI (gest. 868)

(11) HASSAN (gest. 874)

(12) MOHAMMED

(Abwesender Imam und
erwarteter Mahdi)

Abb. 2. *Die zwölf Imams*

nächst den Versuch machen, festzustellen, welche Personen von den Familienangehörigen und Anhängern Jeshu Bar Nagaras bei der Kreuzigung anwesend waren. Das Markus-Evangelium (Kap. 15, Verse 40–41), das älteste der kanonischen Evangelien, spricht von »Frauen, die von ferne zuschauten«, die »ihm nachgefolgt waren ... die mit hinauf nach Jerusalem gegangen waren«. Drei von ihnen werden namentlich genannt – Maria von Magdala, die Mutter von Joses und Jakobus dem Kleinen* sowie Salome. Sie waren anscheinend seine weiblichen Hausangestellten während des Aufenthalts in Galiläa (das griechische Verb, das zur Beschreibung der für ihn geleisteten Arbeiten verwendet wird, ist *diakoneo,* »dienen«). Matthäus (Kap. 27, Verse 55–56) wiederum spricht nur von Frauen, die Bar Nagara während seines Aufenthalts in Galiläa »gedient« hätten. Wie Markus erwähnt auch er die drei Namen der Frauen. Bei ihm sind es Maria Magdalena, Maria, die Mutter von Jakobus und Joses, sowie »die Mutter der Söhne des Zebedäus« (zu Zebedäus siehe Kap. 7). »Die Mutter der Söhne des Zebedäus« ist vielleicht die von Markus erwähnte Salome, könnte aber auch eine andere Frau gewesen sein.

Lukas (Kap. 23, Vers 49) läßt die Frage der Namen offen: »Es standen aber alle seine Bekannten von ferne, auch die Frauen, die ihm aus Galiläa nachgefolgt waren, und sahen das alles.« Er sagt nichts davon, daß einige oder alle diese Frauen Bar Nagara »gedient« hätten. Überdies läßt diese Äußerung, die vielleicht absichtlich so vage formuliert worden ist, den Schluß zu, daß männliche wie weibliche Anhän-

---

* Dieser Jakobus der Kleine (aus dem griechischen *mikros,* »der Kleine« oder »der Kurze«) wird allgemein als Jakobus, der Sohn des Alphäus (oder von Alphäus, siehe Kap. 7) identifiziert, obwohl es dafür keinen Beleg gibt. Im Matthäus-Evangelium wird Joses, der Bruder von Jeshu, »Josef« genannt.

ger bei Bar Nagaras Kreuzigung anwesend sein konnten. Johannes (Kap. 19, Verse 25–27) andererseits erwähnt nichts davon, daß Angehörige von Bar Nagaras Gruppe »von ferne« der Kreuzigung zugeschaut hätten; er spricht nur von denen, mit denen der Mann am Kreuz angeblich sprechen konnte:

> »Es standen aber bei dem Kreuz Jesu seine Mutter und seiner Mutter Schwester, Maria, die Frau des Klopas, und Maria von Magdala. Als nun Jesus seine Mutter sah und bei ihr den Jünger, den er liebhatte, spricht er zu seiner Mutter: Frau, siehe, das ist dein Sohn! Danach spricht er zu dem Jünger: Siehe, das ist deine Mutter! Und von der Stunde an nahm sie den Jünger zu sich.«

Zwischen der Darstellung der synoptischen Evangelien, welche die vier engen Verwandten und Freunde Bar Nagaras bei dem Kreuz nicht erwähnen, und Johannes, der von ihnen sagt, sie stünden bei dem Kreuz, obwohl er nichts von den Anhängern sagt, die der Kreuzigung »von ferne« zuschauten, besteht kein Widerspruch. Es ist jedoch wichtig, sich das folgende zu merken:

Erstens erwähnen Markus und Matthäus nichts von der Anwesenheit männlicher Anhänger Bar Nagaras bei der Kreuzigung. Lukas scheint anzudeuten, es seien einige anwesend gewesen, ohne sich jedoch näher dazu zu äußern. Johannes andererseits spricht von einem »Jünger, den er liebhatte«, läßt aber bewußt den Namen weg. Dafür muß es einen Grund geben.

Zweitens zählen Markus und Matthäus auch Maria von Magdala zu den Frauen, die bei der Kreuzigung Bar Nagaras anwesend gewesen seien und die ihm in Galiläa »gedient«

hätten. Lukas sagt nicht ausdrücklich, daß Maria von Magdala bei der Kreuzigung dabei war, nennt aber auch nicht die Namen der anderen Anwesenden. Johannes zufolge war Maria von Magdala nicht unter denjenigen, die der Kreuzigung »von ferne« zuschauten, sondern sie stand vielmehr mit der Mutter und der Tante Bar Nagaras und dessen Lieblingsjünger bei dem Kreuz. Überdies bezeichnet Johannes Maria von Magdala nicht als Frau, die Bar Nagara in Galiläa »gedient« habe.

Maria von Magdala scheint eine Frau gewesen zu sein, die bei der Kreuzigung anwesend war. Aber wer war sie? Markus, Matthäus und Johannes erwähnen bei keiner früheren Gelegenheit eine Frau dieses Namens. Es ist Lukas (Kap. 8, Verse 1–3), der ein paar Angaben über sie macht:

>»Und es begab sich danach, daß er durch Städte und Dörfer zog und predigte und verkündigte das Evangelium vom Reich Gottes; und die Zwölf waren mit ihm, dazu einige Frauen, die er gesund gemacht hatte von bösen Geistern und Krankheiten, nämlich Maria, genannt Magdalena, von der sieben böse Geister ausgefahren waren, und Johanna, die Frau des Chuzas, eines Verwalters des Herodes, und Susanna und viele andere, die ihnen dienten mit ihrer Habe« (»Habe«, griechisch *huparchonta*, »Dinge, die sind«, »dienen« auch hier wieder im Griechischen *diakoneo*).

Das griechische *huparchonta*, wie es in diesem Kontext verwendet wird, ist von vielen Kennern des Neuen Testaments als Habe von einigem Gewicht gedeutet worden. Sie sind davon ausgegangen, daß Maria von Magdala eine wohlhabende Frau gewesen sei, die den Meister und dessen Jünger mit Geld unterstützt hatte, weil sie an seine Mission glaubte. Daß eine der Frauen, die Jesus und seinen Jüngern »diente«, eine Johanna war, deren Ehemann Chuza, ein »Verwalter« (griechisch *epitropos*) am Hof des Herodes war, ist als Beleg für diese Theorie herangezogen worden. Begründung: Ein *epitropos* bei Hofe müsse ein Mann von einigem Reichtum und Einfluß gewesen sein. Doch in der einzigen Passage der Evangelien, in der der Begriff verwendet wird, ist der *epitropos* (wörtlich »einer, dem etwas übertragen worden ist«) nichts weiter als der Verwalter eines Weinbergs, der für einen Herrn arbeitet (Matthäus-Evangelium, Kap. 20, Vers 8). Chuzas dürfte also kein hochrangiger Verwalter am Hof des Herodes gewesen sein, sondern wahrscheinlich nur ein Hausangestellter mit einem wesentlich bescheideneren Status, dessen Ehefrau Johanna Bar Nagara und dessen Jüngern »diente«, um ein mageres Familieneinkommen aufzubessern.

Generationen von Bibellesern haben ihrer Phantasie freien Lauf gelassen und Maria von Magdala mit niemand anderem als Maria aus Betanien gleichgesetzt, der Schwester Martas. Dies waren die beiden Schwestern, die »Jesus« (nicht unbedingt Bar Nagara) angeblich »liebhatte« (Johannes, Kap. 11, Vers 5), obwohl er die Gesellschaft Marias der Martas offenbar vorzog (Lukas, Kap. 10, Verse 38–42). Johannes zufolge (Kap. 11, Verse 1–44) soll der Mann namens Lazarus, den Jesus (der wiederum nicht unbedingt Bar Nagara gewesen sein muß) von den Toten auferstehen ließ, ebenfalls ein Bewohner dieses Betanien gewesen sein. Als Johannes die Geschichte des Lazarus erzählt, die sich nur in seinem Evangelium findet, sagt er anfänglich nicht mehr als: »Es lag aber einer krank, Lazarus aus Betanien, dem Dorf Marias und ihrer Schwester Marta« (Kap. 11, Vers 1). Als die Schwestern »zu Jesu sandten« und ihm sagen ließen,

»Herr, siehe, der, den du liebhast, liegt krank« (Johannes, Kap. 11, Vers 3), erwähnen sie nicht, daß es ihr Bruder ist. Anschließend spricht Johannes jedoch von Maria und Marta aus Betanien als den »Schwestern« des Lazarus und von Lazarus als ihrem »Bruder« (Kap. 11, Vers 2, in Kap. 11, Vers 5 angedeutet, um dann wieder ausdrücklich bestätigt zu werden in Kap. 11, Verse 19, 21, 23, 32, 39). Johannes bekräftigt auch ausdrücklich, daß Maria von Betanien die Maria sei, »die den Herrn mit Salböl gesalbt und seine Füße mit ihrem Haar getrocknet hatte« (Kap. 11, Vers 2), nämlich bei einem Mahl im Hause des auferstandenen Lazarus, dem ihre Schwester Marta »diente« (Kap. 12, Verse 1–3). Markus (Kap. 14, Vers 3) und Matthäus (Kap. 26, Verse 6–7) zufolge fand dieses Mahl in Betanien im Haus eines gewissen Simon und nicht Lazarus statt; überdies wird in beiden Evangelien die Frau, die »Jesus Salböl auf sein Haupt goß« (nicht auf seine Füße) namentlich nicht genannt.

Bei Lukas (Kap. 7, Verse 37–39) ist der Bericht vollständig verändert. Das Ereignis findet in den frühen Kapiteln des Evangeliums statt, als sich Jeshu angeblich noch in Galiläa aufhielt. Die »Stadt«, in der es stattgefunden haben soll, ist nicht Betanien. Gastgeber des Mahls ist weder Lazarus noch Simon, sondern ein ungenannter »Pharisäer«. Die Frau, die den Ehrengast salbt, wird als reumütige Sünderin präsentiert, die sich entsprechend melodramatisch benimmt:

>»Und siehe, eine Frau war in der Stadt, die war eine Sünderin. Als die vernahm, daß er zu Tisch saß im Haus des Pharisäers, brachte sie ein Glas mit Salböl und trat von hinten zu seinen Füßen, weinte und fing an, seine Füße mit Tränen zu benetzen und mit den

Haaren ihres Hauptes zu trocknen, und küßte seine Füße und salbte sie mit Salböl. Als aber das der Pharisäer sah, der ihn eingeladen hatte, sprach er bei sich selbst und sagte: Wenn dieser ein Prophet wäre, so wüßte er, wer und was für eine Frau das ist, die ihn anrührt; denn sie ist eine Sünderin.«

Es sollte festgehalten werden, daß Lukas die Schwestern Maria und Marta nicht als Frauen aus Betanien bezeichnet, obwohl er die Stadt in seinem Evangelium zweimal erwähnt (Kap. 19, Vers 29; Kap. 24, Vers 50). Wir haben es hier offensichtlich mit einem hoffnungslosen Wirrwarr von verschiedenen Jesus-Geschichten zu tun – eine Frage, auf die wir zu gegebener Zeit noch zurückkommen werden (in Kap. 11).

Es ist jetzt wichtig, zu klären, wer Maria von Magdala wirklich war. Sie war nicht die gleiche Person wie Maria von Betanien und nicht die Frau, die Bar Nagara den Kopf oder die Füße mit Salböl eingerieben haben soll, selbst wenn man zugesteht, daß sie ebenfalls Maria geheißen haben kann (was nur von Johannes behauptet wird). Es gibt keinerlei Beleg dafür oder Hinweis darauf, daß Maria von Magdala eine reumütige Sünderin war. Wenn man dem Zeugnis des Lukas Glauben schenkt, hatte sie lange Zeit unter einer schweren Geistesverwirrung gelitten, bis die »sieben bösen Geister«, von denen sie besessen war, »ausgefahren« waren – eine Deutung ihres ursprünglichen Zustands, der heute viele Forscher zustimmen. Nach ihrer Heilung schloß sich Maria von Magdala einem Gefolge von Frauen an, die Bar Nagara und seinen Jüngern »dienten«. Eher als Dienerin denn als persönliche Freundin von Bar Nagara wohnte Maria von Magdala pflichtschuldigst seiner Kreuzigung aus angemessener Entfernung bei, und zwar zusammen mit anderen Frauen aus dem mitreisenden Gesinde. So berichten es die synoptischen Evangelien.

Alle vier Evangelien stimmen darin überein, daß sich die Kreuzigung an einem Freitag ereignete: den synoptischen Evangelien zufolge am Tag des jüdischen Passahfests; Johannes zufolge einen Tag vorher. Der folgende Tag war der Sabbat; und am frühen Morgen des nächsten Tages, einem Sonntag, begab sich Maria von Magdala, die der Hinrichtung ihres Herrn pflichtschuldigst beigewohnt hatte, ebenso pflichtschuldig zu seinem Grab, um seinen Leichnam mit wohlriechenden Ölen zu salben. Johannes zufolge ging sie allein (Kap. 20, Vers 1). Markus zufolge (Kap. 16, Vers 1) wurde sie von den beiden anderen Frauen begleitet, die mit ihr der Kreuzigung beigewohnt hatten; bei Lukas (Kap. 24, Vers 10) waren die beiden anderen Frauen Maria, die Mutter von Jakobus (und Joses) und Johanna (die Ehefrau des *epitropos*, des Verwalters Chuza), und es wird angedeutet, daß auch »andere Frauen« anwesend waren. Bei Matthäus (Kap. 28, Vers 2) waren nur zwei Frauen anwesend, Maria von Magdala und »die andere Maria« – die Mutter von Jakobus und Joses (Kap. 27, Vers 56). Nur in einer Hinsicht stimmen alle vier Evangelien überein: daß sich Maria von Magdala (Johannes zufolge allein) zum Grab begab.

Hätten die Mutter von Bar Nagara und seine Tante tatsächlich der Kreuzigung beigewohnt und in der Nähe seines Kreuzes gestanden, wären sie mit an Sicherheit grenzender Wahrscheinlichkeit auch an der Spitze der Prozession der Frauen gegangen, die seinem Grab den ersten rituellen Besuch abstatteten. Die Tatsache, daß beide fernblieben und daß in den Evangelien totales Schweigen darüber herrscht, ist höchst bezeichnend und scheint nur auf eines hinzudeuten: Weder seine Mutter noch seine Tanten waren in Jerusalem, als Bar Nagara gekreuzigt wurde. Johannes erwähnt die Anwesenheit der Mutter bei der Kreuzigung nur in einer bestimmten Absicht: Um sich für einen Jünger einzusetzen, der angeblich mit ihr bei dem Kreuz stand – der Jünger, der Johannes zufolge und nur bei ihm derjenige war, für den Bar Nagara besondere Zuneigung empfand. Dieser Jünger war Johannes zufolge der einzige, der beim Kreuz anwesend war. Selbst die Brüder Bar Nagaras waren nicht da. In der Tat spricht keines der Evangelien davon, daß auch nur ein Angehöriger von Bar Nagaras engstem Familienkreis in jener schicksalsschweren Woche in Jerusalem bei ihm war. Wer also war der Jünger, für den sich Johannes so einsetzt?

In den anderen Fällen, in denen Johannes diesen besonderen Jünger erwähnt, »den Jesus liebhatte« (Kap. 13, Vers 23; Kap. 21, Verse 7, 20), wird noch ein Jünger erwähnt, der stets mit ihm in Zusammenhang gebracht wird: Simon von Bethsaida, auch als Simon Kephas oder Simon Petrus bekannt (*Petros* oder »Petrus« ist die griechische Übersetzung des aramäischem *Kifa* oder »Kephas«, »Fels«). Dies bedeutet, daß Simon Petrus nicht der Jünger gewesen sein kann, den Jesus »liebhatte«. Bislang ist angenommen worden, daß es der Namensvetter des Evangelisten war, der seinen Namen trug: Johannes Boanerges, einer der zwei »Söhne des Zebedäus« (oder »von« Zebedäus), was korrekt zu sein scheint (siehe unten). Und doch: Warum hebt das Johannes-Evangelium gerade ihn als den Jünger hervor, den Bar Nagara »liebhatte«? Ferner: Warum nennt ihn das gleiche Evangelium nie beim Namen? Nur bei einer Gelegenheit, wo er erkennbar die Brüder unter den Jüngern bezeichnen wollte, werden sie einfach die »Söhne des Zebedäus« (Kap. 21, Vers 2) genannt. Kann es sein, daß der Autor des vierten Evangeliums sich für Johannes Boanerges besonders einsetzte, während er zugleich jede Erwähnung seines Namens vermied – oder des Namens seines Bruders –, um einen Skandal zu vermeiden.

Es gab noch ein weiteres Gerücht, das anscheinend unter den frühen Aposteln in Umlauf war, um die »Söhne des Zebedäus« in Verruf zu bringen, die in der Reihenfolge »Jakobus und Johannes« aufgeführt werden. Das deutet darauf hin, daß Jakobus der ältere der beiden gewesen sein dürfte. Eine Version dieser offensichtlich phantasierten Geschichte steht, unsterblich gemacht, im Markus-Evangelium (Kap. 10, Verse 35–45); eine weitere findet sich im Matthäus-Evangelium (Kap. 20, Verse 20–28). In beiden Versionen werden die Brüder als übermäßig ehrgeizige Männer dargestellt, als machthungrige Emporkömmlinge, die Bar Nagara bedrängen, ihnen eine besonders begünstigte Position an seiner Seite zu versprechen, wenn er seinen endgültigen Triumph feiert. Bei Markus (Kap. 10, Verse 35–38) sind es die Brüder selbst, die ihn bedrängen:

> »Meister, wir wollen, daß du für uns tust, um was wir dich bitten werden ... Gib uns, daß wir sitzen einer zu deiner Rechten und einer zu deiner Linken in deiner Herrlichkeit. Jesus aber sprach zu ihnen: Ihr wißt nicht, was ihr bittet.«

Dem Matthäus-Evangelium zufolge (Kap. 20, Verse 20–24) ist es die habgierige Mutter der beiden Männer, die das Thema in ihrer Anwesenheit anschneidet:

> »Da trat zu ihm die Mutter der Söhne des Zebedäus mit ihren Söhnen, fiel vor ihm nieder und wollte ihn um etwas bitten ... Sie sprach zu ihm: Laß diese meine beiden Söhne sitzen in deinem Reich einen zu

deiner Rechten und den andern zu deiner Linken. Aber Jesus antwortete und sprach: Ihr wißt nicht, was ihr bittet ... Das Sitzen zu meiner Rechten und Linken zu geben, steht mir nicht zu. Das wird denen zuteil, für die es bestimmt ist von meinem Vater. Als das die Zehn hörten, wurden sie unwillig über die zwei Brüder.«

Es war mit Gewißheit nicht diese Forderung, die die anderen Apostel gegen Jakobus und Johannes aufbrachte. Es war die Tatsache, daß Jakobus, der ältere der Boanerges-Brüder, nach dem Tod Bar Nagaras als erster Anführer an der Spitze des nazarenischen Wegs in Jerusalem stand. Der Mann, der ihm die Führung streitig machte, war Simon Kephas oder Petrus. Petrus und sein jüngerer Bruder Andreas gehörten nicht weniger als Jakobus Boanerges und dessen Bruder Johannes zu den ersten Jüngern Bar Nagaras, so daß Petrus keineswegs weniger qualifiziert war, die Leitung der Gemeinde zu übernehmen. Da Jakobus jedoch die Macht besaß, konnte sich Petrus ihm nur mit der Durchsetzung des Prinzips der erblichen Nachfolge in der Führung der Nazarener entgegenstellen. Bar Nagara hatte keine Kinder, welche die Nachfolge beanspruchen konnten; aber da waren die »Brüder«, von denen der älteste ein weiterer Jakobus war. Dieser Mann war nie ein Jünger seines Bruders Jeshu gewesen, aber dennoch war er nicht weniger als dieser ein »Sohn Davids«.

Für Petrus kam der Augenblick zum Handeln nach dem Jahr 41 n. Chr., als die Römer in Palästina für kurze Zeit das Reich Judäa wiederherstellten und einen Enkel von Herodes dem Großen namens Herodes Agrippa an die Spitze setzten (41–44 n. Chr.). Die Darstellung der Konsequenzen seiner Ernennung für die Nazarener-Gemeinde von Jerusalem läßt, so wie wir sie in der Apostelgeschichte des Lukas finden (Kap. 12, Verse 1–17), eine Verschwörung und Intrigen vermuten:

> »Um diese Zeit legte der König Herodes Hand an *einige von der Gemeinde, sie zu mißhandeln* (auf griechisch *tinas ton apo tes ekklesias*). Er tötete aber Jakobus, den Bruder des Johannes, mit dem Schwert. Und als er sah, daß es den Juden gefiel, fuhr er fort und nahm auch Petrus gefangen ... So wurde nun Petrus im Gefängnis festgehalten ... Und in jener Nacht, als ihn Herodes vorführen lassen wollte, schlief Petrus zwischen zwei Soldaten ... Und siehe, der Engel des Herrn kam herein, und Licht leuchtete auf in dem Raum; und er stieß Petrus in die Seite und weckte ihn und sprach: Steh schnell auf! Und die Ketten fielen ihm von seinen Händen ... Und er ging hinaus und folgte ihm (dem Engel) ... Und sie traten hinaus und gingen eine Straße weit, und alsbald verließ ihn der Engel ... Und als er sich besonnen hatte, ging er zum Haus Marias, der Mutter des Johannes mit dem Beinamen Markus, wo viele beieinander waren und beteten ... Als sie nun aufmachten, sahen sie ihn und entsetzten sich. Er aber winkte ihnen mit der Hand, daß sie schweigen sollten, und erzählte ihnen, wie ihn der Herr aus dem Gefängnis geführt hatte und sprach: *Verkündet dies dem Jakobus und den Brüdern.** Dann ging er hinaus und zog an einen andern Ort.«

---

* In der griechischen Urfassung *tois adelphois,* was »die Brüder« bedeutet.

Warum hat die Apostelgeschichte – die ihre Informationen so offenkundig aus Überlieferungen bezieht, die mit Petrus zusammenhängen – nur so wenig über Jakobus zu sagen, obwohl Jakobus Boanerges nicht nur das erste Oberhaupt des Nazarener-Wegs in Jerusalem war, sondern auch einer von den ersten Märtyrern? Warum nennt die Apostelgeschichte ihn den »Bruder des Johannes« und nichts sonst? Warum sagt sie ausdrücklich, daß die Verfolgung, die zu seinem Tod führte, nur *einige Mitglieder der Kirche* betraf. Warum wird in der Darstellung nicht gesagt, was genau die Botschaft enthielt, die Petrus ausdrücklich an »Jakobus und die Brüder« überbracht wissen wollte?

Wie immer die Wahrheit in dieser Angelegenheit aussehen mag, eines bleibt gewiß: Als Paulus Jerusalem im Jahre 43 oder 44 n. Chr. besuchte, stand Jakobus, der Bruder von Jeshu Bar Nagara, bereits als unangefochtenes Oberhaupt an der Spitze des Nazarener-Wegs mit Petrus an seiner Seite. Petrus hatte, wie es scheint, die Führungsposition nie angestrebt; als Jakobus Boanerges jedoch aus dem Weg geräumt war, hatte er sich vergewissert, daß dessen Bruder Johannes ihm nicht nachfolgen konnte. Gleichwohl hatte Johannes auch weiterhin seine Anhänger in der Bewegung. Unterdessen taten die Anhänger von Petrus ihr Bestes, ihn in Verruf zu bringen und das Andenken an seinen toten Bruder als dem ersten Nachfolger Bar Nagaras in der Führung des Wegs der Nazarener auszulöschen.

Um den Ruf des Johannes als einen Mann wiederherzustellen, der nicht der habgierige Sohn einer einfachen Magd war, sondern ein Apostel von beträchtlichem Ansehen mit einem Anspruch auf besondere Autorität, verwandelte ihn das Evangelium, das seinen Namen trägt, in den »Jünger, den Jesus liebhatte«. Um Streitigkeiten zu vermeiden, die in dieser Angelegenheit unausweichlich ausbrechen mußten, wurde der Name des Mannes einfach weggelassen. Bei der Lektüre des vierten Evangeliums konnten die frühen Christen, die Anhänger des Johannes waren, jedoch ohne weiteres begreifen, wer der Jünger war, den Jesus »liebhatte«. Um das Bild dieses Jüngers weiterhin aufzuwerten, sprach das gleiche Evangelium davon, daß er bei der Kreuzigung anwesend gewesen sei und neben der Mutter von Bar Nagara und dessen Tante gestanden habe. Ferner läßt Johannes den sterbenden Bar Nagara sagen, er empfehle seine Mutter der Obhut dieses Jüngers, den er »liebhatte«, und bittet sie, ihn an seiner Stelle als ihren Sohn anzunehmen. Maria von Magdala war die einzige Person, über deren Anwesenheit bei der Kreuzigung alle einig sind.

Über das, was am dritten Tag nach der Kreuzigung geschah, berichtet Johannes mit einer weiteren Begebenheit, bei der derselbe Lieblingsjünger eine führende Rolle spielt, und wieder ist Maria von Magdala Zeugin (Johannes, Kap. 20, Verse 1–19):

> »Am ersten Tag der Woche kommt Maria von Magdala früh, als es noch finster war, zum Grab und sieht, daß der Stein vom Grab weg war. Da läuft sie und kommt zu Simon Petrus und *zu dem andern Jünger, den Jesus liebhatte,* und spricht zu ihnen ... Da ging Petrus und der andere Jünger hinaus, und sie kamen zum Grab. Es liefen aber die zwei miteinander, *und der andere Jünger lief voraus, schneller als Petrus, und kam zuerst zum Grab,* schaut hinein und sieht die Leinentücher liegen; er ging aber nicht hinein. Da kam Simon Petrus ihm nach und ging in das Grab hinein und sieht die Leinentücher liegen, aber das Schweißtuch, das Jesus um das Haupt gebunden war, nicht bei den Leinentüchern liegen, sondern dane-

ben, zusammengewickelt an einem besonderen Ort. *Da ging auch der andere Jünger hinein, der zuerst zum Grab gekommen war und sah und glaubte. (Denn sie verstanden die Schrift noch nicht, daß er von den Toten auferstehen müßte.)* Da gingen die Jünger wieder heim. Maria aber stand draußen vor dem Grab und weinte... Sie haben meinen Herrn weggenommen, und ich weiß nicht, wo sie ihn hingelegt haben. Und als sie das sagte, wandte sie sich um und sieht Jesus stehen..., sie meint, es sei der Gärtner... Spricht Jesus zu ihr: Maria! Da wandte sie sich um und spricht zu ihm auf hebräisch: Rabbuni!, das heißt: Meister! Spricht Jesus zu ihr: Rühre mich nicht an!... Geh aber hin zu meinen Brüdern... Maria von Magdala geht und verkündigt den Jüngern: Ich habe den Herrn gesehen, und das hat er zu mir gesagt. Am Abend aber dieses ersten Tages der Woche, als die Jünger versammelt und die Türen verschlossen waren aus Furcht vor den Juden...«

Die vielen Ungereimtheiten der verschiedenen Auferstehungsdarstellungen in den Evangelien sind den Wissenschaftlern bereits vor langer Zeit aufgefallen. Dem Johannes-Evangelium zufolge war Maria von Magdala die erste und einzige Person, die den auferstandenen Bar Nagara in der Nähe seines leeren Grabes stehen sah. Das ist für diejenigen, die nicht daran glauben können, daß tote Menschen wieder ins Leben zurückkehren, durchaus plausibel. Angesichts ihrer früheren Geistesverwirrung ist von einigen Forschern gemutmaßt worden, daß Maria von Magdala eine Halluzination gehabt haben muß und geglaubt hat, das leere Grab und den auferstandenen »Jesus« gesehen zu haben. Alle vier Evangelien stimmen darin überein, daß Maria von

Magdala der Auferstehung an dem Tag beiwohnte, an dem sie sich ereignete. Bei Johannes ist sie die einzige Zeugin: Sie allein bleibt zurück, sieht ihren auferstandenen Herrn und unterhält sich mit ihm. Simon Petrus und der Jünger, den Jesus »liebhatte«, sehen nur das leere Grab, worauf sie nach Hause zurückkehren. Das gleiche Evangelium zitiert jedoch auch die Worte Maria von Magdalas im ursprünglichen Aramäisch, als sie »Rabbuni!« ausruft, als sie ihren auferstandenen Meister erkennt (als Anrede hat »Rabbuni« die allgemeine Bedeutung von »Meister«, kann im engeren Sinn aber auch »Lehrer« bedeuten). Dies verleiht der Darstellung der Auferstehungsgeschichte des Johannes eine besondere Glaubwürdigkeit, daß Maria von Magdala die einzige Zeugin gewesen ist.

Für den gegenwärtigen Zweck unserer Untersuchung ist es nützlicher, wenn wir uns jetzt auf die marginalen Einzelheiten der Darstellung konzentrieren, wie sie von Johannes präsentiert werden, statt bei der Frage zu verweilen, ob sich die Auferstehung tatsächlich ereignet hat oder nicht. Falls sich die Jünger unmittelbar nach Bar Nagaras Festnahme in verschiedene Richtungen zerstreut hatten und sich überdies nach seiner Kreuzigung tatsächlich völlig verängstigt hinter verschlossenen Türen aufgehalten hatten – wie hat es Maria von Magdala dann geschafft, ihr Versteck oder ihre Verstecke so leicht zu finden und die beiden mühelos dazu zu bringen, jeder Gefahr zu trotzen und ihr zu dem leeren Grab zu folgen? Selbst wenn wir zugestehen, daß sie dies irgendwie geschafft hat – warum schweigen sich die anderen Evangelien darüber aus? Warum nennt überdies das vierte Evangelium nur Simon Petrus und Johannes als die beiden Jünger, die das leere Grab wirklich gesehen hatten? Warum wird im vierten Evangelium wiederholt behauptet, es sei Bar Nagaras »Lieblingsjünger«, der als erster das Grab erreichte, obwohl dort steht, daß Simon Petrus der erste war, der wirklich »hineinging«? Warum wird so nachdrücklich darauf bestanden, daß es der Lieblingsjünger war, der *»sah und glaubte«,* während Simon Petrus das leere Grab und das zusammengewickelte Schweißtuch nur *sah?*

Das vierte Evangelium, das zu einer Zeit geschrieben wurde, in der die frühe Kirche in Jerusalem immer noch in Anhänger von Petrus und von Johannes gespalten war, macht anfänglich den Versuch, zwischen den Ansprüchen dieser beiden Apostel auf besondere Autorität und Berühmtheit ein versöhnliches Gleichgewicht herzustellen. So werden beide als die Jünger dargestellt, die das Privileg hatten, das leere Grab ihres Meisters zu sehen, was keinem der anderen Jünger möglich war. Johannes *sah und glaubte.* Petrus *sah,* doch dann folgt der Hinweis, daß er zu denjenigen gehörte, »die die Schrift noch nicht verstanden, daß er von den Toten auferstehen müßte«.

Die Bevorzugung von Johannes zeigt sich im letzten Kapitel des vierten Evangeliums noch direkter. Dort wird das letzte Gespräch des auferstandenen Bar Nagara mit den beiden auserwählten Jüngern wiedergegeben (Johannes, Kap. 21, Verse 15–24):

> »Als sie nun das Mahl gehalten hatten, spricht Jesus zu Simon Petrus: Simon, Sohn des Johannes, hast du mich lieber, als mich diese haben? Er spricht zu ihm: Ja, Herr, du weißt, daß ich dich liebhabe. Spricht Jesus zu ihm: Weide meine Lämmer!... Petrus wurde traurig, weil er zum dritten Mal zu ihm sagte: Hast du mich lieb?... Petrus aber wandte sich um und sah den Jünger folgen, den Jesus liebhatte... Als Petrus diesen sah, spricht er zu Jesus: Herr, was wird aber mit diesem? Jesus spricht zu ihm: Wenn ich

will, daß er bleibt, bis ich komme, was geht es dich
an?... Da kam unter den Brüdern die Rede auf:
Dieser Jünger stirbt nicht. Aber Jesus hatte nicht zu
ihm gesagt: Er stirbt nicht, sondern: Wenn ich will,
daß er bleibt, bis ich komme, was geht es dich an?
Dies ist der Jünger, der dies alles *bezeugt und aufge-
schrieben hat,* und wir wissen, daß sein Zeugnis wahr
ist.«

Anders als das vierte Evangelium scheinen die drei synoptischen Evangelien den Anspruch von Simon Petrus und nicht
von Johannes auf die apostolische Oberhoheit zu begünsti-
gen (Markus, Kap. 8, Verse 27–30; Matthäus, Kap. 16,
Verse 13–20; Lukas, Kap. 9, Verse 18–21). Markus und
Matthäus äußern sich, wie wir schon gesehen haben, über
die Habgier von Johannes und dessen älterem Bruder. Hier
sei noch einmal besonders darauf hingewiesen, daß Matthäus der Evangelist war, der sich am eindeutigsten zugun-
sten von Petrus äußerte (Kap. 16, Verse 13–19):

»Jesus ... fragte seine Jünger und sprach: Wer sagen
die Leute, daß der Menschensohn sei? Sie sprachen:
Einige sagen, du seist Johannes der Täufer, andere,
du seist Elia, wieder andere, du seist Jeremia oder
einer der Propheten. Er fragte sie: Wer sagt denn ihr,
daß ich sei? Da antwortete Simon Petrus und sprach:
Du bist Christus, des lebendigen Gottes Sohn! Und
Jesus antwortete und sprach zu ihm: Selig bist du,
Simon, Jonas Sohn; denn Fleisch und Blut haben dir
das nicht offenbart, sondern mein Vater im Himmel.
Und ich sage dir auch: Du bist Petrus *(Petros),* und
auf diesen Felsen *(petra)* will ich meine Gemeinde
bauen, und die Pforten der Hölle sollen sie nicht

überwältigen. Ich will dir die Schlüssel des Himmelreichs geben: alles, was du auf Erden binden wirst, soll auch im Himmel gebunden sein, und alles, was du auf Erden lösen wirst, soll auch im Himmel gelöst sein.«

Wie auch immer ihre rivalisierenden Ansprüche auf besondere apostolische Autorität begründet sein mochten, so war weder Simon Petrus noch Johannes Boanerges ein Nachkomme Davids. Nach dem Märtyrertod von Jakobus Boanerges war es Jakobus Bar Nagara – »des Herrn Bruder« –, der in Jerusalem die Führung des Wegs der Nazarener als Vertreter des geheiligten Davidschen Geschlechts übernahm und Petrus zu seiner Rechten hatte, während Johannes aus diesem Kreis ausgeschlossen blieb. Jakobus Bar Nagara verdankte seine Nachfolge an der Spitze der Nazarener den Machenschaften des Petrus. Es dürfte außer Zweifel stehen, daß Johannes sich nach Kräften widersetzte, denn er hatte diese Führungsposition für sich selbst angestrebt. Als »des Herrn Bruder« jedoch an der Spitze der Jerusalemer Kirche stand, leitete er die Gemeinde so willkürlich und anmaßend, daß Petrus ihn offensichtlich mit anderen Augen betrachtete. So dauerte es nicht lange, bis er mit seinem früheren Rivalen Johannes Boanerges Frieden schloß und dafür sorgte, daß er in den engeren Führungszirkel der Jerusalemer Kirche aufgenommen wurde. Als Paulus nach seiner Bekehrung im Jahre 43 oder 44 n. Chr. zum ersten Mal wieder Jerusalem besuchte, traf er in der Stadt nur zwei Führer der Gemeinde: Jakobus, »des Herrn Bruder«, und Petrus. Vierzehn Jahre später jedoch, bei seinem zweiten Besuch, begegnete er drei Führern der Jerusalemer Kirche: Jakobus, Petrus und Johannes. Und der Mann, der immer noch an der Spitze stand, diesmal als Oberhaupt des Triumvirats, war Jakobus.

Als Bar Nagara noch am Leben war, hatte er sich auffallend wenig um seine Familie gekümmert. Bevor er aus Galiläa flüchtete, um nach Jerusalem zu gehen, hatte er vermutlich Vorsorge getroffen, daß sie in jener Region bei eingewanderten Verwandten bleiben konnten, denn dort lebten noch im zweiten Jahrhundert nach Christus einige ihrer Nachkommen (siehe Kap. 3).

Nach seinem Tod verließen einige Familienmitglieder, darunter seine Mutter (Apostelgeschichte, Kap. 1, Vers 14), Galiläa und kamen in die Heilige Stadt. Unter ihnen, so ist zu vermuten, war auch Jeshus Bruder Jakobus (Galater-Brief, Kap. 1, Vers 19, Kap. 2, Vers 9; Apostelgeschichte, Kap. 12, Vers 17; Kap. 15, Vers 13; Kap. 21, Vers 18). Ob Jakobus sofort Anspruch auf die Nachfolge seines toten Bruders erhob oder ob es Petrus war, der ihn darauf hinwies, läßt sich heute nicht mehr feststellen.

Schließlich wurde Jakobus das unumschränkte Oberhaupt des Wegs der Nazarener in Jerusalem. Spätere christliche Überlieferungen bezeichneten ihn als *Iakobus Iostos* (auf lateinisch *Justus*), was meist als »Jakobus der Gerechte« wiedergegeben wird – ein Attribut, das gewählt worden ist, um seine Unbeugsamkeit bei der Aufrechterhaltung des israelitischen Gesetzes zu betonen. In den semitischen Sprachen bezeichnen die Begriffe für »Gerechtigkeit« und »Rechtschaffenheit« auch »Legitimität« oder »Rechtmäßigkeit« der Erbfolge. Folglich sollte der Titel besser als »Jakobus der Legitime« wiedergegeben werden, nämlich im Sinn einer gesetzlichen Erbfolge bei der Führung der Nazarener, die er für sich in Anspruch nahm und auch erhielt.

Nach seinem Tode im Jahre 62 n. Chr. folgte Jakobus sein Vetter Simeon nach, der Sohn seiner Tante mütterlicherseits, der Maria, der Frau Klopas. Andere Angehörige seiner Familie, darunter zwei Enkel seines Bruders Judas (siehe Kap. 3), stellten auch weiterhin die »Bischöfe« von Jerusalem, bis Nazarener und Juden schließlich im Jahre 135 n. Chr. von dem römischen Kaiser Hadrian aus der Stadt verjagt wurden: So sagt es der Kirchenhistoriker Eusebius von Caesaräa aus dem vierten Jahrhundert, der sich auf die frühere Überlieferung des christlichen Schriftstellers Hegesippus aus dem zweiten Jahrhundert beruft. Daß diese »Bischöfe« von Jerusalem – die von frühen Kirchenhistorikern die »Bischöfe der Beschneidung« genannt wurden – tatsächlich eine Dynastie waren, die ihre herausragende Stellung auf ihre Blutsverwandtschaft mit dem »Herrn« zurückführte, wird heute allgemein akzeptiert. Wenn wir von Jakobus einmal absehen, gab es noch mindestens zwei weitere unter ihnen, die unter dem Namen »Justus« bekannt wurden. Eine genealogische Tabelle dieser »legitimen« Bischöfe von Jerusalem, deren Verwandtschaft mit Jeshu Bar Nagara bekannt ist, läßt sich heute rekonstruieren (siehe Abb. 3).

Wie immer der Glaube ausgesehen haben mag, den Jakobus und die Apostel des Nazarener-Wegs aufrechterhielten, es war nicht das Christentum, wie wir es heute kennen.

Paulus ließ Jakobus und die Apostel der Nazarener in Palästina nach Belieben predigen, denn sie hatten gleichzeitig mit ihrer materiellen Armut zu kämpfen. Dafür predigte er sein Christentum in wohlhabenderen Gemeinden von Nichtjuden und Juden, in Antiochia und Kleinasien, in Griechenland und Rom. Wohin er auch ging, gründete er reiche Kirchen und brachte es sogar fertig, sie mehr oder weniger unter Kontrolle zu behalten. Als die Nazarener Christen Judäas schließlich mit den Juden der Region in alle Winde zerstreut wurden, ging mit ihnen auch ihre Jerusalemer Kirche unter. Die abweichende Lehre des Paulus und der von ihm gegründeten Kirchen konnte jedoch in anderen

Teilen der römischen Welt überleben. Trotz wiederholter Verfolgungen, die seine Anhänger schon zu seinen Lebzeiten und nach seinem Tode erleiden mußten, konnte ihr Glaube nicht zerstört werden.

So war es letztlich das Christentum des Paulus, das überleben konnte; aber das Andenken an den alten »Weg« der Nazarener von Jerusalem war immer noch lebendig. Auf irgendeine Weise mußten die Überlieferungen, die die Jünger hinterließen, nach dem Tod des Paulus mit dem christlichen Kanon in Einklang gebracht werden. Die Evangelien dieses Kanons stellen vier verschiedene Versuche einer solchen Anpassung dar, sind deshalb so voller Widersprüche.

Bis jetzt ist unsere Untersuchung von einem Hinweis ausgegangen: dem Besuch des Paulus in Arabien, der unmittelbar nach seiner Bekehrung erfolgte. Von diesem Moment an können wir das Rätsel ohne einen weiteren Hinweis nicht weiter lösen.

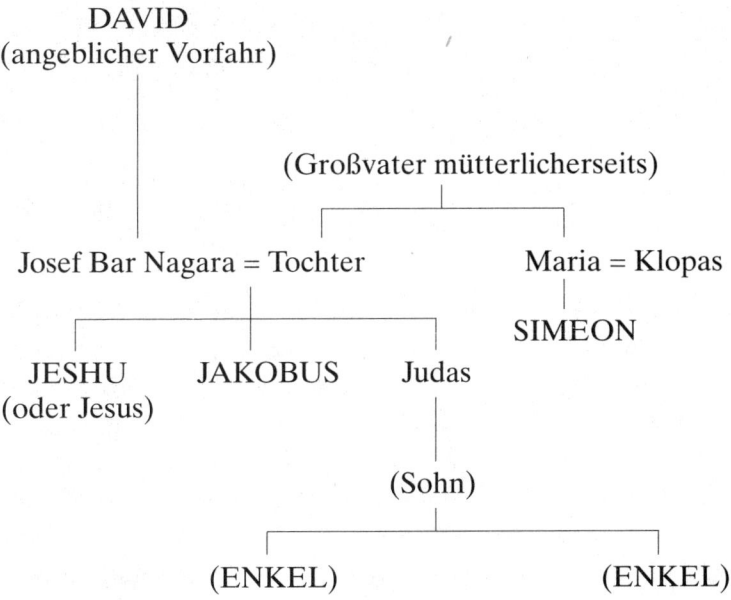

DAVID
(angeblicher Vorfahr)

(Großvater mütterlicherseits)

Josef Bar Nagara = Tochter   Maria = Klopas

SIMEON

JESHU   JAKOBUS   Judas
(oder Jesus)

(Sohn)

(ENKEL)   (ENKEL)

Abb. 3: *Die »Bischöfe« von Jerusalem*

10 | Der Gott, der Christus wurde

Der Hinweis oder Schlüssel, den wir benötigen, ist schon immer im Johannes-Evangelium enthalten gewesen, ohne entsprechend seiner Bedeutung gewürdigt zu werden. Man findet ihn in den kunstvollen Reden, in denen der Jesus dieses Evangeliums in den extravagantesten Begriffen von sich selbst spricht. Der hochmütige Ton dieser Ansprachen steht in totalem Gegensatz zu dem Jesus, der an anderen Stellen in den Evangelien auftaucht. Denn von dem Mann, der angeblich gesagt hat: »Selig sind die Sanftmütigen; denn sie werden das Erdreich besitzen« (Matthäus, Kap. 5, Vers 5), heißt es bei Johannes (Kap. 4, Vers 32; Kap. 6, Vers 35; Kap. 7, Vers 37, Kap. 8, Vers 12; Kap. 10, Verse 10, 11, 30; Kap. 11, Verse 25–26; Kap. 15, Verse 1–3, 5):

> »Er aber sprach zu ihnen: Ich habe eine Speise zu essen, von der ihr nicht wißt... Ich bin *das Brot des Lebens*... Wer zu mir kommt, den wird nicht hungern; und wer an mich glaubt, den wird nimmermehr dürsten.
>
> Wen da dürstet, der komme zu mir und trinke!
>
> Ich bin *das Licht der Welt*... Wer mir nachfolgt, der wird nicht wandeln in der Finsternis, sondern wird das Licht des Lebens haben.

Ich bin gekommen, damit sie *das Leben und volle Genüge haben sollen.*

Ich bin der *gute Hirte.* Der Hirte läßt sein Leben für die Schafe.

Ich und der Vater sind eins.

Ich bin *die Auferstehung und das Leben.* Wer an mich glaubt, der wird leben, auch wenn er stirbt; und wer da lebt und glaubt an mich, der wird nimmermehr sterben. Glaubst du das?

Ich bin *der wahre Weinstock, und mein Vater der Weingärtner.* Eine jede Rebe an mir, die keine Frucht bringt, wird er wegnehmen, und eine jede, die Frucht bringt, wird er reinigen, daß sie mehr Frucht bringe. Ihr seid schon rein um des Wortes willen, das ich zu euch geredet habe.

Ich bin *der Weinstock, ihr seid die Reben.* Wer in mir bleibt und ich in ihm, der bringt viel Frucht; *denn ohne mich könnt ihr nichts tun.*«

Kein Mensch kann sich derart anmaßend über sich selbst äußern, ohne befürchten zu müssen, daß man seine geistige Gesundheit anzweifelt – ein Umstand, den Johannes an einer Stelle sogar festhält (Kap. 10, Vers 20). Der besondere Jesus, dem diese Äußerungen zugeschrieben werden, muß jedoch nicht unbedingt ein Mensch gewesen sein. Er kann nicht, so behaupte ich, der Mann gewesen sein, der in der Bergpredigt die Tugenden der Selbstlosigkeit und Demut predigte; ebensowenig könnte er Issa gewesen sein, der

Prophet des Nazarener-Evangeliums, der anscheinend ein strikter Monotheist in der Tradition des Moses war, wenn wir einmal davon absehen, daß er eine liberalere Interpretation des Gesetzes lehrte. Jeshu Bar Nagara hätte als Prätendent auf Davids Thron niemals mit solchen Worten von sich selbst gesprochen, die weit über die alttestamentliche Vorstellung vom Messias hinausgehen. Hätte er es getan, hätte der junge Fürst von Israel schon von Anfang an jede Aussicht auf Verwirklichung seiner politischen Ambitionen ruiniert, lange bevor er die fatalen Unvorsichtigkeiten beging, die zu seiner Kreuzigung führten.

Der Urheber dieser »Ich bin«-Äußerungen im vierten Evangelium war definitiv kein Mensch. Er war ein Gott. Mehr noch, er war ein Fruchtbarkeitsgott: »Ich bin gekommen, damit sie das Leben und volle Genüge haben sollen«; »Wer in mir bleibt und ich in ihm, der bringt viel Frucht; denn ohne mich könnt ihr nichts tun.« In der Überlieferung des antiken Nahen Ostens gibt es Fruchtbarkeitsgötter ohne Zahl. Ist es möglich, daß sich auch ein »Jesus« unter ihnen befand?

Dem Koran zufolge haben einige der Anhänger von Issa, dem Jesus des Nazarener-Evangeliums, diesen irrtümlich als Gott verehrt (siehe Kap. 4). Dies könnte bedeuten, daß die Identität von Issa in einigen Kreisen der Nazarener mit der einer Gottheit gleichen Namens verwechselt worden ist – eine Verwechslung, die mit dem Aufkommen des Islam im siebten Jahrhundert nach Christus immer noch lebendig war. In diesem Zusammenhang ist es höchst interessant, festzustellen, daß es in den westarabischen Regionen Hijaz und Asir nicht weniger als sieben Dörfer mit dem Namen Al Issa gibt (je nach Gegend als *Il'Isa* oder *El'Is* ausgesprochen, wörtlich der »Gott Issa«). Damit ist der Name »Jesus« als der Name einer Gottheit unsterblich gemacht worden. Andere Varianten dieses Namens wie etwa *Al'Ays* (der »Gott des Samens«) und *Al'Ayyash* (der lebenspendende Gott) finden sich ebenfalls.

Abgesehen von solchen Ortsnamen gibt es auch epigraphische Beweise dafür, daß eine Gottheit, deren Name in konsonantischer Schreibweise nicht anders lautete als der Issas, zu einer bestimmten Zeit im Westen Arabiens tatsächlich verehrt wurde. Inschriften in einer antiken arabischen Schrift, dem Thamudischen, die im nördlichen Hijaz entdeckt und auf die Zeit zwischen dem zweiten Jahrhundert vor Christus und dem zweiten Jahrhundert nach Christus datiert worden ist, zeigen klare Hinweise auf einen Gott, dessen Name ʿs geschrieben wird.* Man hat die Vermutung geäußert, daß dieser Name ʿAss ausgesprochen wurde und »der, der nachts Wache hält« bedeutet. Man nimmt an, daß es sich um einen Mondgott gehandelt hat. Dies ist jedoch nicht mehr als reine Spekulation. Es gibt keine Belege, die es beweisen. Die thamudische Sprache war eine Form des Arabischen; und in den meisten arabischen Dialekten wird der Diphtong *ay* oft als langgezogenes *i* ausgesprochen (wie im deutschen »hier«) oder *e* (wie im englischen »fair«). So wurden Wörter wie etwa *'ayl* (normalerweise *'yl* geschrieben, was »Gott« bedeutet) häufig einfach als *'l* geschrieben (wobei der mediale Halbvokal entfiel), weil sie als *il* oder *el* ausgesprochen wurden, was mit der realen stimmhaften Aussprache übereinstimmt. Ähnlich wird der Name des Gottes ʿs weit eher ʿAys gewesen sein (in dialektischer Aussprache ʿIs), womit ein Gott namens ʿIsa und nicht ʿAss gemeint sein dürfte. Die Tatsache, daß eine Reihe westara-

---

* Albert Van den Branden *Les Inscription thamoudéennes* (Paris 1950), S. 59, 69. Die auf diesen Gott verweisenden Inschriften werden als HUB 48, HUB 57 (10) sowie EUT. 87 aufgeführt.

bischer Dörfer noch heute den Namen *ʿIsa* (und nicht *ʿAss*) tragen, nach einem Gott, stützt diese Ansicht.

Es gibt noch faszinierendere Feststellungen. Von den sieben Dörfern mit dem exakten Namen Al Issa liegen drei in der Region Taif des Hijaz und vier in Asir. Von den letztgenannten befinden sich drei in der gleichen Gegend in der Nähe der Stadt Muhayil. Sie heißen Marwah (geschrieben *mrwt*) Al Issa, Khayal (geschrieben *ḫyl,* die arabische Form des aramäischen *ḫyl*) Al Issa und Mishbaḥ Al Issa. Im Arabischen ergeben diese drei zusammengesetzten Namen keinen Sinn. Man kann also davon ausgehen, daß es sich hier um arabische Verballhornungen früherer aramäischer Namen handelt. In diesem Fall wären die ursprünglichen Formen *Marut* (geschrieben *mrwt*) Al'Isa gewesen, was »Herrschaft des Gottes Issa« bedeutet; *Ḥayl Al 'Isa,* »Macht des Gottes Issa« sowie (in der heutigen Form) *Mishbaḥ Al ʿIsa,* »Ruhm des Gottes Issa«. Diese drei Attribute der Göttlichkeit des Gottes Issa finden sich in heute leicht abgewandelter Form in dem uns allen vertrauten Vaterunser wieder, das Jeshu Bar Nagara seine Anhänger gelehrt haben soll (Matthäus, Kap. 6, Vers 13): »Denn dein ist das *Reich* und die *Kraft* und die *Herrlichkeit* in Ewigkeit.«*

Es dürfte also feststehen, daß in der Antike ein Gott namens Issa oder Jesus zu einer bestimmten Zeit in Arabien angebetet wurde. Mehr noch: Diese göttliche Person wurde mit einer Art Dreieinigkeit in Verbindung gebracht: Herrschaft, Kraft und Herrlichkeit. Diese Dreieinigkeit des arabischen Gottes Jesus muß der herkömmlichen christlichen Dreieinigkeit von »Vater«, »Sohn« und »Heiligem Geist«

---

* Die Wissenschaft hat inzwischen unzweifelhaft bewiesen, daß diese Schlußpassage des Vaterunsers später hinzugefügt worden ist. Es bleibt jedoch die Frage: Woher stammt sie?

um viele Jahrhunderte vorausgewesen sein. Die Namen ihrer drei »Personen« sind unterschiedlich. Sie haben sich als die Namen von drei Dörfern der westarabischen Region erhalten, die ursprünglich Zentren der Anbetung des Gottes Jesus in seinen drei Erscheinungsformen gewesen sind.

Linguistisch ist der Name Issa *('Isa)* die aramäische Form des arabischen *al-'ays,* was »Wasser des Mannes« bedeutet, also den männlichen Samen. Das angehängte *a* in *'Isa* ist im Aramäischen der bestimmte Artikel. Mit diesem Begriff verwandt ist das arabische *'Aysh,* »Leben« (wie in *Al'Ayyash,* siehe oben). Der Jesus der »Ich bin«-Äußerungen war niemand anderer als der Gott Jesus, *Al'Isa* oder *Al'Ays* – die höchste Quelle der fruchtbaren »Kraft« des Mannes.* In einem Abschnitt seines Evangeliums verrät Johannes unwissentlich das Geheimnis, indem er folgende Begebenheit erzählt (Kap. 4, Verse 5–16, hier zusammengefaßt, um das Wesentliche herauszuarbeiten):

»Da kam er in eine Stadt Samariens, die heißt Sychar, nahe bei dem Feld, das Jakob seinem Sohn Josef gab. Weil nun Jesus müde war von der Reise, setzte er sich am Brunnen nieder; es war um die sechste Stunde. Da kommt eine Frau aus Samarien, um Wasser zu schöpfen. Jesus spricht zu ihr: Gib mir zu trinken! ... Wenn du erkenntest die Gabe Gottes und wer der ist, der zu dir sagt: Gib mir zu trinken!, du bätest ihn, und der gäbe dir *lebendiges Wasser.* Spricht zu ihm die Frau: Herr, hast du doch nichts, womit du schöpfen könntest, und der Brunnen ist tief; woher hast du dann *lebendiges Wasser?* ... Jesus antwortet und

---

* Vgl. Die Analyse der Lebensgeschichte der Zwillinge Esau und Jakob als Mythologie (erstes Buch Mose) in *Secrets of the Bible People.*

sprach zu ihr: Wer von diesem Wasser trinkt, den wird wieder dürsten, *wer aber von dem Wasser trinken wird, das ich ihm gebe, den wird in Ewigkeit nicht dürsten, sondern das Wasser, das ich ihm geben werde, das wird in ihm eine Quelle des Wassers werden, das in das ewige Leben quillt.* Spricht die Frau zu ihm: Herr, gib mir solches Wasser . . . Jesus spricht zu ihr: *Geh hin, ruf deinen Mann und komm wieder her!*«

Der Jesus, der an diesem Brunnen eine Frau traf und so mit ihr sprach, hat nichts mit Palästina zu tun. Sein »Samarien« (das *Shomeron* des Alten Testaments, wie ich es in *Die Bibel kam aus dem Lande Asir* identifiziert habe) ist das heutige Dorf und Stammesgebiet von Schimran (der exakte biblische Name) in der westarabischen Provinz Asir. Wir können dessen sicher sein, da es in der Region Nablus keinen Ort namens Sychar gibt (Transkription eines semitischen *skr, sqr* oder *ṣqr*). Im Westen Arabiens jedoch gibt es einen Ort mit dem gleichen Namen – in arabischer Form *Ṣiqar* – in unmittelbarer Nachbarschaft des heutigen Shimran (oder »Samarien«).

Schauplatz dieser Geschichte von Jesus und der Samariterin am Brunnen, wie sie von Johannes erzählt wird, muß dieses arabische »Sychar« oder Ṣiqar gewesen sein. Der »Jesus« dieser Geschichte war der Gott Al Issa, und nur er besaß die *Kraft,* »lebendiges Wasser« zu geben – das wundersame *'ays,* das nicht in der Frau in eine »Quelle« verwandelt wird, sondern in dem Mann, dem er es gibt: »Geh hin, ruf deinen Mann und komm wieder her!« In dem ursprünglichen Kult dieses männlichen Fruchtbarkeitsgottes war die Idee von der Ewigkeit vermutlich biologisch als Kontinuität des männlichen Samens gemeint. In den entwickelteren

Formen des Jesus-Kults scheint diese Vorstellung von Ewigkeit eine mystische Bedeutung angenommen zu haben: Der Mann, der von Gott »lebendiges Wasser« empfängt, gewinnt selbst das *ewige Leben.*

Man stellte sich Al Issa in seiner Eigenschaft als ultimative männliche Quelle des Lebens so vor, als wäre er auch sein eigener Vater: »Mein Vater und ich sind eins.« Dies ist das höchste Mysterium: »Ich bin die Auferstehung und das Leben... Wer an mich glaubt, der wird leben, auch wenn er stirbt. Glaubst du das?« In anderen Mysterien-Religionen des antiken Nahen Ostens gibt es eine Reihe von Fruchtbarkeitsgöttern, die menschliche Gestalt annehmen und von Gegnern gemeuchelt werden, nur um von den Toten aufzuerstehen und der Welt wieder Leben zu bringen.

Die Schlußfolgerung ist unausweichlich: Der aus zwei Personen zusammengesetzte Jesus des Paulus war kein anderer als der arabische Gott Jesus. Der auferstandene »Herr« der Evangelien war dieselbe Person. Der historische Bar Nagara starb in Jerusalem am Kreuz, und damit war seine Geschichte zu Ende. Erst als Gott Jesus erstand er von den Toten auf.

Außer seiner Fähigkeit, denen, die sein »lebendiges Wasser« empfingen, »das ewige Leben« zu geben, besaß Al Issa auch die *Kraft,* die Toten zu erlösen: »Wer an mich glaubt, der wird leben, auch wenn er stirbt.« In dieser besonderen Eigenschaft muß er auch unter dem Namen Dhu Khulasah angebetet worden sein, »Gott der Erlösung«. Anfang des siebten Jahrhunderts wurde Dhu Khulasah in einigen arabischen Regionen immer noch verehrt; das wichtigste Heiligtum dieses Gottes lag irgendwo südlich von Mekka – die berühmte *al-Ka'bah al-Yamaniya* (die »südliche Kaaba«), eine Nebenbuhlerin Mekkas. Man glaubt, sie habe in Tubalah gelegen, im Innern der Provinz Asir. Nach dem Triumph des Islam soll Mohammed eine Gruppe seiner Anhänger losgeschickt haben, um das Götzenbild des Dhu Khulasah zu zerstören – eine Skulptur aus weißem Stein – einen mit einer Krone geschmückten Phallus. Der Kult Dhu Khulasahs lebte in der Region jedoch wieder auf, wo er bis zum Jahr 1815 andauerte.

Die erste kunstvolle Verschmelzung des historischen Bar Nagaras mit dem mythologischen Al Issa oder Dhu Khalasah muß das Werk des Paulus gewesen sein. Paulus, der als strenggläubiger Jude aufgewachsen war, war zunächst von der Behauptung von Bar Nagaras Jüngern entsetzt, ihr Meister sei nach der Kreuzigung von den Toten auferstanden und habe ein leeres Grab zurückgelassen. An dieser Stelle seien noch einmal seine Worte zitiert (zweiter Korinther-Brief, Kap. 12, Verse 2–4, ausführlich zitiert in Kap. 1):

> »Ich kenne einen Menschen in Christus; vor vierzehn Jahren ... wurde derselbe entrückt bis in den dritten Himmel ... und hörte unaussprechliche Worte, die kein Mensch sagen kann.«

In den Mysterienreligionen des Nahen Ostens der Antike war die zentrale Idee von Tod und Auferstehung des Gottes normalerweise ein »Geheimnis«, das nur an vertrauenswürdig erscheinende Eingeweihte weitergegeben wurde. Beispielsweise achtete der griechische Historiker Herodot sorgfältig darauf, die Geheimnisse des Osiris-Kults zu bewahren, den er bei einem Besuch Ägyptens im fünften Jahrhundert vor Christus kennengelernt hatte. Er ging in diesem Bemühen sogar so weit, daß er Osiris nie namentlich erwähnte, sondern nur in Allegorien. Herodot erklärte, es sei unpassend, daß dessen Name von menschlichen Lippen ausgesprochen würde.

Da er vermutete, daß »Gottes Geheimnisse« (beispielsweise erster Korinther-Brief, Kap. 4, Vers 1; Kolosser-
Brief, Kap. 1, Vers 27, Kap. 2, Vers 3) – ein Geheimnis,
»das verborgen war seit ewigen Zeiten und Geschlechtern«
(Kolosser-Brief, Kap. 1, Vers 26) – nur in Arabien enträt-
selt werden könnten (von dem er wußte, daß dort Jeshu Bar
Nagara geboren war, siehe Kap. 2), begab er sich sofort
dorthin. Er entdeckte unter anderem (wie etwa dem Nazarener-Evangelium des Propheten Issa) den lebendigen Kult
Al Issas oder Dhu Khalasahs und dessen Schriften, die er
von seiner Reise mitbrachte – eines oder mehrere der »Pergamente«, in die er niemandem Einblick gewährte. In diesen kostbaren Schriften fand er »das große Geheimnis des
Glaubens«, wie er es ausdrückte, in Aussagen wie etwa dem
folgenden mystischen Ausdruck (erster Timotheus-Brief,
Kap. 3, Vers 16; zweiter Timotheus-Brief, Kap. 2, Verse
11–13):

>>Es ist offenbart im Fleisch,
gerechtfertigt im Geist,
gepredigt den Heiden,
geglaubt in der Welt,
aufgenommen in die Herrlichkeit.

Das ist gewißlich wahr: Sterben wir mit,
so werden wir mit leben;
dulden wir,
so werden wir mitherrschen;
verleugnen wir,
so wird er uns auch verleugnen;
sind wir untreu,
so bleibt er doch treu;
denn er kann sich selbst nicht verleugnen.<<

Welch eine erhabene Botschaft von Glaube, Hoffnung und Liebe! Vor allem im Gegensatz zu den einfachen didaktischen Lehren der Nazarener-Apostel, die sich in den Slums von Jerusalem aufhielten und herauszufinden versuchten, inwieweit das Gesetz des Moses gelockert werden könne, um für nichtjüdische Konvertierte ihres »Wegs« akzeptabel zu sein! Hier entdeckte Paulus etwas, was weit über das Gesetz hinausging und sogar die inspiriertesten Visionen der Propheten übertraf: einen Gott der Liebe, an dessen Göttlichkeit alle Menschen teilhaben konnten. Im Vergleich mit dieser wundervollen Idee von vollständiger Nähe zwischen dem Göttlichen und dem Menschlichen erschienen die Lehren der Jerusalemer Apostel als unbedeutend.

Paulus war sich vermutlich bereits vor dem Aufbruch aus Arabien und der Rückkehr nach Damaskus darüber klargeworden, was er künftig predigen würde. Das »Alte Testament« (zweiter Korinther-Brief, Kap. 3, Vers 14) von Moses, das allein dem Volk Israel vorbehalten gewesen war, war ebenso hinfällig geworden wie sein Gesetz. Um es zu ersetzen, gebe es jetzt einen »neuen Bund« (erster Korinther-Brief, Kap. 11, Vers 25; zweiter Korinther-Brief, Kap. 3, Vers 6): ein Evangelium oder eine »frohe Botschaft« (griechisch *euaggelion*) nicht nur für Israel, sondern für alle »Heiden«. Jetzt brauchte nur noch der Christus der Nazarener mit der Person von Jesus als dem Gott gleichgesetzt werden, der in Menschengestalt erschien und von den Engeln gesehen wurde, und damit würde die Botschaft des »neuen Bundes« klar werden (Galater-Brief, Kap. 3, Verse 24–25):

> »So ist das Gesetz unser Zuchtmeister gewesen auf Christus hin, damit wir durch den Glauben gerecht würden. Nachdem aber der Glaube gekommen ist, sind wir nicht mehr unter dem Zuchtmeister.«

In dem ursprünglichen arabischen Kult des Gottes Jesus war dieser Gott nicht der Schöpfer der Welt. Er war nur die Quelle des Lebens. Der Schöpfer war ein anderer, älterer Gott – vielleicht »der, der uralt war« (aramäisch *'Attiq Yomin*), von dem der Prophet Daniel spricht (Kap. 7, Verse 9, 13, 22). Im Hinblick auf einen, »der uralt war«, den ursprünglichen »Vater« der Schöpfung, war der Gott Jesus ein ewig junger und lebenspendender »Sohn«.* Bei der Weiterentwicklung des Kultes verschmolzen »der Vater« und »der Sohn« nach und nach zu einem einzigen Gott. Der »Vater« in diesem Gotteswesen konnte direkt mit der Menschheit als dem »Sohn« kommunizieren, der als ein Mensch stirbt und von den Toten aufersteht. Da Paulus in dem »Sohn« den Zeitgenossen Christus erkannte – Jeshu Bar Nagara –, der in Jerusalem tatsächlich am Kreuz gestorben war, war er davon überzeugt, daß das »Geheimnis« nicht nur seinem Volk, sondern der ganzen Welt offenbart werden müsse (Kolosser-Brief, Kap. 1, Verse 25–27):

> »Ihr (der Gemeinde) Diener bin ich geworden durch das Amt, das Gott mir gegeben hat, daß ich euch sein *Wort reichlich predigen* soll, nämlich *das Geheimnis,* das verborgen war seit ewigen Zeiten und Geschlech-

---

* An der Stelle, wo das Johannes-Evangelium (Kap. 5, Verse 27–29) von der Vollmacht spricht, die der »Vater« dem »Sohn« gegeben habe, Gericht zu halten, ist dies ein Echo der Worte des Propheten Daniel (Kap. 12, Vers 2), der als einziger unter den alttestamentlichen Propheten von »dem« sprach, »der uralt war«. Daher besteht die Möglichkeit, daß »der, der uralt war«, der »Vater« des fraglichen Kults gewesen ist. »Der, der uralt war«, erscheint auch in einigen Passagen des apokryphen Ersten Buches Enoch (Kap. 37–72), von dem man früher annahm, es stamme aus dem zweiten vorchristlichen Jahrhundert. Heute sind einige Forscher der Meinung, es handle sich dabei um christliche esoterische Apokryphen, die auf dem Buch des Propheten Daniel basierten und nicht früher als im dritten nachchristlichen Jahrhundert entstanden sein könnten.

tern, nun aber ist es offenbart seinen Heiligen, denen Gott kundtun wollte, was der herrliche Reichtum dieses Geheimnisses *unter den Heiden ist,* nämlich *Christus in euch* (griechisch *humin,* wörtlich eigentlich »für euch«), *die Hoffnung der Herrlichkeit.*«

Das Geheimnis des arabischen Gottes Jesus schloß nicht nur die Doppelexistenz eines »Vaters« und eines »Sohnes« ein. Die Schriften erwähnten auch einen »Geist«, in dem der Gott »gerechtfertigt« war (das verwendete griechische Verb ist *dikaioo,* »für Rechtens erklären«), als er sich »im Fleisch offenbarte« (erster Timotheus-Brief, Kap. 3, Vers 16). Folglich besaß der Kult ein drittes »Geheimnis« – das »Geheimnis« des »Geistes«, der die Wahrheit des zentralen Geheimnisses von dem Gott bezeugte, der Mensch wurde. Während Paulus den »Vater« (oder »Gott«) häufig zusammen mit dem »Sohn« (oder »Christus«) erwähnt und sich ausführlich über die enge Verbindung der beiden äußert, findet sich in seinen Schriften nur eine Stelle, an der er gleichzeitig von dem »Geist« spricht. Normalerweise beendete Paulus seine Briefe mit Äußerungen wie »Die Gnade unseres Herrn Jesus Christus sei mit euch allen!« oder »Die Gnade sei mit allen, die liebhaben unseren Herrn Jesus Christus, in Unvergänglichkeit«. In einem Brief lautet der Schluß jedoch: »Die Gnade unseres Herrn Jesus Christus und die Liebe Gottes und die Gemeinschaft des Heiligen Geistes sei mit euch allen!« (zweiter Korinther-Brief, Kap. 13, Vers 13). Erst nach dem Tod des Paulus formulierte Matthäus (Kap. 28, Verse 19–20) erstmals die Vorstellung von der »heiligen Dreieinigkeit«, die später von der christlichen Kirche weiterentwickelt wurde. Dem Matthäus-Evangelium zufolge soll Jesus nach seiner Auferstehung gesagt haben: »Darum gehet hin und machet zu Jüngern alle Völker: Taufet sie auf den Namen des Vaters und des Sohnes und des Heiligen Geistes und lehret sie halten alles, was ich euch befohlen habe. Und siehe, ich bin bei euch alle Tage bis an der Welt Ende.«

Interessanterweise war es Matthäus, der als erster von der Dreieinigkeit des Vaters, des Sohnes und des Heiligen Geistes sprach und zudem die frühere Dreieinigkeit des Reiches, der Kraft und der Herrlichkeit in dem Text zitierte, mit dem er das »Vaterunser« wiedergibt. Folglich wurde in dem postpaulinischen Christentum eine ältere Dreieinigkeit durch eine neue ersetzt.

Unsere Untersuchung bezweckt jedoch nicht, den Anfängen und der Entwicklung der christlichen Theologie nachzuspüren. Wir haben es mit einer historischen Frage der Identität von Jesus zu tun, und warum Paulus und die Evangelien in einer bestimmten Art von ihm sprechen.

Der Theorie zufolge, der wir hier nachgehen, benutzte Matthäus eine Quelle für sein Evangelium, die nur er allein kannte – die »Matthäus«-Quelle oder M –, vermutlich eine aramäische oder eine, die aus dem Aramäischen übersetzt worden war. Q entnahm er das Material, das sich auch bei Lukas findet; M entnahm er das Material, das ausschließlich in seinem Evangelium Verwendung fand. Ohne ein Ausgangsdokument, das uns bei der Bestimmung dessen helfen könnte, was Q und M tatsächlich waren (was L betrifft, haben wir den Koran), sind wir auf Mutmaßungen angewiesen. Dies bedeutet jedoch nicht, daß wir deswegen auf eine Untersuchung der umfassenderen Frage der Evangelien-Quellen verzichten müssen. Dabei können wir von bereits geklärten Fragen und deren logischen Folgerungen ausgehen:

1. Lukas konnte sowohl Aramäisch als auch Griechisch lesen.

2. Die von Lukas benutzte Quelle L wurde auch von Johannes verwendet, jedoch nicht von Matthäus. Dies könnte bedeuten, daß von L keine vollständige Übersetzung ins Griechische vorhanden war, so daß Matthäus sie nicht verwenden konnte, da er Aramäisch nicht lesen konnte.

3. Wenn die Quelle in griechischer Sprache abgefaßt ist, müssen die in den verschiedenen Evangelien daraus hergeleiteten Materialien mehr oder weniger identisch sein. Wenn die Quelle nicht griechisch ist, wären die Übersetzungen derselben Passagen von Evangelium zu Evangelium verschieden.

4. Johannes war aufmerksamer gewesen und hatte deshalb den Charakter der Quelle L und die besondere Identität von deren Jesus erkannt. Lukas war dies entgangen. Johannes hatte überdies geschickter verborgen, wie er diese Quelle verwendet hatte.

5. Eine andere Evangelien-Quelle als L hätte ebenso in einem aramäischen Original als auch in griechischer Übersetzung vorliegen können. In solchen Fällen hätte sich ein aufmerksamer Evangelist wie etwa Johannes, der Aramäisch lesen konnte, an das aramäische Original gehalten. Ein weniger aufmerksamer Leser wie etwa Lukas hätte es leichter gefunden, die griechische Übersetzung zu verwenden. Wenn Matthäus des Aramäischen nicht mächtig war, hätte er ebenfalls die griechische Übersetzung verwendet.

6. In der Urfassung einer aramäischen Quelle wäre es leichter gewesen, die besondere Identität dieses Jesus zu erkennen. In einer Übersetzung derselben Quelle wäre diese besondere Identität vermutlich

schwieriger zu erkennen gewesen. Sie kann absichtlich verschleiert worden sein, etwa durch bewußte Auslassungen oder eine verzerrte Wiedergabe des Originals, oder unabsichtlich, etwa durch Ungenauigkeiten bei der Übersetzung.

7. Wenn Johannes L tatsächlich anders verwendet hat als Lukas, was den Eindruck vermittelt hätte, als wäre L eine spezielle Quelle des Lukas gewesen, hätte bei anderen aramäischen Quellen genau der gleiche Eindruck entstehen können. Denn sowohl Lukas als auch Johannes hätten nach Belieben die Urfassung oder die griechische Übersetzung verwenden können. Für Matthäus war nur die griechische Übersetzung verwendbar.

8. Es kann sein, daß jeder Evangelist eigene Interessen verfolgt hat. So wissen wir beispielsweise bereits, daß Matthäus sich besonders für den Apostel Petrus einsetzte, während Johannes sich bemühte, den Apostel Johannes in den Vordergrund zu stellen (siehe Kap. 9). So ist es durchaus denkbar, daß Matthäus und Johannes das gleiche Material aus einer gemeinsamen Quelle benutzt haben, es aber unterschiedlich eingesetzt haben, damit es ihren persönlichen Zwekken diente. Das gleiche kann auch bei Lukas der Fall gewesen sein, was sich aber nicht zwingend ergibt.

Nachdem wir diese hypothetischen Prämissen aufgestellt haben, können wir sie jetzt einer Prüfung unterziehen, um ihre Glaubwürdigkeit festzustellen. Drei Beispiele, deren Wahrheitsgehalt sich sofort bestimmen läßt, werden für diesen Zweck genügen:

1. Als der Jesus des Johannes von sich selbst als dem »guten Hirten« spricht, sagt er: »... Die Meinen kennen mich, wie mich mein Vater kennt, und ich kenne den Vater« (Kap. 10, Vers 15, in korrekter Übertragung der griechischen Urfassung des Evangeliums). Bei Matthäus (Kap. 11, Vers 27) lesen wir: »... und niemand kennt den Sohn als nur der Vater, und niemand kennt den Vater als nur der Sohn.« Die gleiche Äußerung findet sich auch bei Lukas (Kap. 10, Vers 22), aber nicht bei Markus.

2. Johannes sagt (Kap. 3, Vers 35): »Der Vater hat den Sohn lieb und hat ihm alles in seine Hand gegeben.« Matthäus zufolge (Kap. 11, Vers 27) sagt Jesus: »Alles ist mir übergeben von meinem Vater.« Lukas (Kap. 10, Vers 22) wiederholt diese Äußerung. Markus bleibt diesbezüglich stumm.

3. Johannes zufolge (Kap. 20, Verse 22–23) »blies« Jesus seine Jünger »an«, um sie mit seiner Macht auszustatten, und sagte: »Nehmt hin den Heiligen Geist! Welchen ihr die Sünden erlaßt, denen sie sind erlassen; und welchen ihr sie behaltet, denen sind sie behalten.« Matthäus zufolge (Kap. 16, Verse 18–19) wählte Jesus Petrus aus, um ihn mit dieser besonderen Macht auszustatten, und sprach zu ihm: »Alles, was du auf Erden binden wirst, soll auch im Himmel gebunden sein, und alles, was du auf Erden lösen wirst, soll auch im Himmel gelöst sein.« In einer anderen Version richtet sich Jesus mit einer ähnlichen Ansprache an alle Jünger: »Was ihr auf Erden bindet werdet, soll auch im Himmel gebunden sein, und was ihr auf Erden lösen werdet, soll auch im Himmel gelöst sein« (Kap. 18, Vers 18). Lukas zitiert diese Äußerung nicht, und bei Markus ist sie gleichfalls nicht zu finden.

Aus diesen drei Beispielen geht deutlich hervor, daß es eine Quelle gab, die sowohl Matthäus als auch Johannes benutzt hat.

In der Wiedergabe äußert sich Jesus mit einer Autorität, die weit besser zu einem Gott passen würde als zu einem Menschen. Die erste dieser Äußerungen bei Johannes ist in einer, in Ich-Form gehaltenen Ansprache wiedergegeben. Die zweite formuliert die Ideen vom »Vater« und dem »Sohn«. Die dritte handelt von einer göttlichen Autorität, die den Jüngern, normalen Menschen, übertragen wird, und zwar von dem einzigen Menschen, der das Recht dazu hat: von der Gottheit selbst. Die Quelle aller drei Äußerungen, das lassen jedenfalls die Belege vermuten, sind die Schriften des arabischen Jesus-Kults.

Für den gegenwärtigen Zweck unserer Untersuchung ist es nicht nötig, Johannes, Matthäus und Lukas Absatz für Absatz und Satz für Satz durchzusehen, um so die Quelle jeder Äußerung in jedem der drei Evangelien zu finden. Gleichwohl kann als gesichert gelten, daß wir es mit vier Quellen zu tun haben. Erstens gibt es das frühe griechische Markus-Evangelium, das verschiedene Überlieferungen von Jesus, die sich seit der Zeit der Apostel in verschiedenen christlichen Kreisen erhalten hatten, zusammenfügte. Zweitens haben wir es mit dem Nazarener-Evangelium des arabischen Propheten Issa zu tun, der etwa vier Jahrhunderte vor dem Jesus der christlichen Tradition lebte. Drittens sind die Schriften des arabischen Gottes Jesus zu nennen, Al Issa, der auch Dhu Khulasah genannt wurde. Viertens ist noch Paulus' Vision von Jesus als dem lebendigen Christus zu nennen, dem ewigen »Sohn Gottes«, was sich in allen vier Evangelien nachweisen läßt (siehe Graphik 4).

Über diese Feststellungen hinaus läßt sich nur spekulieren. Allerdings kann es auch nicht schaden, ein paar Speku-

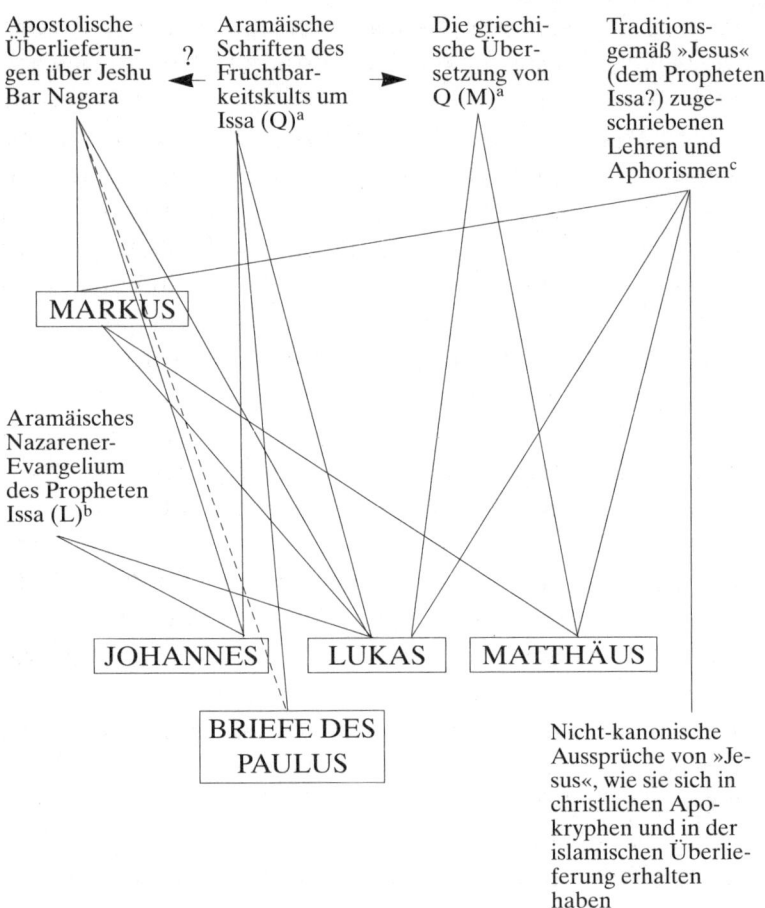

Abb. 4: *Mögliche Entstehungsgeschichte des Neuen Testaments insgesamt*

Anmerkungen:
[a] Schließt Originalmaterial der Weihnachtsgeschichte des Matthäus ein.
[b] Auch die Quelle der Weihnachtsgeschichte des Lukas.
[c] In der christlichen Überlieferung die *Logia* genannt.

lationen anzustellen. Im Koran finden wir den aufregenden Hinweis, daß Jesus bis zum siebten Jahrhundert nach Christus in Arabien als Gott angebetet oder als »Sohn Gottes« verehrt wurde, während er als historische Gestalt nichts weiter war als ein Prophet Israels. Es ist nicht unwahrscheinlich, daß eine alte nazarenische Häresie unter den Israeliten Arabiens zu einer Verwechslung der historischen Identität von Jesus dem Propheten und der mythologischen Person eines Fruchtbarkeitsgottes gleichen Namens (in beiden Fällen Issa) geführt hat. Vielleicht war der nazarenische »Weg« der Jerusalemer Apostel die überlebende Form einer solchen eklektischen Häresie. Verschmelzungen von kanonischem Monotheismus, messianischer Prophezeiung, mythologischen Überlieferungen und esoterischem Gnostizismus hat es in der Geschichte immer wieder gegeben. Sie sind beispielsweise in einer Anzahl islamischer Sekten und Sufi-»Wegen« bezeugt (arabisch Singular *tariqah*), die der orthodoxe Islam zu verschiedenen Zeiten als verdammenswerte Häresien verurteilt hat.

Paulus scheint von der Idee des auferstandenen Christus, die in dieser Häresie eine zentrale Stellung einnimmt, fasziniert gewesen zu sein, von einer Überlieferung über den Jesus, der Gott und zugleich der Sohn Gottes war, fähig, menschliche Gestalt anzunehmen und zu sterben wie ein Mensch, aber gleichwohl von den Toten aufzuerstehen. Paulus machte einen höchst kunstvollen Gebrauch von dieser Überlieferung, und es gelang ihm, die primitive Häresie des Wegs der Nazarener in einen großartigen Glauben umzuformen, dessen zentrale Gestalt Jesus Christus, Jeshu Bar Nagara wurde. Waren dies die Anfänge des Christentums? Und wenn ja – können wir es in der modernen Welt immer noch als einen vertretbaren, vollwertigen Glauben ansehen? Während ich diese Fragen stelle, wird im Radio Händels

Messias gespielt – es ist kurz vor Weihnachten –, und dies gibt mir eine Antwort, die von den Wänden widerhallt:

>»Das Königreich der Welt ist fortan
>das Königreich des Herrn und seines Christ.
>Und er regieret auf immer und ewig.
>Herr der Herrn, aller Welten Gott!«

11 | Die Rätsel um »Betanien«

Inzwischen verfügen wir über genügend Hintergrundinformationen, um eine gründliche Untersuchung der Geschichte von Lazarus vorzunehmen (siehe Kap. 9), die ausschließlich im Johannes-Evangelium zu finden ist. Wir werden zu diesem Zweck ein wenig Geduld aufbringen müssen, da eine solche Untersuchung eine detaillierte Analyse des vollständigen Texts erfordert.

Hier also zunächst der Text, wie er im Johannes-Evangelium steht (Kap. 10, Vers 40, bis Kap. 12, Vers 13):

»Dann ging er (Jesus) wieder fort auf die andere Seite des Jordans, an den Ort, wo Johannes zuvor getauft hatte, und blieb dort ...

Es lag aber einer krank, Lazarus aus Betanien, dem Dorf Marias und ihrer Schwester Marta.

(Maria aber war es, die den Herrn mit Salböl gesalbt und seine Füße mit ihrem Haar getrocknet hatte. Deren Bruder Lazarus war krank.)

Da sandten die Schwestern zu Jesus und ließen ihm sagen: Herr, siehe, der, den du liebhast, liegt krank.

Als Jesus das hörte, sprach er: Diese Krankheit ist nicht zum Tode, sondern zur Verherrlichung Gottes, damit der Sohn Gottes dadurch verherrlicht werde.

Jesus aber hatte Maria lieb und ihre Schwester und Lazarus. Als er nun hörte, daß er krank war, blieb er noch zwei Tage an dem Ort, wo er war; danach spricht er zu seinen Jüngern: Laßt uns wieder nach Judäa ziehen! Seine Jünger aber sprachen zu ihm: Meister, eben noch wollten die Juden dich steinigen, und du willst wieder dorthin ziehen? Jesus antwortete: Hat nicht der Tag zwölf Stunden? Wer bei Tag umhergeht, der stößt sich nicht; denn er sieht das Licht dieser Welt... Das sagte er, und danach spricht er zu ihnen: Lazarus, unser Freund, schläft, aber ich gehe hin, ihn aufzuwecken. Da sprachen seine Jünger: Herr, wenn er schläft, wird's besser mit ihm. Jesus aber sprach von seinem Tode; sie meinten aber, er rede vom leiblichen Schlaf. Da sagte es ihnen Jesus frei heraus: Lazarus ist gestorben... aber laßt uns zu ihm gehen! Da sprach Thomas, der Zwilling genannt wird, zu den Jüngern: Laßt uns mit ihm gehen, daß wir mit ihm sterben!

Als Jesus kam, fand er Lazarus schon vier Tage im Grabe liegen. Betanien aber war nahe bei Jerusalem, etwa eine halbe Stunde entfernt. Und viele Juden waren zu Marta und Maria gekommen, sie zu trösten wegen ihres Bruders.

Als Marta nun hörte, daß Jesus kommt, geht sie ihm entgegen; Maria aber blieb daheim sitzen. Da sprach Marta zu Jesus: Herr, wärst du hier gewesen, mein Bruder wäre nicht gestorben... Jesus spricht zu ihr: Dein Bruder wird auferstehen. Marta spricht zu ihm: Ich weiß wohl, daß er auferstehen wird – bei der Auferstehung am Jüngsten Tage. Jesus spricht zu ihr: Ich bin die Auferstehung und das Leben. Wer an mich glaubt, der wird leben, auch wenn er stirbt; und wer da lebt und glaubt an mich, der wird nimmermehr sterben. Glaubst du das? Sie spricht zu ihm: Ja,

Herr, ich glaube, daß du der Christus bist, der Sohn Gottes, der in die Welt gekommen ist.

Und als sie das gesagt hatte, ging sie hin und rief ihre Schwester Maria heimlich und sprach zu ihr: Der Meister ist da und ruft dich. Als Maria das hörte, stand sie eilend auf und kam zu ihm. (Jesus aber war noch nicht in das Dorf gekommen, sondern war noch dort, wo ihm Marta begegnet war.) . . . Als nun Maria dahin kam, wo Jesus war, und ihn sah, fiel sie ihm zu Füßen und sprach zu ihm: Herr, wärst du hier gewesen, mein Bruder wäre nicht gestorben . . . Und Jesus gingen die Augen über. Da sprachen die Juden: Siehe, wie hat er ihn liebgehabt! . . .

Da kam . . . Jesus . . . zum Grab. Es war aber eine Höhle, und ein Stein lag davor. Jesus sprach: Hebt den Stein weg! Spricht zu ihm Marta, die Schwester des Verstorbenen: Herr, er stinkt schon; denn er liegt seit vier Tagen . . . Da hoben sie den Stein weg. Jesus . . . rief mit lauter Stimme: Lazarus, komm heraus! Und der Verstorbene kam heraus, gebunden mit Grabtüchern an Füßen und Händen, und sein Gesicht war verhüllt mit einem Schweißtuch. Jesus spricht zu ihnen: Löst die Binden und laßt ihn gehen!

Viele nun von den Juden, die zu Maria gekommen waren und sahen, was Jesus tat, glaubten an ihn. Einige aber gingen hin zu den Pharisäern und sagten ihnen, was Jesus getan hatte. Da versammelten die Hohenpriester und die Pharisäer den Hohen Rat und sprachen: Was tun wir? Dieser Mensch tut viele Zeichen. Lassen wir ihn so, dann werden sie alle an ihn glauben . . . Von dem Tage an war es für sie beschlossen, daß sie ihn töteten. Jesus aber ging nicht mehr frei umher unter den Juden, sondern ging von dort weg in eine Gegend nahe der Wüste... und blieb dort mit den Jüngern.

Es war aber nahe das Passahfest der Juden; und viele aus der Gegend gingen hinauf nach Jerusalem vor dem Fest, daß sie sich reinigten... Sechs Tage vor dem Passahfest kam Jesus nach Betanien, wo Lazarus war, den Jesus auferweckt hatte von den Toten. Dort machten sie ihm ein Mahl, und Marta diente ihnen; Lazarus aber war einer von denen, die mit ihm zu Tisch saßen. Da nahm Maria ein Pfund Salböl von unverfälschter, kostbarer Narde und salbte die Füße Jesu und trocknete mit ihrem Haar seine Füße... Da erfuhr eine große Menge der Juden, daß er dort war, und sie kamen nicht allein um Jesu willen, sondern um auch Lazarus zu sehen, den er von den Toten erweckt hatte. Aber die Hohenpriester beschlossen, auch Lazarus zu töten; denn um seinetwillen gingen viele Juden hin und glaubten an Jesus.

Als am nächsten Tag die große Menge, die aufs Fest gekommen war, hörte, daß Jesus nach Jerusalem käme, nahmen sie Palmzweige und gingen hinaus ihm entgegen und riefen: Hosianna! Gelobt sei, der da kommt in dem Namen des Herrn, der König von Israel!«

Das kritische Studium neutestamentlicher Texte hat diesen Bericht schon vor langer Zeit als Komposition aus mehreren Elementen erkannt: eine Verbindung verschiedener Erzählungsstränge, die so voller Interpolationen sind, daß sich die Nahtstellen der verschiedenen Teile leicht entdecken lassen (in der griechischen Ursprache übrigens leichter als in den Übersetzungen).

Es gibt gute Gründe dafür, die Textstelle mit der Episode zu streichen, in der berichtet wird, wie Jesus bei dem Mahl, bei dem Lazarus angeblich der Gastgeber war, die Füße gesalbt wurden. Markus und Matthäus einerseits und Lukas andererseits berichten anders von diesem Ereignis, und es hat den Anschein, als wäre nicht Lazarus bei diesem Mahl der Gastgeber gewesen, sondern Simon. Markus und Matthäus sagen wie Johannes, das Mahl habe in Betanien kurz vor Jesu Einzug in Jerusalem stattgefunden; Lukas hingegen erzählt von diesem Mahl, als gehörte es zu den Ereignissen der Zeit, in der sich Jesus (das heißt Bar Nagara) vor seinem Aufbruch nach Judäa in Galiläa aufhielt. Überdies erklärt Lukas nicht ausdrücklich, wo das Mahl stattfand. Mehr noch: Nur Johannes gibt den Namen der Frau in seinem Bericht mit Maria an. Maria habe Jesus die Füße gesalbt, und sie sei die Schwester von Marta und Lazarus. Die drei anderen Evangelien lassen diese Frau unbenannt, und Lukas führt sie uns als eine reumütige Sünderin vor (siehe Kap. 9). Dies bedeutet, daß es in keiner Weise geklärt ist, wie Johannes das Mahl und die Salbung mit der Geschichte von Lazarus verknüpft.

Da es an Gegenbeweisen fehlt, dürfen wir davon ausgehen, daß der Jesus, der bei einem, ihm zu Ehren gegebenen Mahl mit kostbarem Öl gesalbt wurde, der historische Jeshu Bar Nagara war. Unabhängig davon, wo oder wann das Mahl stattfand und wer dabei anwesend war.

Bei Lukas, dem einzigen weiteren Evangelium, in dem von Marta und Maria die Rede ist, werden die Frauen nicht als Bewohnerinnen Betaniens bezeichnet. Lukas sagt auch nichts davon, daß sie einen Bruder namens Lazarus hatten oder daß Jesus die beiden »liebte«. Tatsächlich läßt seine Darstellung nur erkennen, daß sie in Galiläa und nicht in Judäa lebten. Außerdem erfahren wir, daß die beiden

Frauen unabhängig und unverheiratet waren und allein lebten. Marta, die wahrscheinlich die ältere der beiden war,
war die Herrin des Hauses. Und wir lesen, daß Bar Nagara
sie rein zufällig besuchte, als er durch ihr Dorf oder ihre
Stadt kam (griechisch *kome*). Die entsprechende Stelle findet sich bei Lukas (Kap. 10, Verse 38–42):

> »Als sie aber weiterzogen, kam er (Jesus) in ein Dorf.
> Da war eine Frau mit Namen Marta, die nahm ihn
> auf. Und sie hatte eine Schwester, die hieß Maria; die
> setzte sich dem Herrn zu Füßen und hörte seiner
> Rede zu. Marta aber machte sich viel zu schaffen,
> ihm zu dienen. Und sie trat hinzu und sprach: Herr,
> fragst du nicht danach, daß mich meine Schwester
> läßt allein dienen? Sage ihr doch, daß sie mir helfen
> soll! Der Herr aber antwortete und sprach zu ihr:
> Marta, Marta, du hast viel Sorge und Mühe. Eins
> aber ist not. Maria hat das gute Teil erwählt; das soll
> nicht von ihr genommen werden.«

Möglicherweise ging es bei der Darstellung der Auferstehung des Lazarus in Betanien ursprünglich nicht um den
historischen Jesus, Jeshu Bar Nagara; es muß jedoch
»Schwestern« gegeben haben, die in der Originalversion
von Lazarus' Lebensgeschichte eine Rolle spielten. Wenn
wir den Dialog, in dem es um den Tod ihres »Bruders« geht,
einfach streichen, ergibt sich folgendes: Die Episode, in der
die beiden Frauen in der von Johannes entwickelten Version
der Lazarus-Darstellung auftauchen, wird auf einen Bericht
über einen zufälligen Besuch reduziert. Dann ist die Schilderung ohne weiteres mit der Darstellung dieses Besuchs
durch Lukas in Einklang zu bringen. (Hier nun ein Auszug
aus dem Johannes-Evangelium, Kap. 11, Verse 20–29; die

Einleitung und die Fortsetzung bei Lukas sind kursiv hinzugefügt worden, um zu zeigen, daß die beiden Darstellungen gut zueinander passen):

>*Als sie aber weiterzogen, kam er (Jesus) in ein Dorf. Da war eine Frau mit Namen Marta, die nahm ihn auf. Und sie hatte eine Schwester, die hieß Maria...* Als Marta nun hörte, daß Jesus kommt, geht sie ihm entgegen; Maria aber blieb daheim sitzen... (Marta spricht zu Jesus) Ja, Herr, ich glaube, daß du der Christus bist...
Und als sie das gesagt hatte, ging sie hin und rief ihre Schwester Maria heimlich und sprach zu ihr: Der Meister ist da und ruft dich. Als Maria das hörte, stand sie eilend auf und kam zu ihm. *Maria... setzte sich dem Herrn zu Füßen und hörte seiner Rede zu...*«

Wenn wir den fraglichen Text zunächst aus der Episode mit der Salbung streichen und ihn dann von allem befreien, was mit Marta und Maria zu tun hat, entdecken wir, daß der verbleibende Rest des Textes immer noch eine zusammengesetzte Geschichte ist, in der zwei verschiedene Ereignisse wiedergegeben werden. Diese können durch das geographische Umfeld und durch die beteiligten Charaktere auseinandergehalten werden. Andererseits haben wir es mit einem Bericht über Jesus zu tun (der in diesem Fall eindeutig der historische Bar Nagara ist), der seine Jünger von einem Ort »jenseits des Jordanflusses« nach Judäa führt (nicht unbedingt nach Betanien), um schließlich in Jerusalem Einzug zu halten, wo er von einer großen Menschenmenge willkommen geheißen wird; unterdessen verschwören sich die dortigen Hohenpriester und Schriftgelehrten gegen ihn. Wir lesen aber auch die Geschichte von dem Jesus (der nicht unbedingt Bar Nagara ist), der nach Betanien geht und einen »lieben Freund« namens Lazarus in Anwesenheit einiger Ortsbewohner von den Toten auferstehen läßt. Wenn wir uns jetzt wieder dem Text zuwenden und ihn erneut lesen, fällt uns die Tatsache auf, daß die Jünger in dem Augenblick von der Szene verschwinden, in dem Jesus angeblich vor Betanien auftaucht: Von dem Augenblick an, in dem über die Auferstehung des Lazarus berichtet wird, werden sie mit keinem Wort mehr erwähnt. Somit haben wir es in einem Fall mit einem glaubwürdigen Bericht über die Wanderungen Jeshu Bar Nagaras und seiner Jünger während der letzten Woche seines Lebens zu tun. Im anderen Fall wird uns von einem Wunder berichtet, bei dem die Jünger keinerlei Rolle spielen und nicht genannt werden. Wenn man den ersten Bericht von dem zweiten trennt und dann liest, klingt er verständlich und ergibt einen Sinn:

»Dann ging er (Jesus) wieder fort auf die andere Seite des Jordans an den Ort, wo Johannes zuvor getauft hatte, und blieb dort... noch zwei Tage an dem Ort, wo er war; danach spricht er zu seinen Jüngern: Laßt uns wieder nach Judäa ziehen! Seine Jünger aber sprachen zu ihm: Meister, eben noch wollten die Juden dich steinigen, und du willst wieder dorthin ziehen? Jesus antwortete: Hat nicht der Tag zwölf Stunden? Wer bei Tag umhergeht, der stößt sich nicht... Da sprach Thomas, der Zwilling genannt wird, zu den Jüngern: Laßt uns mit ihm gehen, daß wir mit ihm sterben!...
Da versammelten die Hohenpriester und die Pharisäer den Hohen Rat und sprachen: Was tun wir?... Lassen wir ihn so, dann werden sie alle an ihn glau-

ben, und dann kommen die Römer und nehmen uns Land und Leute ... Von dem Tage an war es für sie beschlossen, daß sie ihn töteten. Jesus aber ging nicht frei umher unter den Juden, sondern ging von dort weg in eine Gegend nahe der Wüste ... und blieb dort mit den Jüngern. Es war aber nahe das Passahfest ... Dort machten sie ihm ein Mahl ... Als am nächsten Tag die große Menge, die aufs Fest gekommen war, hörte, daß Jesus nach Jerusalem käme, nahmen sie Palmzweige und gingen hinaus ihm entgegen und riefen: Hosianna! Gelobt sei, der da kommt in dem Namen des Herrn, der König von Israel!«

Hätte es irgendeine Überlieferung gegeben, derzufolge Jeshu Bar Nagara das größte aller Wunder vollführte, indem er kurz vor seinem triumphalen Einzug in Jerusalem einen Mann von den Toten auferstehen ließ, läßt sich nur schwer vorstellen, daß die synoptischen Evangelien gerade dieses Wunder nicht erwähnt hätten. Immerhin berichten gerade sie von zahlreichen anderen Wundern. Tatsächlich lesen wir bei keinem der Synoptiker etwas von diesem Wunder, und das ist ein Hinweis darauf, daß es keine solche Überlieferung gab. Ebensowenig erwähnen die Evangelien irgendwo einen »lieben Freund« namens Lazarus, den Bar Nagara angeblich besonders »liebhatte«. Johannes hat diese Geschichte irgendeiner anderen Quelle entnommen, die sich auf einen anderen Jesus bezog, um sie dann in seinen Bericht über Bar Nagaras Lebensweg einzubauen. Dazu mußte er folgendes tun:

Erstens ließ er Bar Nagara in Betanien Station machen – in dem Betanien, das er als Dorf oder Stadt »nahe bei Jerusalem« bezeichnet, »etwa eine halbe Stunde entfernt«

(Kap. 11, Vers 18) –, der dort kurz vor seinem triumphalen Einzug in die Heilige Stadt das Wunder vollbringt.

Zweitens benennt er die »Schwestern« des Lazarus mit den Namen Marta und Maria. Zu diesem Zweck mußte Johannes einen Dialog zwischen den beiden Schwestern und Bar Nagara einführen, in dem es um den Tod ihres »Bruders« ging.

Drittens verwandelte Johannes den auferstandenen Lazarus in den Gastgeber des Mahls, bei dem irgendeine Frau Bar Nagara mit kostbarem Öl salbte. Johannes definiert diese Frau als Martas Schwester Maria. In der Überlieferung von Marta und Maria, wie sie bei Lukas wiedergegeben wird, »nahm Marta« Bar Nagara »in ihrem Haus auf« und kümmerte sich pflichtschuldigst um sein Wohlergehen, während ihre Schwester Maria »sich dem Herrn zu Füßen setzte und seiner Rede zuhörte«. In der Version des Johannes-Evangeliums von der Salbung Bar Nagaras, ist Marta ebenso die pflichtbewußte Hausherrin, die »dem Herrn dient«, während ihre Schwester Maria »zu Füßen« Bar Nagaras sitzt, die sie diesmal mit einem Pfund Salböl einreibt. Markus und Matthäus zufolge wurde Bar Nagaras »Kopf« gesalbt, wie es bei den Königen von Israel üblich war (siehe Kap. 9).

Viertens läßt Johannes die Auferweckung des Lazarus von den Toten als das höchste Wunder erscheinen, das das Volk dazu brachte, sich von den Hohenpriestern und Pharisäern abzuwenden, um Bar Nagara zu folgen.

Wenn wir die Darstellung der Auferstehung des Lazarus aus dem historischen Kontext herauslösen, in den sie im Johannes-Evangelium eingefügt worden ist, sowie von allem anderen trennen, was mit dem historischen Bar Nagara zu tun hat, entdecken wir, daß der innere Zusammenhang der Darstellung geschlossener wirkt:

»Es lag aber einer krank, Lazarus aus Betanien ... da sandten die Schwestern zu Jesus und ließen ihm sagen: Herr, siehe, der, den du liebhast, liegt krank. Als Jesus das hörte, sprach er: Diese Krankheit ist nicht zum Tode, sondern zur Verherrlichung Gottes, damit der Sohn Gottes dadurch verherrlicht werde ... Lazarus, unser Freund, schläft, aber ich gehe hin, ihn aufzuwecken.

Als Jesus kam, fand er Lazarus schon vier Tage im Grabe liegen ... Jesus spricht ... Ich bin die Auferstehung und das Leben ... Glaubst du das? ... Da ... kam Jesus zum Grab ... rief mit lauter Stimme: Lazarus, komm heraus! Und der Verstorbene kam heraus, gebunden mit Grabtüchern an Füßen und Händen, und sein Gesicht war verhüllt mit einem Schweißtuch. Jesus spricht zu ihnen: Löst die Binden und laßt ihn gehen!«

Der Jesus dieser Darstellung, der sich selbst als den »Sohn Gottes« bezeichnet und kühn von sich behauptet, »die Auferstehung und das Leben« zu sein, war nicht der historische Bar Nagara, ebensowenig der Prophet Issa des Nazarener-Evangeliums und des Korans. Er war der mythologische Al Issa, der antike arabische Gott des wunderbaren Samens oder 'ays – des »lebendigen Wassers«, der höchsten Quelle der Männlichkeit, die der Menschheit durch die Kontinuität der Fortpflanzung durch den männlichen Samen das ewige Leben sicherte. Die Geschichte von Lazarus muß ein Teil dieser Mythologie gewesen sein. Mit einigen Kunstgriffen ist es uns gelungen, diese Geschichte aus dem Kontext bei Johannes herauszulösen.

Da die Textanalyse im wesentlichen abgeschlossen ist, können wir uns jetzt dem Sinngehalt des Mythos zuwenden.

Johannes bezeichnet Lazarus als einen Mann »aus Betanien«. Als mythische Gestalt muß dieser Lazarus nicht unbedingt ein Mann gewesen sein. In der gesamten Darstellung, die um ihn kreist, selbst bei den kunstvollen Ausschmückungen durch Johannes, bleibt er merkwürdig stumm und untätig und gewinnt an keiner Stelle wirkliches Leben. Nachdem er angeblich von den Toten auferstanden ist, »löst« man ihm einfach »die Binden« und läßt ihn »gehen«. Bei dem nach seiner Auferstehung gegebenen Fest sind es anonyme »sie«, die »ihm ein Mahl machen«. Statt sich persönlich um seine Gäste zu kümmern, was von einem Gastgeber erwartet werden kann, war Lazarus nur »einer von denen, die mit ihm zu Tisch saßen«. Mehr noch: Als Freund von Jesus, den dieser »liebhatte«, als Freund, der ihm angeblich das Leben zu verdanken hatte, erscheint Lazarus aus Betanien trotzdem nicht unter den Anhängern des Herrn, die ihn in der entscheidenden folgenden Woche begleiten, und danach hören wir überhaupt nichts mehr von ihm. Kann es sein, daß Lazarus ein Idol, ein Götzenbild, war?

Bevor wir bestimmen können, was Lazarus wirklich war, müssen wir seinen Namen untersuchen, der im griechischen als *Lazaros* wiedergegeben wird (*Lazar* ohne männliche Endung). Wissenschaftler haben erkannt, daß dieser Name mit *Eliezer* identisch ist – das ergibt sich aus der anerkannten Aussprache seines Namens, die im Alten Testament in konsonantischer Schreibweise als *'ly'zr* erscheint (ein zusammengesetzter Name aus *'l*, was »Gott« bedeutet, und *'zr* oder *y'zr*). In thamudischen (siehe Kap. 10) und anderen antiken arabischen Inschriften, die im nördlichen Hijaz entdeckt worden sind, wird dieser Name in arabisierter Form als *'Adhr El* oder *Yu'dhir El* wiedergegeben (in willkürlicher Vokalisation dessen, was konsonantisch ursprünglich als *ʿḏr ʾl* und *yʿḏr ʾl* wiedergegeben wird). Dabei wird die Reihenfolge der Bestandteile des Doppelnamens umgekehrt. Dies liefert uns den Hinweis darauf, was der Name »Lazarus« wirklich bedeutete. Im Arabischen bezeichnet die Wurzel *ʿḏr,* ein Äquivalent des hebräischen *ʿzr,* »sexuelle Enthaltsamkeit« oder »Jungfräulichkeit«. Der *Lazaros* des Neuen Testaments, das Gegenstück zum *Eliezer* des Alten Testaments und auch zum *ʾAdhr El* und *Yuʾdhir El* der westarabischen Inschriften, bedeutete im wesentlichen »Gott der Jungfräulichkeit«.

In den antiken Kulturen des Nahen Ostens wurden Kinder oft nach Göttern benannt. So tauchen in den arabischen Inschriften *Aʾdhr El* und *Yuʾdhir El* als Personennamen auf. In ähnlicher Weise spricht das Lukas-Evangelium von einem Armen namens Lazarus – einer fiktiven Gestalt in einem der Gleichnisse (Kap. 16, Verse 20–27). Es bleibt jedoch die Tatsache, daß der fragliche Name etymologisch auf die Existenz eines antiken religiösen Kults hindeutet, dessen zentrale Gestalt ein Gott der *ʿezer* oder *ʿadhr* war, nämlich ein Gott der männlichen Jungfräulichkeit. Wenn wir bedenken, daß die arabische Wurzel *ʿadhr* nicht nur »Jungfräulichkeit« bedeutet, sondern auch »Beschneidung«, ergibt sich, daß der Kult des Gottes der Jungfräulichkeit einen besonderen Beschneidungsritus einschloß, mit dem junge Männer für die Ehe vorbereitet wurden. Dem liegt die Vorstellung zugrunde, daß die sexuelle Potenz des Mannes erst durch die Entfernung der – symbolisch – hinderlichen Vorhaut befreit werden könne (für weitere Details in dieser Frage siehe meine frühere Arbeit *Secrets of the Bible People*).

Wenn der von »Jesus« von den Toten auferweckte Lazarus tatsächlich der Gott der Jungfräulichkeit Al ʿAdhr war, dann ist zu vermuten, daß es irgendeine uralte Verbindung seines Kults mit dem von Al Issa gab, dem Gott des leben-spendenden ʿays oder »Wasser des Mannes«. Diese An-nahme läßt sich auf der Karte Westarabiens in der Gegend von Bani Said (im Hügelland von Rijal Almaʾ an den zum Meer hin abfallenden Hängen Asirs) westlich der Stadt Abha überprüfen. Hier liegen zwei Dörfer in unmittelbarer Nachbarschaft, die immer noch erkennbar die Namen dieser beiden Götter tragen. Das eine ist das Dorf des »Lazarus«, al-ʿAdhra, das andere ist das »Jesus«-Dorf namens al-ʿays bin Hamad, dessen Name wörtlich »der Samen, Sohn des Trösters« bedeutet (griechisch *parakletos*).

Damit sind die Beweise jedoch noch nicht erschöpft. In dem Mythos des Evangeliums, in dem er die zentrale Figur ist, wird Lazarus in einer »Stadt« oder einem »Dorf« *(kome)* namens Betanien von den Toten auferweckt. Johannes zu-folge lag dieser Ort »nahe bei Jerusalem, etwa eine halbe Stunde entfernt«. Es gibt in Palästina tatsächlich ein »Beta-nien« (ein Dorf namens Bituniya), das immer noch in der Nähe der Stadt Ramallah liegt, aber etwa zwölf Kilometer nördlich von Jerusalem. Seit dem vierten Jahrhundert nach Christus wird ein anderes Dorf in unmittelbarer Nachbar-schaft dieser Stadt, das heute den Namen al-ʿAzariyyah trägt (nach der üblichen arabischen Wiedergabe des griechischen *Lazaros*), traditionsgemäß als das »Betanien« der Evange-lien gesehen, und man führt noch heute christliche Pilger zum »Grab des Lazarus«. Es gibt jedoch nicht den kleinsten Hinweis darauf, daß das heutige al-ʿAzariyyah je »Beta-nien« genannt worden ist.

In der griechischen Ursprache des Neuen Testaments wird »Betanien« als *Bethania* bezeichnet. Es wird heute anerkannt, daß dieser Ortsname in seiner griechischen Form die Transkription eines aramäischen *Beth ʿAnya* ist. Bislang hat man angenommen, dies bedeute »Haus des

Echos«. Man hat den Begriff ʿanya in dem Doppelnamen als das Verbalnomen der aramäischen Wurzel ʿna gedeutet, »Antwort, Reaktion, Echo«. Die gleiche Wurzel hat jedoch sowohl im Aramäischen als auch im Hebräischen und Arabischen eine Vielfalt weiterer Konnotationen. Eine davon abgeleitete Form ist beispielsweise das aramäische Verb ʾanwi (ausgesprochen ʾani), was »asketisch machen« bedeutet; daher auch das Substantiv ʾanwaya, mit dem ein »Asket« oder ein »Mönch« oder »Einsiedler« bezeichnet wird (vgl. das arabische Verb ʾana mit der Bedeutung »einkerkern«; daher wiederum das Substantiv ʾani, was »Häftling« oder »Gefangener« bedeutet).*

So hätte das aramäische Beth ʾAnya auf ein »Haus der Askese« hindeuten können, einen Ort mönchischer Zurückgezogenheit, etwa eine Einsiedelei oder ein Kloster, statt ein »Haus des Echos« zu bezeichnen. In diesem Fall wären die »Schwestern«, die in dem Lazarus-Mythos erscheinen, eine Klostergemeinschaft von Frauen gewesen, die dem Gott der Jungfräulichkeit dienten, ʾAdhr El oder El ʾAdhr (daher Lazaros), und zwar in einem »Kloster« oder einer »Einsiedelei« mit einem Heiligtum oder einem Tempel, der seiner Anbetung geweiht war.

Als Ortsname erscheint »Betanien« als das Beth oder »Haus« von ʿAnya auf der Karte Westarabiens, und zwar in arabisierter Form als al-ʿAn oder al-ʿAniyah. Eines dieser Dörfer namens al-ʾAniyah liegt in dem gleichen Hügelland von Rijal Almaʾ wie das »Lazarus«-Dorf al-ʾAdhra und das »Jesus«-Dorf al-ʾAys bin Hamad, deren Existenz wir schon

---

* Die gleiche Wortwurzel ist im Aramäischen für den Wortsinn »enthaltsam sein« bezeugt; ebenso kann das Wort »Geschlechtsverkehr haben« bedeuten, so daß das entsprechende Substantiv sowohl »sexuelle Enthaltsamkeit« als auch »Geschlechtsverkehr« bedeuten kann. Der aramäische Begriff für »asketisch machen« ist eine Ableitung im erstgenannten Wortsinn.

festgestellt haben. Eine derartige Häufung von Ortsnamen kann kein Zufall sein.

Wir könnten vermuten, daß die Lazarus-Geschichte ein Mythos gewesen ist – ein Teil der umfangreichen arabischen Überlieferung über den »Jesus«, der in Wahrheit der Fruchtbarkeitsgott Al Issa war. Wir werden nun eine Rekonstruktion dieses Mythos vornehmen, und zwar wie folgt:

Al Issa hatte in seiner Eigenschaft als höchste Quelle des männlichen »lebendigen Wassers« einen Teilhaber an seinen göttlichen Eigenschaften: eine Sekundär-Gottheit namens Al 'Adhr, der Gott der männlichen Jungfräulichkeit. Die Funktion dieses Gottes bestand nicht darin, Männer auf ewig zölibatär leben zu lassen. Er sollte dafür sorgen, daß sie ihre Unschuld behielten, bis es für sie an der Zeit war zu heiraten, und ihre Vorhaut in einer rituellen Beschneidung entfernt wurde, um ihre sexuelle Potenz freizusetzen. Noch bis in die jüngste Zeit hinein wurden junge Männer in dieser Gegend in aller Öffentlichkeit und in Anwesenheit ihrer künftigen Braut beschnitten. Der griechische Geograph Strabo, der im ersten Jahrhundert nach Christus über Arabien berichtete, versäumte es nicht, festzustellen, daß sich die Männer dieser westarabischen Region »der Vorhaut berauben«.

Eines Tages nun entdecken die für ein Heiligtum oder einen Tempel zuständigen »Schwestern«, daß der Gott die Macht verloren hat, seine männlichen Anhänger potent zu machen, und daß er selbst seine Potenz verliert. Folglich senden sie Al Issa eine Botschaft, daß sein »lieber Freund« krank sei. Al Issa ist überzeugt, daß die »Krankheit« Al 'Adhrs nicht mit seinem Tode enden wird; er nimmt an, daß sein »Freund« »schläft« und nur »aufgeweckt« werden muß. Daraufhin begibt er sich nach »Betanien«, wo er Al

'Adhr in Grabtücher »gebunden« und tot in seinem Grab liegend findet.*

Al Issa begibt sich zum Grab und ruft mit lauter Stimme: »Lazarus, komm heraus!« Bei diesem Anruf wird Al 'Adhr sofort wieder zum Leben erweckt; aber seine »Hände«, »Füße« und sein »Gesicht« sind immer noch in Grabtücher »gehüllt«. Daraufhin gibt Al Issa den Befehl, »die Binden zu lösen« und ihn »gehen« zu lassen. Auf diese Weise wird die Potenz von Al 'Adhr auf wundersame Weise wiederhergestellt, die *mishba* oder »Herrlichkeit« (siehe Kap. 10) Al Issas als die höchste Quelle lebenspendender Männlichkeit.

Möglicherweise verbirgt sich in diesem Mythos die Erinnerung an einen Konflikt zwischen zwei rivalisierenden Fruchtbarkeitskulten in der westarabischen Region. Der Kult von Al Issa, dem Gott des »lebendigen Wassers«, und der Kult von Al 'Adhr, dem Gott der »Jungfräulichkeit«, der junge Männer durch »Beschneidung« auf die Ehe vorbereitet (die zwei verschiedenen Konnotationens seines Namens). Letztlich erwies sich der erste Kult als stärker. Doch statt in Vergessenheit zu geraten, verwandelte sich der Kult Al 'Adhrs in einen regionalen Nebenkult der Verehrung von Al Issa, in dem beide Götter gemeinsam verehrt wurden, wenn auch nicht als gleichberechtigte Götter. Dies ist vielleicht eine Erklärung für die rätselhafte, Al Issa zugeschriebene Äußerung, als man ihm sagt, Al 'Adhr sei krank:

---

* Mit einer arabischen Redensart wird sexuelle Impotenz, vor allem bei einem unerfahrenen Bräutigam, als »Band« oder »Knoten« bezeichnet (arabisch *'uqdah*). Wenn man den *'uqdah* »löst« (arabisch *ḥalla*), wird der böse Bann gebrochen, auf den die Impotenz nach einem alten Volksglauben zurückzuführen ist.

»Diese Krankheit ist nicht zum Tode, sondern zur Verherrlichung Gottes, damit der Sohn Gottes dadurch verherrlicht werde.«

Die Verehrung des Al 'Adhr als einem Gefährten Al Issas fand ein Ende. Der seiner Potenz beraubte Gott der Jungfräulichkeit wurde zu einem gewöhnlichen Mann, der für Al Issa nicht mehr war als ein »lieber Freund«.

Soviel zur Geschichte des Lazarus. Doch jetzt sollten wir uns der Frage zuwenden, was es mit Betanien auf sich hat. Der Name bezeichnet, wie wir schon gesehen haben, eine »Einsiedelei« oder ein »Kloster«: einen Ort der religiösen Einkehr und Abgeschiedenheit. Mehr noch: Während es keinen Ort mit dem Namen Betanien gibt, der sich in der Nähe des palästinischen Jerusalem erhalten hat, gibt es, wie wir wissen, in Arabien mindestens zwei, die den Namen al-'Aniyah tragen. Bis jetzt sind wir davon ausgegangen, daß das 'Aniyah das Betanien des Johannes-Evangeliums war, das Umfeld des Lazarus-Mythos. War das Betanien der synoptischen Evangelien der gleiche Ort, oder war damit ein anderes 'Aniyah gemeint, das eher im Westen Arabiens als in Palästina lag? Im Markus-Evangelium (Kap. 11, Vers 1) wird von einem »Betanien« in Verbindung mit zwei anderen Orten gesprochen: dem »Ölberg« (griechisch *to oros ton elaion*) und einer Stadt oder einem Dorf namens Betfage (im griechischen Evangelium »Bethphage« geschrieben). Matthäus (Kap. 21, Vers 1) spricht im selben Kontext wie Markus vom »Ölberg« und von Betfage, erwähnt aber kein »Betanien«, obwohl er sein »Betanien« in der gleichen Region anzusiedeln scheint (Kap. 21, Vers 17). Lukas (Kap. 19, Vers 29) bestätigt, daß Betanien und Betfage tatsächlich Nachbarstädte oder -dörfer waren. Statt sie jedoch durch einen »Ölberg« in Verbindung zu bringen, sagt er, sie lägen

»an dem Berg, der Ölberg heißt« (so die deutsche Bibel-
übersetzung; in der griechischen Ursprache *Elaion' – to oros
to chaloumenon elaion;* ebenfalls bei Lukas, Kap. 21, Vers
37, während es in der Apostelgeschichte heißt: *apo orous
tou chaloumenou elaionos,* Kap. 1, Vers 12). Dies ist merkwürdig, weil Lukas an dieser Stelle vom »Ölberg« spricht
(Kap. 19, Vers 37; Kap. 22, Vers 39) und nicht von dem
»Berg, der Ölberg heißt«. Markus (Kap. 13, Vers 3; Kap.
14, Vers 26) und Matthäus(Kap. 24, Vers 3; Kap. 26, Vers
30) sprechen nur vom »Ölberg«, niemals vom *Elaion.* Johannes erwähnt keinen dieser Orte. Der einzige Vers seines
Evangeliums (Kap. 8, Vers 1), in dem der »Ölberg« (nicht
Elaion erwähnt wird, findet sich in einer Passage, die allgemein als nachträgliche Einfügung gilt (Kap. 7, Vers 53, bis
Kap. 8, Vers 11), weil sie in den ältesten, als authentisch
anerkannten Texten nicht erscheint.

Elaion, das in den älteren englischen Bibelübersetzungen
als »Olivet« wiedergegeben wird, ist als bloße Variante des
Namens »Ölberg« angesehen worden, den man mit dem
heutigen Olivenhain auf einem der Abhänge östlich des
palästinischen Jerusalem gleichsetzt. Als griechisches Wort
bedeutet *elaion* tatsächlich »Olivenhain«. Aus diesem
Grund folgen die meisten modernen Übersetzungen nicht
dem Griechisch des Lukas-Evangeliums und der Apostelgeschichte und unterscheiden nicht mehr zwischen dem »Ölberg« und »Olivet« (auf deutsch »der Berg, der Ölberg
heißt«). Kritiker der Evangelientexte haben jedoch schon
lange die unterschiedliche Konnotation der beiden Namen
bemerkt. In der Formulierung *to oros ton elaion* zeigt die
Form des Artikels *ton,* daß das folgende Wort *elaion* Genitiv
Plural ist und »von Oliven« oder »Oliven-« bedeutet. Andererseits wird der Name in der Formulierung *to oros to chaloumenon elaion* wie ein Laut behandelt und wie ein Nomi-

nativ Singular geschrieben und nicht dekliniert; das gleiche gilt für das *Elaionos* in Kapitel 1, Vers 12 der Apostelgeschichte, dem identischen Namen, dem die griechische Endung für den männlichen Nominativ angefügt worden ist.

Das Wort ist eindeutig ein Ortsname, der vielleicht, aber nicht unbedingt auf »Oliven« oder einen »Olivenhain« hinweist. Vielleicht ist *Elaion* als der fragliche Ortsname nicht das griechische Wort für »Oliven«, sondern die Transliteration eines semitischen Originals: des biblischen *'elyon,* was das »Erhabene«, »Erhobene« oder »Höchste« bedeutet. Das arabisierte Gegenstück dazu wäre *'alyan.* Lukas, der Aramäisch lesen konnte, muß diesen Namen der aramäischen Urschrift seiner Quelle Q entnommen (siehe Kap. 10) und korrekt als *Elaion* transkribiert haben. Matthäus, der des Aramäischen nicht mächtig war, verwendete die gleiche Quelle Q in einer griechischen Übersetzung, wo er den griechischen Begriff *elaion* fand, was »Oliven« bedeutet. Markus, der diese Quelle Q nicht benutzte, verließ sich auf Überlieferungen, die Orte namens »Betanien« und »Betfage« mit einem Ort namens »der Ölberg« in Verbindung brachten. Und sowohl Matthäus als auch Lukas verließen sich bei diesen besonderen Überlieferungen auf Markus, obwohl sie zusätzlich zu der griechischen oder aramäischen Version der Quelle Q Zugang hatten.

Lukas hat sich tatsächlich von den beiden Begriffen »Ölberg« und *Elaion* oder »Berg, der Ölberg heißt« irritieren lassen. Aus dem zweiten Buch Samuel, Kap. 15, Vers 30, geht hervor, daß ein Bergkamm außerhalb des alttestamentlichen Jerusalem (das für mich das ursprüngliche, arabische Jerusalem ist) *har ha-zeytim* genannt wurde; wörtlich der »Olivenberg«. In dem hebräischen Urtext heißt es ausdrücklich, »David ging aber den Ölberg hinan« (Kap. 15, Vers 30), und in Kap. 15, Vers 32, heißt es, er sei »auf die

Höhe« dieses *har ha-zeytim* gekommen. Dies läßt einen Bergkamm vermuten, wie es sie im Hochland von Asir gibt. In den Visionen des Propheten Sacharja (Kap. 14, Vers 4) taucht derselbe *har ha-zeytim* in einer Vision vom Ende der Tage auf, wenn die Füße des Herrn »auf dem Ölberg stehen« würden. Auch hier scheint ein Bergkamm von größerer Höhe gemeint zu sein, als sie der »Ölberg« in Palästina aufweist:

> »Und seine Füße werden stehen zu der Zeit auf dem Ölberg, der vor Jerusalem liegt nach Osten hin. Und der Ölberg wird sich in der Mitte spalten, vom Osten bis zum Westen, sehr weit auseinander, so daß die eine Hälfte des Berges nach Norden und die andere nach Süden weichen wird.«

Bei der Komposition der Geschichte ihres Jesus und ihrer Darstellung dieses Mannes als des einzig legitimen israelitischen Messias, haben sich die synoptischen Evangelisten in vielen Fällen auf die Visionen des Propheten Sacharja verlassen. Kennern des Neuen Testaments ist schon seit langem bekannt, daß der »Ölberg« *(to oros ton elaion),* wie er in den Texten der Evangelien erscheint, ein »synoptischer Begriff« ist, der im Johannes-Evangelium nicht vorkommt. Somit läßt sich die Historizität aller Hinweise in den Evangelien – selbst bei Lukas – bezweifeln, ebensosehr wie bei allen anderen Passagen in den Evangelien, die auf alttestamentliche Prophezeiungen zurückgreifen (siehe Kap. 3).

In Kap. 1, Vers 12, der Apostelgeschichte setzt Lukas sein *Elaion* mit Sacharjas »Ölberg« gleich, indem er darauf hinweist, daß dieses *Elaion* in unmittelbarer Nachbarschaft Jerusalems gelegen habe. Dies tut er jedoch an keiner anderen Stelle, sondern spricht nur dort von dem Berg dieses Namens (semitisch *'Elyon* oder *'Alyan,* siehe oben), als läge er in unmittelbarer Nachbarschaft »Betaniens« und »Betfages«.

Auf aramäisch würde der Ortsname »Betfage« *Beth Faga* lauten: wörtlich das »Haus der Feige« (aramäisch *faga*, arabisch *al fajj*). Das einzig mögliche »Betfage« in Palästina ist das Küstendorf al-Fajjah nordöstlich von Jaffa, das allerdings in erheblicher Entfernung von dem palästinischen Jerusalem liegt. Selbst wenn wir das Zugeständnis machen, »Betanien« und der »Ölberg« lägen tatsächlich in Palästina, wie es die Überlieferung wissen will, und »Betanien« sei das heutige Dorf al-'Azariyyah, und wenn wir ferner den heute noch existierenden Olivenhain zwischen diesem Dorf und Jerusalem als »Ölberg« ansehen, bliebe uns immer noch das Problem, »Betfage« einzuordnen.

Bei Würdigung aller Umstände läßt sich sagen, daß die neutestamentliche Geographie sich mit der Geographie Palästinas unmöglich in Einklang bringen läßt, soweit es um das »Betanien« der synoptischen Evangelien geht.

In der Region von Rijal Alma' im Westen Arabiens finden wir kein *Elaion* oder »Betfage« in der Nachbarschaft des örtlichen »Betanien« oder 'Aniyah, das der Schauplatz des Lazarus-Mythos gewesen zu sein scheint. Wenn wir uns jedoch von Rijal Alma' aus nach Norden wenden, finden wir ein »Betfage« (das *Beth* oder Haus von *Faga*), das heute al-Fajah heißt und in der Nähe des anderen westarabischen »Betanien« liegt, das heute al-'Aniyah heißt. Die beiden fraglichen Dörfer, beide auf den zum Meer hin abfallenden Hängen des Hochlands von Asir gelegen, schmiegen sich an den Fuß der zerklüfteten Felsen des großen westarabischen Landabbruchs. Hoch über ihnen auf einem Vorgebirge befindet sich das Dorf, das heute Al 'Alyan heißt – damit haben wir den Namen des bisher rätselhaften *Elaion* im Lukas-Evangelium gefunden.

Wenn wir uns die Texte der synoptischen Evangelien genauer ansehen, finden wir Gründe für die Annahme, daß das »Betanien« (al-'Aniyah) und das »Betfage« (al-Fajah), die am Fuß dieses westarabischen *Elaion* (Al'Alyan) liegen, einst der geographische Hintergrund für einen Mythos, einen westarabischen Fruchtbarkeitskult, waren: den eines »Feigengottes« oder einer »Feigengöttin«, die auf aramäisch *Faga* hieß. Der Feigenbaum hat nicht nur nahrhafte Früchte, sondern er kann auch Trockenheit widerstehen und sogar auf unfruchtbarem Boden gedeihen – auch in Felsspalten –, und zwar ohne jede Pflege durch Menschen. Könnte es ein besseres Symbol für wundersame Fruchtbarkeit geben? In »Betfage« könnte es sogar ein besonderes *Beth* gegeben haben – ein »Haus« im Sinn von »Tempel« –, in dem eine lokale »Feigen«-Gottheit verehrt wurde. Vielleicht hat es in der Nähe auch ein »Betanien« mit einer »Einsiedelei« oder einem »Kloster« für religiöse Einkehr gegeben. Vermutlich ist diese »Feigen«-Gottheit gemeint und nicht der gewöhnliche Feigenbaum, wenn wir in den Evangelien die folgende Darstellung lesen (Matthäus, Kap. 21, Verse 17–19, vgl. Markus, Kap. 11, Verse 12–14, 20):

>»Als er (Jesus) aber am Morgen wieder in die Stadt ging, hungerte ihn. Und er sah einen Feigenbaum an dem Wege, ging hin und fand nichts daran als Blätter und sprach zu ihm: Nun wachse auf dir niemals mehr Frucht! Und der Feigenbaum verdorrte sogleich.«

Wie im Fall der Geschichte von Lazarus steckt auch hier hinter der Darstellung, wie »Jesus« den »Feigenbaum« verflucht, mehr, als auf den ersten Blick erkennbar wird. Vielleicht handelt es sich auch hier wieder um eine westarabische Mythologie, um den Kult des höchsten Fruchtbarkeitsgottes Al Issa, der die Kulte rivalisierender Fruchtbarkeitsgottheiten zerstört.

An dieser Stelle sollten wir einmal innehalten und uns fragen: Gehen wir bei unserer Untersuchung der Jesus-Frage immer noch rational und nüchtern abwägend vor, oder verirren wir uns allmählich in das Reich der Phantasie? Auf den ersten Blick hat unsere Interpretation der beiden Geschichten von »Betanien« – einmal die Auferstehung des Lazarus, zum andern die Verfluchung des fruchtlosen Feigenbaums – vieles an sich, was höchst phantasievoll erscheinen mag. Es gibt aber weitere Tatsachen, die berücksichtigt werden müssen: Beispielsweise das Vorhandensein arabischer Inschriften, in denen von einem »Jesus«-Gott namens ʿs die Rede ist und auf denen der Name »Lazarus« in arabisierter Form als ʾAdhr El oder Yuʾdhir El wiedergegeben wird. Ferner ist zu bedenken, daß es in zwei verschiedenen Regionen Westarabiens mehrere Dörfer gibt, die die Namen der verschiedenen Gestalten und Örtlichkeiten verewigen, die in den fraglichen Evangelien-Darstellungen genannt werden. Überdies läßt sich nicht übersehen, daß Lukas, der das Aramäische beherrschte, den »Berg« in der Nähe des Betanien und des Betfage der »Feigen«-Geschichte *Elaion* nannte und nicht den »Ölberg«.

12 | Der Verrat des Judas

Jeshu Bar Nagara mußte nicht von einem seiner Jünger verraten werden, um sein Leben am Kreuz zu beenden. Er hatte in Jerusalem einen aufsehenerregenden Einzug gehalten: Mit einer Geißel in der Hand hatte er im Tempelbezirk einen Aufruhr angeführt – eine Tatsache, die alle vier Evangelien bezeugen.

Die Hohenpriester hätten ihn sofort ergreifen und zu einem Verhör zu sich bringen lassen können, um ihn wegen seiner messianischen Anmaßung und seines ungebührlichen Verhaltens zu tadeln. Am Abend seiner Festnahme genoß er ein feierliches Mahl mit seinen Jüngern, nach dem sich die Gruppe in einen »Garten« außerhalb der Stadt begab, zu dem jedermann Zugang hatte. Als die von den Hohenpriestern geschickten Männer ankamen, um ihn festzunehmen, soll Jeshu überrascht gewesen sein, daß sie bewaffnet waren (Markus, Kap. 14, Verse 48–49, vgl. Lukas, Kap. 22, Verse 52–53; Matthäus, Kap. 26, Vers 55):

> »Ihr seid ausgezogen wie gegen einen Räuber mit Schwertern und mit Stangen, mich zu fangen. Ich bin täglich bei euch im Tempel gewesen und habe gelehrt, und ihr habt mich nicht ergriffen.«

Alle vier Evangelien beharren trotzdem darauf, daß Jeshu verraten wurde, und nennen als seinen Verräter wiederholt

Judas Iskariot – den Jünger, dem er sogar so sehr vertraute, daß er ihn zum Hüter seines »Geldbeutels« machte. Um einen solchen Verrat notwendig zu machen, mußte der Aufenthaltsort des Herrn und seiner Jünger am Tage seiner Festnahme – vor allem der Ort, an dem sie das Abendmahl einnahmen – geheim sein. So wurde eine passende Geschichte erzählt (Markus, Kap. 14, Verse 12–15):

> »Und am ersten Tage der Ungesäuerten Brote, als man das Passahlamm opferte, sprachen seine Jünger zu ihm: Wo willst du, daß wir hingehen und das Passahlamm bereiten, damit du es essen kannst? Und er sandte zwei seiner Jünger und sprach zu ihnen: Geht hin in die Stadt, und es wird euch ein Mensch begegnen, der trägt einen Krug mit Wasser; folgt ihm, und wo er hineingeht, da sprecht zu dem Hausherrn: Der Meister läßt dir sagen: Wo ist der Raum, in dem ich das Passahlamm essen kann mit meinen Jüngern? Und er wird euch einen großen Saal zeigen, der mit Polstern versehen und vorbereitet ist; dort richtet für uns zu.«

Diese Geschichte über den rätselhaften Mann mit dem »Wasserkrug«, der die beiden Jünger zu dem geheimgehaltenen Ort führt, an dem sie das Abendmahl vorbereiten, fand zuerst in das Markus-Evangelium Eingang. Lukas, der solche Geschichten liebte, wiederholte diese Darstellung von Markus fast Wort für Wort (Kap. 22, Verse 7–12). Matthäus, dessen Evangelium insgesamt die größte Nähe zu dem von Markus hat, scheint diese Geschichte jedoch nicht geglaubt zu haben. Er wiederholt sie, allerdings ohne den Mann mit dem »Wasserkrug«. Matthäus zufolge wurde das Abendmahl im Haus eines Freundes oder vielleicht in einer gemieteten Wohnung eingenommen (Matthäus, Kap. 26, Verse 17–18):

> »Aber am ersten Tage der Ungesäuerten Brote traten die Jünger zu Jesus und fragten: Wo willst du, daß wir dir das Passahlamm zum Essen bereiten? Er sprach: Geht hin in die Stadt zu einem und sprecht zu ihm: Der Meister läßt dir sagen: Meine Zeit ist nahe; ich will bei dir das Passah feiern mit meinen Jüngern.«

Johannes sagt nicht, wo das Abendmahl zubereitet und gegessen wurde. In seinem Bericht über das Ereignis heißt es einfach: »Vor dem Passahfest aber erkannte Jesus, daß seine Stunde gekommen war, daß er aus dieser Welt ginge zum Vater; und wie er die Seinen geliebt hatte, die in der Welt waren, so liebte er sie bis ans Ende. Und beim Abendessen, als schon der Teufel dem Judas, Simons Sohn, dem Iskariot, ins Herz gegeben hatte, ihn zu verraten . . .« (Kap. 13, Verse 1–2).

Die Darstellung des Markus-Evangeliums über den Mann mit dem »Wasserkrug« muß als apokryph angesehen werden, es sei denn, man beharrt darauf, daß das Markus-Evangelium am glaubwürdigsten sei, da es das älteste ist. Wäre es für Bar Nagara und seine Jünger nötig gewesen, das Abendmahl in einem Versteck einzunehmen, hätten sie sich nach dem Mahl nicht direkt in einen öffentlichen Park begeben, um dort den Rest des Abends zu verbringen.

Wenn man chronologisch vorgeht, wird der Verrat »des Herrn Jesus« zum ersten Mal in einer beiläufigen Bemerkung von Paulus erwähnt (erster Korinther-Brief, Kap. 11, Vers 3; siehe Kap. 2). Das dort und auch in allen vier Evangelien verwendete Verb ist *paradidomi,* wörtlich

»übergeben, aushändigen« und nicht *prodidomi,* »verraten«. Paulus nennt keinen für den Verrat Verantwortlichen beim Namen. Vielleicht war seine Bemerkung nicht mehr als ein Hinweis auf die Tatsache, daß Bar Nagara im Anschluß an seinen Prozeß vor den Hohenpriestern und Pharisäern den Römern zur Hinrichtung »übergeben« wurde. Dies muß jedoch kein Hinweis auf einen tatsächlichen »Verrat« Jeshus durch einen seiner Jünger sein.

In einer angeblich von Stephanus gehaltenen Rede, dem ersten Märtyrer der Nazarener in Jerusalem (Apostelgeschichte, Kap. 7, Vers 52), wird der Verrat an dem »Gerechten« nicht einem einzelnen aus der Anhängerschaft des Mannes zugeschrieben, sondern dem Hohenpriester des Tempels und dem Hohen Rat in direkter Ansprache: »Welchen Propheten haben eure Väter nicht verfolgt? Und sie haben getötet, die zuvor verkündigten das Kommen des Gerechten, *dessen Verräter und Mörder ihr nun geworden seid.*« Der nur an dieser Stelle verwendete Begriff ist der Plural des griechischen *prodotes,* »Verräter«, nach dem Verb *prodidomi,* »verraten«.

Erst in den Evangelien, von denen das früheste etwa vierzig oder fünfzig Jahre nach dem Ereignis geschrieben wurde, wird der Verräter von »Jesus« beim Namen genannt, und zwar wiederholt. Es sei niemand anderer, so heißt es, als sein Jünger Judas Iskariot. Den synoptischen Evangelien zufolge erschien Judas mit den von den Hohenpriestern entsandten Männern, die seinen Herrn ergreifen sollten, und ging dann zu ihm, um der mit »Schwertern und Stangen« erschienenen Schar ein Zeichen zu geben, wer ergriffen werden sollte. Das Zeichen war ein Kuß (Matthäus, Kap. 26, Verse 48–49; Markus, Kap. 14, Verse 44–45, Lukas, Kap. 22, Verse 47–48). Bei Johannes heißt es, Jesus selbst habe sich den Männern offenbart, als sie auf seine

Frage: »Wen sucht ihr?« antworteten: »Jesus von Nazareth.« Er wiederholte zweimal »Ich bin's«, um ihnen zu versichern, daß er tatsächlich derjenige sei, den sie suchten. Johannes zufolge geleitete Judas die Männer zu dem Ort und sah der Festnahme nur zu (Johannes, Kap. 18, Verse 2–8).

In einer anderen Frage weichen die Evangelien ebenfalls voneinander ab. In den drei synoptischen Evangelien heißt es, Judas habe die Hohenpriester des Tempels gefragt, wieviel sie ihm für den Verrat geben wollten. Matthäus hält fest, sie hätten ihm »dreißig Silberlinge« geboten (Kap. 26, Verse 14–15), während Markus (Kap. 14, Verse 10–11) und Lukas (Kap. 22, Verse 3–6) die Höhe des Betrags ungenannt lassen. Johannes wiederum erwähnt keine Bezahlung für den angeblichen Verrat.

Matthäus zufolge (Kap. 27, Verse 3–10) »reute« Judas der Verrat an seinem Herrn. Er gab den Hohenpriestern und Ältesten des Tempels das Geld zurück, »ging fort und erhängte sich«. Mit den zurückgegebenen Silberlingen kauften die Hohenpriester »den Töpferacker zum Begräbnis für Fremde«. Das Zeugnis von Matthäus kann man unberücksichtigt lassen, da er es als eine Aktualisierung einer alttestamentlichen Prophezeiung über den Messias präsentiert (vgl. Kap. 3). Nachdem er über den Selbstmord von Judas berichtet und gesagt hat, was die Tempelpriester mit dem zurückgegebenen Geld gemacht hatten, fügte Matthäus ein Zitat aus dem Buch des Propheten Sacharja hinzu (Kap. 11, Verse 12–13), das er fälschlicherweise dem Propheten Jeremia zuschreibt: »Da wurde erfüllt, was gesagt ist durch den Propheten Jeremia, der da spricht: ›Sie haben die dreißig Silberlinge genommen, den Preis für den Verkauften, der geschätzt wurde bei den Israeliten, und sie haben das Geld für den Töpferacker gegeben . . .‹«

Markus und Johannes erwähnen mit keinem Wort, was

nach dem Verrat an dem Herrn mit Judas geschah. Lukas sagt in seinem Evangelium ebenfalls nichts über diese Angelegenheit. In der Apostelgeschichte jedoch (Kap. 1, Verse 18–19), die ebenfalls von Lukas geschrieben worden ist, soll der Apostel Petrus nach dem »Verrat« folgendes über Judas gesagt haben:

> »Der (Judas) hat einen Acker erworben mit dem Lohn für seine Ungerechtigkeit. Aber er ist vornüber gestürzt und mitten entzwei geborsten, so daß alle seine Eingeweide hervorquollen. Und es ist allen bekanntgeworden, die in Jerusalem wohnen, so daß dieser Acker in ihrer Sprache (griechisch *dialektos,* korrekt übersetzt ›Dialekt‹) genannt wird: Hakeldamach, das heißt Blutacker.«

Petrus soll diese Geschichte einer Versammlung von Gläubigen in Jerusalem in Palästina erzählt haben (Apostelgeschichte, Kap. 1, Verse 12–15). Die Muttersprache sowohl des Redners wie seiner Zuhörer war Aramäisch; und »Hakeldamach« ist ein aramäischer Ortsname. Gleichwohl wird Petrus in der deutschen Übersetzung der Apostelgeschichte so zitiert, als würde der »Blutacker« in ihrer Sprache »Hakeldamach« genannt. Im Griechischen heißt »Sprache« jedoch *glossos* und nicht *dialektos.* Damit diese Äußerung des Petrus über die Bedeutung des Namens »Hakeldamach« (aramäisch *ḥaql dama,* geschrieben *ḥql dm',* »Blutacker«) einen Sinn erhält, mußten die Übersetzer des Neuen Testaments die Tatsache ignorieren, daß das griechische *dialektos* »Dialekt« bedeutet. Sie haben das Wort statt dessen mit »Sprache« oder »Zunge« übersetzt. Somit sind hier drei Möglichkeiten denkbar, und die zutreffende läßt sich im Ausschlußverfahren ermitteln.

1. Petrus erzählte die Geschichte vom Tod des Judas einer griechischen Zuhörerschaft, der er erklären mußte, was der Ortsname Hakeldamach auf griechisch bedeutet. In diesem Fall hätte er gesagt: »In ihrer *Sprache (glossos,* nicht *dialektos)* wurde dieser Acker Hakeldamach genannt, das heißt Blutacker.«

2. Petrus hat die Geschichte auf aramäisch erzählt und einfach gesagt, der Acker, auf dem Judas zu Tode gestürzt sei, sei Hakeldamach genannt worden. Seine aramäischsprechende palästinische Zuhörerschaft hätte sofort verstanden, daß dies »Blutacker« bedeutet. Als der Autor der Apostelgeschichte diese Darstellung ins Griechische übersetzte, fügte er für seine griechischen Leser einen Einschub ein, um zu erklären, daß das aramäische Original des Namens »Blutacker« Hakeldamach sei. Auch in diesem Fall wäre mit diesem Einschub zum Ausdruck gebracht worden, daß Hakeldamach der Name des Ackers »in ihrer *Sprache« (glossos)* gewesen sei und nicht »in ihrem *Dialekt« (dialektos).*

3. Petrus hat seine Geschichte in Jerusalem in dem palästinischen Dialekt des Aramäischen erzählt, der sich von einem anderen Dialekt derselben Sprache unterscheidet – in einem Dialekt, der Petrus vertraut war, aber einigen unter seinen Zuhörern nicht. In diesem Fall – und nur dann – hätte er gesagt: »In ihrem *Dialekt* (nicht: in ihrer Sprache) nennen sie den Akker Hakeldamach«; und dieser Ausdruck »Dialekt« und nicht »Sprache« wäre dann im Griechischen korrekt mit *dialektos* und nicht mit *glossos* wiedergegeben worden.

So wie der Autor der Apostelgeschichte Hakeldamach ins Griechische transkribiert hat, stellt das Wort tatsächlich eine in einem »galiläischen« Dialekt ausgesprochene Version von *Ḥaql Dama* dar, wie sie im babylonischen Talmud bezeugt wird (Eruwin 53 b). Es ist ein Wort, in dem das semitische Rachen-H, ḥ, am Anfang bestimmter Wörter entfiel (es entspricht im deutschen dem *ch* in Wörtern wie Lachen oder Kuchen). Als Beispiele seien Wörter wie etwa *ḥmar* (Esel) oder *ḥelba* genannt (dick). Damit hörten sie sich jeweils mehr wie *emar* (Lamm) und *lebya* (Löwin) an. Bei dem Ortsnamen *Akeldama,* wie er nach dem ursprünglichen Ausdruck von Petrus ins Griechische der Apostelgeschichte transkribiert worden ist, wird damit zum Ausdruck gebracht, daß das Rachen-Ch des *dialektos,* den Petrus meinte, entfallen ist. Sonst hätte der Name leicht als *Chakeldama* ins Griechische transkribiert werden können. Der griechische Buchstabe *Chi* ist nämlich eine Transkription des semitischen Rachenlauts ḥ. So werden beispielsweise die biblischen Namen *Cham* und *Chebron* im Griechischen der Septuaginta als »Ham« und »Hebron« wiedergegeben.

Wo der babylonische Talmud, der nicht in Palästina geschrieben wurde, auf die Besonderheiten des »galiläischen« Dialekts hinweist, erklärt er nicht ausdrücklich, daß das fragliche Galiläa in Palästina lag.* Man kann also, kurz

---

* Der babylonische Talmud, der in den ersten sechs Jahrhunderten der christlichen Ära im Irak entstanden ist, unterscheidet zwischen den »Judäern, die ihre Sprache in allem geordnet und bewahrt« hielten und denen folglich ihr »Lernen erhalten blieb«, und den »Galiläern, bei denen die Sprache nicht in allem geordnet und bewahrt« war und denen folglich »ihr Lernen nicht erhalten blieb«. Der Begriff »Judäa« muß sich auf die Juden Palästinas im allgemeinen beziehen, einschließlich derer des palästinischen Galiläa, in dem die Stadt Tiberias in der fraglichen Zeit das führende Zentrum der religiösen Bildung der Juden war: der Ort, an dem ein großer Teil des palästinischen Talmud zusammengestellt wurde. Das gleiche Tibe-

gesagt, die Möglichkeit nicht ausschließen, daß dieser Dialekt, der so anders war als das gesprochene Aramäisch Palästinas, ein Dialekt des arabischen Galiläa war. In Jerusalem konnten die Jünger Bar Nagaras nicht nur an ihrem Akzent (Matthäus, Kap. 26, Vers 70), sondern, wie es scheint, auch an ihrer fremdartig anmutenden Erscheinung (Markus, Kap. 14, Vers 70, Lukas, Kap. 22, Vers 59) sofort als »Galiläer« erkannt werden.

Zusammenfassend kann gesagt werden: Als Bar Nagara außerhalb Jerusalems festgenommen wurde und seine verängstigten Jünger sich zerstreuten, sah Judas möglicherweise keinen Sinn mehr darin, in Palästina zu bleiben. Also flüchtete er in seinen heimischen Hijaz und nahm vielleicht auch das mit, was von dem gemeinsamen »Geldbeutel« der Jünger übriggeblieben war. Vielleicht hatte er zu den Jüngern gehört, die sich Hoffnungen gemacht hatten, nach dem Tod des Meisters dessen Position einzunehmen. Da sich diese Hoffnungen zerschlugen, kehrte er enttäuscht in den Hijaz zurück und nahm das Geld mit. Angesichts der inflationären Preise des römischen Palästina hat Judas mit dem bißchen Geld nicht viel anfangen können. Im arabischen Galiläa dürfte der Betrag jedoch ausgereicht haben, um Eigentum zu erwerben: einen »Acker« oder ein Landgut in dem dortigen Wadi Dama – dem Hakeldamach, das Petrus

---

rias im gleichen Galiläa war auch das Zentrum der palästinischen Massoreten, die den Text der hebräischen Bibel studierten und vokalisierten, wie ihre Zeitgenossen, die babylonischen Massoreten, es im Irak taten. Es dürfte feststehen, daß die »Galiläer«, die ihre Sprache »nicht geordnet und bewahrt« hielten, weil sie ihnen gleichgültig war, nicht die das Galiläa in Palästina waren, sondern »Galiläer« aus einer nichtpalästinischen Region gleichen Namens. Anscheinend war es keine andere als das »Galiläa« des arabischen Hijaz, wo bis zum Aufkommen des Islams große jüdische Gemeinden lebten, ohne bezeugte Beiträge zur jüdischen Gelehrsamkeit in talmudischer und massoretischer Zeit geleistet zu haben.

in seinem heimischen Dialekt als *Akl Dama* bezeichnete. Als die mittellos in Palästina zurückgebliebenen Kollegen von Judas erfuhren, was er getan hatte, verdammten sie ihn als Verräter an ihrer Sache und begannen Lügengeschichten über ihn zu erfinden. Als sie später die Nachricht erreichte, er sei zufällig zu Tode gestürzt, bauschten sie die Geschichte auf und brachten sie als ein Beispiel dafür unter die Leute, wie Verräter für ihren Verrat gerecht bestraft werden.

Ebenso denkbar ist es, daß Judas kein Geld in dem »Geldbeutel« hatte, als er in den Hijaz flüchtete; daß er dort nie einen Landsitz kaufte; daß er auf seinem Grund und Boden nicht zu Tode kam und daß die ganze Geschichte, wie sie von Petrus erzählt wurde, reine Erfindung war. Seine früheren Kollegen stellten sich vielleicht einfach vor, daß ihr gemeinsamer »Geldbeutel«, dessen Inhalt ihnen durch die Flucht des Judas entzogen wurde, immer noch eine Menge Geld enthielt: daher die Rufmordkampagne gegen Judas.

Als Schatzmeister der Gruppe war Judas vielleicht von Anfang an bei seinen Kollegen unbeliebt gewesen, wie es Menschen in seiner Position oft ergeht. Das seiner Obhut anvertraute Geld reichte mit Sicherheit nicht, um allen Ansprüchen zu genügen, und seine Mitjünger wurden häufig ohne Proviant und ohne Vorräte losgeschickt, ihre Arbeit zu tun: ». . . und gebot ihnen nichts mitzunehmen auf den Weg als allein einen Stab, kein Brot, keine Tasche, kein Geld im Gürtel, wohl aber Schuhe, und nicht zwei Hemden anzuziehen« (Markus, Kap. 6, Verse 8–9). So lauteten die Anweisungen des Meisters, und Judas Iskariot war der richtige Mann gewesen, auf deren Einhaltung zu achten. Bar Nagara vertraute Judas vermutlich das Geld an, weil er wußte, daß dieser von Natur aus sparsam, wenn nicht gar geizig war. Vielleicht hatte Judas die mittellosen Jünger dadurch gegen sich aufgebracht, daß er ihnen – trotz dringender Bitten

– Geld verweigerte. So kann es nicht verwundern, daß sie jede Gelegenheit nutzten, ihn zu diffamieren und der Heuchelei und des Diebstahls zu bezichtigen (Johannes, Kap. 12, Verse 3–6):

> »Da nahm Maria ein Pfund Salböl von unverfälschter, kostbarer Narde und salbte die Füße Jesu und trocknete mit ihrem Haar seine Füße; das Haus aber wurde erfüllt vom Duft des Öls. Da sprach einer seiner Jünger, Judas Iskariot, der ihn hernach verriet: Warum ist dieses Öl nicht für dreihundert Silbergroschen verkauft worden und den Armen gegeben? Das sagte er aber nicht, weil er nach den Armen fragte, sondern er war ein Dieb, denn er hatte den Geldbeutel und nahm an sich, was gegeben war.«

Ob Judas Iskariot seinen Meister für Geld verriet, ist eine ganz andere Frage. Die Belege, die sich in den Evangelien dafür finden, erledigen sich durch ihre eigenen Widersprüche, und der Verrat klingt so, wie über ihn berichtet wird, nicht sonderlich glaubwürdig.

Da er sich die Feindseligkeiten seiner Kollegen noch zu Lebzeiten des Meisters zugezogen hatte, verschwand Judas nach dessen Tod. Er ging in den Hijaz und ließ die anderen Jünger mittellos in Jerusalem zurück, wo sie mit Armut und Not zu kämpfen hatten, während sie die Mission des Meisters fortsetzten. Dies war Verrat genug und brandmarkte den verhaßten Schatzmeister als einen herzlosen Zyniker. Wäre Judas bei seinen Kollegen in Jerusalem geblieben, wäre es ihm vielleicht irgendwann gelungen, seinen guten Ruf bei ihnen wiederherzustellen.

Eine andere denkbare Möglichkeit ist, daß er versuchte, sich zum Anführer der Jünger zu machen, und sie erst dann verließ und nach Hause zurückkehrte, als ihm dies mißlungen war. Immerhin wurden die Brüder Boanerges, Jakobus und Johannes, die häufig verächtlich als »die Söhne des Zebedäus« abgewertet werden, im Text der Evangelien nur deshalb als machthungrige Söhne einer einfachen Magd verleumdet (siehe Kap. 9), weil sie Petrus die Führung der frühen Kirche in Jerusalem streitig gemacht hatten.

Was immer Judas getan hat, es verlieh ihm eine andere Art von Unsterblichkeit: Er wurde zum Verräter an dem Gott des Lebens, zu dem Mann, der ihn den Handlangern des Todes übergibt. Da sich keine Schriften erhalten haben, die es ermöglichen, seine Identität festzustellen, bleibt dieser Verräter, der den arabischen Erlösergott den mörderischen Gegnern »aushändigt«, für immer unbekannt. Im Christentum jedoch wurde dieser Verräter, der die volle Schuld an der mystischen »bösen Tat« der ursprünglichen Mythologie tragen muß, zum historischen Judas – zu dem Mann, der Bar Nagaras begehrten »Geldbeutel« aufbewahrte.

13 | Spielt es überhaupt eine Rolle?

Wir haben versucht, die historische Wirklichkeit der Jesus-Frage zu bestimmen. Zu diesem Zweck haben wir die christlichen Schriften sorgfältig durchgesehen, um zu entdecken, was genau gesagt und was vermutlich gemeint wird; dann haben wir aufgrund unserer Erkenntnisse bei der Textanalyse Vermutungen angestellt. Während dieser Suche haben wir versucht, nüchtern und behutsam vorzugehen und unsere Spekulationen eng an den vorhandenen Belegen zu orientieren und nur dann Schlußfolgerungen zu ziehen, wenn es akzeptabel war.

Die von uns erarbeiteten Schlußfolgerungen sind in ihrem Wesenskern nicht völlig neu. Nur in den Einzelheiten weichen sie von bereits vorhandenen Theorien ab. Die Ähnlichkeiten des Christentums mit den zahlreichen Fruchtbarkeitskulten des antiken Nahen Ostens sind seit langem bekannt; allein die historische Verbindung, die dem zugrunde liegt, hat bislang wenig Beachtung gefunden. Überdies ist heute unter Wissenschaftlern allgemein anerkannt, daß die Glaubensvorstellungen und Praktiken der frühen Nazarener von Jerusalem anders waren, als die des uns bekannten Christentums, dessen Gebote und Vorschriften sich größtenteils aus den Lehren des Paulus herleiten.

Noch vor einigen Jahrzehnten wurde allgemein angenommen, das Christentum stelle eine Verschmelzung semitischer religiöser Überlieferungen und hellenistischen Denkens dar. Die Idee vom »Wort«, wie sie im Johannes-Evangelium entwickelt worden ist, schien einen griechischen Einfluß widerzuspiegeln: die Idee des *logos* bei den Philosophen der Stoa als Ausdruck der höchsten Vernunft. In jüngster Zeit ist diese Ansicht jedoch einer radikalen Neubewertung unterzogen worden. Das Christentum wird zunehmend als das Produkt eines semitischen – teils jüdischen, teils heidnischen – Erbes betrachtet, das in der Kultursprache der hellenistischen Welt beschrieben wurde, dem Griechischen, um seine Verbreitung zu erleichtern.

Einiger unserer Schlußfolgerungen können wir durchaus sicher sein: So ist es mehr als eine bloße Vermutung, daß es neben dem historischen Jesus (Jeshu) der Evangelien noch einen israelitischen Propheten namens Jesus (Issa) gegeben hat sowie einen Kult eines arabischen Gottes gleichen Namens (Al Issa). Andere Erkenntnisse sind begründete Schlußfolgerungen, die auf vorhandenen Informationen beruhen: daß sich beispielsweise Paulus bei seinem Besuch in Arabien Kopien der Schriften sicherte, die er dort fand. Paulus und andere nach ihm benutzten außer den Texten des Alten Testaments diese »Pergamente«, um das neutestamentliche Bild vom Jesus der Evangelien als dem ewigen Sohn Gottes und lebenden Christus zu entwickeln.

Somit bleibt die Frage: Nimmt die Entdeckung der historischen Wahrheit über Jesus dem Christentum etwas von seiner Gültigkeit als Religion? Wenn der christliche Glaube im wesentlichen Geschichte ist, muß dies so sein; jedoch nicht, wenn er etwas anderes ist.

Nun ist das Christentum nicht Geschichte, sondern eine Religion: ein geschlossenes System von Überzeugungen in Angelegenheiten, die jenseits der Grenzen empirischer Induktion und logischer Deduktion liegen. Im Kern geht es dabei um die Idee namens »die Gnade«, die als »die frei gewährte, unverdiente Gunst und Liebe Gottes« oder als die »Bedingung für die Gunst Gottes« definiert wird; daraus ergibt sich, daß Gnade »der Einfluß oder der Geist Gottes ist, wie er im Menschen wirksam wird«. Die als »Sakramente« bezeichneten christlichen Riten (wie etwa die Taufe, die heilige Kommunion oder die Priesterweihe) werden im wesentlichen als »sichtbare Zeichen einer inneren Gnade« angesehen, unabhängig von den Interpretationen verschiedener christlicher Kirchen. Für einen gläubigen Christen ist diese Gnade durch den Tod von Gottes Christus am Kreuz garantiert: eine transzendentale Realität, hinter der die Realitäten der Geschichte als unbedeutend zurücktreten.

Gleichwohl muß sich die Geschichte nicht weniger als der Glaube im Rahmen der eigenen Disziplin treu bleiben. Geschichte hat nicht die Funktion, über den letztendlichen Sinn des menschlichen Daseins zu spekulieren, sondern sie darf nur Tatsachen berichten, damit deren Wahrheitsgehalt festgestellt werden kann. Die Sprache der Geschichte ist die konventionelle Sprache des alltäglichen Wissens; die Sprache der Religion dagegen ist die Sprache der intuitiven Vision. Die Historiker können sich allerdings darin üben, diese besondere Sprache zu erlernen und etwas von ihrer subtilen Ausdrucksfähigkeit zu erfassen.

Vor der Entstehung der rationalen und empirischen Wissenschaftsdisziplinen wurde die Sprache der Vision mühelos verstanden. Die besonderen Sinndeutungen, zu denen sie fähig ist, wurden von allen begriffen. Durch das Medium der »Visionssprache« lassen sich höchst komplexe Ideen zu einfachen Begriffen komprimieren, die man wie eine Geschichte vortragen kann – nicht als historische Darstellung, sondern als die Art von Volkswissen, das man gemeinhin »Mythen« nennt.

In den antiken Fruchtbarkeitskulten des Nahen Ostens stellte man sich die höchste kosmische Wahrheit als ein Mysterium vor – in vielen Fällen als einen Mythos der menschlichen Inkarnation, von Tod und Auferstehung eines Gottes, dessen oberstes Interesse darin bestand, das höchste Wohl der Menschheit zu sichern. In ihren primitiveren Formen präsentierten diese Kulte dieses höchste Wohl als die biologische Fortpflanzung. In ihren entwickelteren Formen wurde diese Idee zu etwas anderem sublimiert: zu einem Geschenk göttlicher »Gunst« oder »Gnade«, in der das Wesen des Gläubigen mit dem des Gottes eins wurde. In einigen Fällen war die fragliche Gottheit der *gad* – ein antiker semitischer Begriff für »Gott«, der im arabischen Sprachgebrauch in seinem ursprünglichen Sinn von »besondere Gunst, Gnade« überlebt hat.

Die Disziplin der Anthropologie hat Methoden zur Erforschung der Ursprünge religiöser Vorstellungen entwickelt. Ebenso ist die Disziplin der Linguistik von überragender Bedeutung, und eine gründliche Beherrschung der entsprechenden historischen Geographie ist unerläßlich. Auch die Archäologie ist von großem Nutzen. In Hinblick auf die Gültigkeit einer religiösen Vorstellung stoßen diese Disziplinen jedoch an ihre Grenzen.

In uralten Mysterienreligionen wurde zwischen Eingeweihten und Nichteingeweihten unterschieden. Erstere waren die auserwählte Gruppe, deren Angehörige die inneren Geheimnisse des Kults »empfinden« und deren besondere »Zeichen« im Hinblick auf die göttliche »Gunst« richtig deuten konnten. Sie allein wußten um den Sinngehalt des Mysteriums. Wenn die Nichteingeweihten nicht intelligent genug waren, diesen Sinngehalt ohne Unterweisung zu erfassen, blieb das Mysterium für sie bloßer Aberglaube – ein Sammelsurium irrationaler Glaubensvorstellungen und

Ideen, in denen sich die natürliche menschliche Angst vor dem Unbekannten und der Instinkt widerspiegelten, sich durch bestimmte Praktiken oder die Herstellung von Fetischen vor dem Unvorhersehbaren zu schützen.

Um ihre Macht zu steigern und auf der Ebene der Nichteingeweihten die religiöse Disziplin aufrechtzuerhalten, achteten die Eingeweihten normalerweise darauf, daß die Deutung von Vorzeichen und die Herstellung von Fetischen zu einem einer Kaste von Berufspriestern vorbehaltenen Monopol wurden.

Das Mysterium der Religion, so wie es die Eingeweihten verstanden, war alles andere als sinnlos. Es ging dabei um die Anerkennung einer grundlegenden existentiellen Realität oder eines Geflechts von Realitäten, die sich vernünftigerweise nicht allein dadurch für ungültig erklären lassen, daß sie zufällig nicht historisch sind. Was für die antiken Mysterienreligionen gilt, gilt gleichermaßen für das Christentum. Was wäre, wenn der mythologische Gott Jesus, der einmal Menschengestalt annahm, starb und von den Toten auferstand, nicht der Sohn Davids war, der in Jerusalem am Kreuz starb? Kann diese historische Tatsache – vorausgesetzt, es ist eine – die Erhabenheit des Sinngehalts herabsetzen, den gläubige Christen im Zeichen des Kreuzes erkennen.

Wir haben in den vorhergehenden Kapiteln eine historische Untersuchung der Jesus-Frage vorgenommen, wie es bereits viele andere getan haben, und dabei stand nicht im Vordergrund, die Gültigkeit des Christentums als Glauben in Zweifel zu ziehen. Die Frage, ob der Jesus der Evangelien eine geschichtliche Gestalt gewesen ist, begleitet die Menschheit seit fast zweitausend Jahren und wird uns auch weiterhin erhalten bleiben. Unter den vielen Büchern, die in unserer Zeit über Jesus geschrieben worden sind, finden sich einige ernstzunehmende Arbeiten, die ebenfalls den Versuch unternommen haben, zum historischen Kern der Dinge vorzustoßen. Aber sogar in den ernsthafteren Untersuchungen sind die Schlußfolgerungen oft höchst spekulativ. In diesem Buch haben wir uns nach Möglichkeit darauf beschränkt, das vorhandene Material, die Evangelientexte, zu untersuchen.

Menschen mit einer gleichwertigen oder professionellen wissenschaftlichen Ausbildung und Erfahrung mögen mit den Erkenntnissen dieses Buches übereinstimmen oder sie ablehnen. Dies ist das Recht und das Privileg eines jeden Menschen, der bereit ist, sich ernsthaft mit dem Thema auseinanderzusetzen.

GOLDMANN

Der Sachbuch-Verlag

Die Welt entdecken, das Unbekannte begreifen. Die Sachbücher von Goldmann eröffnen dem Leser das ganze Spektrum des Wissens – fremde Kulturen, Wissenschaft und Gesellschaft, Religion und Psychologie im Brennpunkt packender und sachverständiger Texte.

Die Spuren der
Außerirdischen   12392

Die sieben Todsünden
der Kirche   12356

Wo ist Dirk?   12351

Lust, Der Weg zum
kreativen Leben   11367

GOLDMANN TASCHENBÜCHER

Das Goldmann LeseZeichen mit dem Gesamtverzeichnis erhalten Sie im Buchhandel oder gegen eine Schutzgebühr von DM 3,50/öS 27,–/sFr 4,50 direkt beim Verlag.

Literatur · Unterhaltung · Thriller · Frauen heute · Lesetip
FrauenLeben · Filmbücher · Horror · Pop-Biographien
Lesebücher · Krimi · True Life · Piccolo · Young Collection
Schicksale · Fantasy · Science-Fiction · Abenteuer
Spielebücher · Bestseller in Großschrift · Cartoon · Werkausgaben
Klassiker mit Erläuterungen

✳ ✳ ✳ ✳ ✳ ✳ ✳ ✳ ✳

Sachbücher und Ratgeber:
Politik/Zeitgeschehen/Wirtschaft · Gesellschaft
Natur und Wissenschaft · Kirche und Gesellschaft · Psychologie
und Lebenshilfe · Recht/Beruf/Geld · Hobby/Freizeit
Gesundheit und Ernährung · FrauenRatgeber · Sexualität und
Partnerschaft · Ganzheitlich heilen · Spiritualität und Mystik
Esoterik

✳ ✳ ✳ ✳ ✳ ✳ ✳ ✳ ✳

Ein SIEDLER-BUCH bei Goldmann
Magisch Reisen
ReiseAbenteuer
Handbücher und Nachschlagewerke

Goldmann Verlag · Neumarkter Str. 18 · 81664 München

Bitte senden Sie mir das neue Gesamtverzeichnis, Schutzgebühr DM 3,50

Name: _____

Straße: _____

PLZ/Ort: _____